Claire **Miquel**

Communication

Progressive

du Français

avec 525 exercices

CLE
INTERNATIONAL
www.cle-inter.com

Direction éditoriale : Béatrice Rego
Marketing : Thierry Lucas
Édition : Christine Grall
Couverture : Fernando San Martín
Mise en page : Arts Graphiques Drouais (28380 Saint-Rémy-sur-Avre)
Illustrations : Claude-Henri Saunier
Enregistrements : Quali'sons

ISBN : 978-209-038165-8

Avant-propos

La *Communication progressive du français, niveau avancé,* s'adresse à des **adultes ou des adolescents** de niveau B2-C1. Ce manuel peut s'utiliser aussi bien **en classe,** comme support ou complément de cours, qu'**en auto-apprentissage**.

L'objectif de ce livre est d'offrir un contact direct avec des situations réelles de communication. En effet, les 47 chapitres thématiques qui composent cet ouvrage correspondent à **des actes de parole** et **des situations** caractéristiques de la vie moderne, tant en **contexte professionnel** *(présenter un projet, parler de son emploi)* que **personnel** *(parler des sentiments, des rêves)* ou encore **intellectuel** *(débattre, établir des comparaisons, commenter des nouvelles…).*

Construit comme une série de cours, l'ouvrage s'inscrit dans la collection « progressive » dont il respecte le principe.

■ **Chaque page de gauche** comprend trois ou quatre parties, selon le cas :

– **des dialogues**, constituant de véritables photographies sonores du français d'aujourd'hui. Nous les avons conçus variés, souvent amusants, toujours réalistes. Nous avons privilégié un registre oral courant, faisant souvent appel aux expressions imagées, au registre familier, et parfois même à l'argot, si difficile à maîtriser dans une langue étrangère ;

– souvent, **un texte écrit** (mail, note de service, article de journal) afin de proposer un autre registre de communication et un niveau de langue plus recherché ;

– un point de **vocabulaire**, qui rassemble, dans le même champ sémantique, les termes essentiels requis dans la situation *(l'informatique, le travail universitaire, les conflits…)* ;

– le cas échéant, un point de **grammaire** propose un rappel de notions intervenant dans les dialogues et correspondant aux niveaux B2 et C1 *(usages difficiles du conditionnel ou du subjonctif ; doubles pronoms personnels ; négation complexe…)* ;

– enfin, sous la rubrique « **manières de dire** », un récapitulatif des structures les plus importantes à retenir pour cet acte de parole particulier.

Cette organisation permet à l'élève de travailler les dialogues de diverses manières, selon nécessité ou goût, en se concentrant plus particulièrement sur tel ou tel point.

■ **Chaque page de droite** comprend à son tour différents **exercices communicatifs** :

· – un exercice de **grammaire/vocabulaire** faisant intervenir les notions abordées ;

– des activités de **production orale** *(dialogues à compléter, commentaires à imaginer…)* mettant l'accent sur la **communication** ;

– enfin, des **questions ouvertes**, qui se prêtent aussi bien à l'expression orale, par exemple lors d'un débat en classe, qu'à l'expression écrite, sous la forme d'un texte argumenté, plus ou moins développé selon le cas. Ces apostrophes au lecteur l'invitent à s'impliquer, à **s'exprimer librement** sur un sujet, à établir des comparaisons avec sa propre culture et à s'approprier les notions abordées dans la leçon.

■ **Les illustrations** (dessins ou photos) offrent un complément d'informations sur l'environnement, l'actualité, les gestes, les attitudes caractéristiques des Français.

■ **7 bilans,** constitués d'exercices de mise en application, viennent ponctuer l'ouvrage. Ils permettent de faire la synthèse des sujets traités dans les chapitres précédents.

■ **Un test d'évaluation** noté sur 100, composé de dix exercices et de leur corrigé, fait appel à l'essentiel des notions abordées. Selon le choix du professeur, ce test peut se faire au début de l'apprentissage, pour estimer le niveau de départ de l'élève, ou, au contraire, à la fin, pour constater ses progrès.

■ **Un index thématique** permet de retrouver facilement un dialogue, non plus par acte de parole mais par sujet (*l'entreprise, la politique, les relations interpersonnelles…*).

■ **Un index grammatical** récapitule toutes les notions abordées sur la page de gauche.

■ **Un index de vocabulaire** comprend les termes présentés dans les points de vocabulaire et les « manières de dire ».

■ **Sur un MP3** sont enregistrés tous les dialogues, ce qui permet de travailler aussi bien la compréhension orale que la prononciation. Le ton choisi est le plus naturel possible, afin qu'il corresponde à la manière normale de parler des Français. Ces dialogues constituent ainsi une véritable « photographie sonore » de la réalité de la conversation française d'aujourd'hui.

■ **Les corrigés** se trouvent dans un livret séparé, offrant ainsi toute liberté au lecteur de travailler par lui-même, si besoin est.

Grâce à sa souplesse d'utilisation et à l'autonomie de ses chapitres, cet ouvrage constitue un utile complément aux méthodes de français langue étrangère.

Conventions typographiques

* → Registre familier.   « … » → Expression imagée familière.

≠ → Contraire du terme précédent.   < → Le premier terme sera moins fort que le second.

La mention « *(argot)* » permet d'éviter les faux-pas !

Table des contenus

Parler des quantités

1 Les cafés de Paris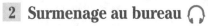

Adrienne : Je suis à la recherche d'un petit restaurant sympa*. Où est-ce que tu me conseillerais d'aller ?

Flore : À Paris ? Tu as **l'embarras du choix**, la ville **regorge de** bistrots sympathiques, il y en a **en veux-tu, en voilà***. Ils sont parfois gérés par un chef cuisinier, et non des moindres.

Adrienne : Effectivement, certaines rues sont **bourrées*** de terrasses. J'imagine que dès qu'il fait beau, **il y a un monde fou**.

Flore : C'est **bondé***, tu veux dire ! **Une bonne partie d'entre** elles sont même chauffées pendant l'hiver, ce qui est plutôt agréable, d'ailleurs.

Adrienne : Mais comment faire pour éviter **les flopées*** de touristes qui se pressent dans les lieux les plus connus ?

2 Surmenage au bureau

Bénédicte : Je **croule*** sous le travail ! J'ai **une montagne de** dossiers qui **s'empilent** inexorablement, auxquels s'ajoutent des réunions, souvent **superflues**, d'ailleurs…

Alex : Je sais que tu as de l'énergie **à revendre**, mais Stéphane ne pourrait pas te donner un coup de main* ?

Bénédicte : Lui aussi est **on ne peut plus débordé**. Il doit être d'ailleurs **sacrément*** organisé pour mener de front **une telle quantité de** projets…

3 Note de service

[…] Nous sommes confrontés à **maintes** difficultés concernant l'organisation de notre travail. Les commandes **affluent, de très nombreux** clients souhaitent être livrés au plus vite, mais nous manquons de personnel qualifié. Les candidatures **abondent**, mais peu nous satisfont.

Vocabulaire

Les quantités

- De très nombreux
- Maint(e)s *(registre élégant)*
- Une bonne partie de
- Une montagne* de… = des flopées* de
- Une telle/grande/petite quantité de

- Être bondé* = être bourré(e)* de
- S'empiler
- Affluer = abonder = regorger de
- Superflu(e) (= *en excès et inutile*)

Manières de dire

- Nous avons l'embarras du choix.
- Il y en a « en veux-tu en voilà ».
- Il a des idées « à revendre ».
- Je suis débordé(e) (de travail).

- Je croule* sous le travail/les tâches.
- Il y a un monde fou*.
- « On ne peut plus » = sacrément* (= *très*)
- Je mène plusieurs tâches de front (= *simultanément*).

1 Compréhension. **Les phrases suivantes sont-elles de sens équivalent ?**

1. Nous avons l'embarras du choix = nous hésitons sur le choix à faire.
2. Le bus est bourré* = il est bondé*.
3. Elle croule* sous les rendez-vous = elle va s'effondrer.
4. Il a des idées à revendre = il se fait payer pour ses idées.
5. Elle est on ne peut plus organisée = elle ne parvient plus à s'organiser.
6. Le musée regorge de tableaux italiens = le musée contient maints tableaux italiens.

2 Vocabulaire et communication. **Trouvez une autre manière de dire.**

1. Le matin, à l'heure de pointe, il y a <u>beaucoup de monde</u> dans le métro. _____
2. La plupart de ces informations sont <u>inutiles.</u> _____
3. <u>Beaucoup de réfugiés viennent en grand nombre</u> à la frontière. _____
4. Il faut être <u>très</u> intelligent pour comprendre ce raisonnement ! _____
5. Nous avons <u>une très grande quantité</u> de documents à classer. _____

3 Vocabulaire et communication. **Commentez ces photos. Vous pouvez d'ailleurs inventer une histoire !**

1.  **2.**

4 Communication. **Comment pourriez-vous commenter ces situations ?**

1. Chloé a beaucoup trop de travail, elle n'arrive pas à tout faire.

_____

2. Les touristes viennent en grand nombre dans cette région.

_____

3. En ce qui concerne les activités sportives, il y a un très grand choix.

_____

4. Une multitude d'enfants jouent sur la plage.

_____

5. La plupart des musées sont fermés le mardi.

_____

5 À vous ! **Répondez librement et de manière développée aux questions suivantes.**

1. Dans votre région/ville, qu'est-ce qui abonde ?
2. À propos de quoi vous est-il arrivé d'avoir l'embarras du choix ?
3. Les touristes affluent-ils dans votre région/ville ?
4. Vous est-il arrivé de crouler* sous le travail ? Dans quelles circonstances ?

4 « Un trou* perdu ! »

Claire : Tu ne vas pas t'installer dans **ce trou* perdu** ? On est **au bout du monde**, c'est **désert** !

Anne : Justement, si tu me connaissais **un tant soit peu**, tu saurais que je recherche le calme, la tranquillité, la sérénité…

Claire : Pour être calme, c'est calme ! Je suis allée au village tout à l'heure, mais vu le froid de canard* qu'il faisait, **il n'y avait pas un chat** ! Il n'y a **pas des masses* de** vacanciers, apparemment.

Anne : Évidemment, il n'y a **pas grand monde** le lundi matin, c'est toujours **un peu mort**. Mais le village n'est pas inactif, **tant s'en faut** ! D'ailleurs, tu connais bien la région ?

Claire : Euh, **pas tant que ça**, à vrai dire.

5 Suffisamment de provisions ?

Louise : Tu es sûre qu'il y aura assez à manger pour tout le monde ? Ça me semble **un peu juste**. Regarde les cacahuètes et les pistaches, **il n'y en a pas assez, loin de là**.

Raphaël : Tu as raison, cela risque d'être **ric-rac***, surtout pour les biscuits d'apéritif.

Louise : En plus, il n'y a **pas grand-chose** de sucré. Je pensais avoir acheté trop de fruits, mais je **suis loin du compte** !

▬ Grammaire

Négation (exceptions)

- Il n'y a pas **un** chat. *(expression imagée)* /
Il n'y pas **de** chat. *(au sens concret)*
- Il n'y a pas (de) **grand** monde.
- Je ne comprends pas **grand**-chose.
  (= pas beaucoup)
- Il n'y a pas **des** masses de / **des** foules* de… *(= pas beaucoup ; forme familière)*

▬ Vocabulaire

Expressions imagées

- Un trou* perdu
- Au bout du monde
- Il fait un froid de canard*.
- Il n'y a pas un chat *(= c'est désert)*.
- C'est mort.

Manières de dire

- Nous sommes loin du compte.
- C'est ric-rac* = c'est un peu juste *(= il y a juste assez)*.
- Il n'y a pas des masses* de… = il n'y a pas tant de *(+ nom)* que ça.
- Tant s'en faut = loin de là.
- Pas grand-chose, pas grand monde.
- Un tant soit peu = un peu *(avec nuance ironique)*.
- Pas tant que ça *(= pas tellement)*.

1   Grammaire. **Répondez par la négative, en variant les expressions.**

1. Vous avez vu de nombreux touristes ? _____

2. Le soir, il y a beaucoup de choses à faire dans cette ville ? _____

3. Le vieux monsieur a une bonne vue ? Il voit bien ? _____

4. Beaucoup de monde a assisté au spectacle ? _____

5. Il y a du monde sur cette route ? _____

2   Vocabulaire. **Choisissez la bonne réponse.**

1. Dans ce supermarché, il n'y a pas des chats / masses* de clients.

2. Si elle faisait un tant s'en / soit peu attention, elle comprendrait les explications.

3. Vous êtes loin / juste du compte !

4. J'ai découvert un manoir au bout du trou / monde !

5. Ils ne vont pas tant que là / ça en Bretagne.

3   Vocabulaire et communication. **Complétez par les mots manquants.**

1. Vous connaissez un tant _____ peu le sujet ?

2. Tu penses qu'il y a 6 millions d'habitants en Grèce ? Tu es _____ du compte !

3. Guillaume et Sophie ont acheté une ferme dans un _____* perdu.

4. Quand on arrive dans ce village, on se sent au _____ du monde.

5. En hiver, dans cette région, c'est _____ , il n'y a pas beaucoup d'activités.

6. Nous n'avons pas encore fini les travaux, tant s'en _____ !

4   Communication. **Trouvez une autre manière de dire.**

1. Je suis rentré tard dans la nuit, et il n'y avait <u>absolument personne</u> dans les rues.

_____

2. Les travaux vont coûter 50 000 euros, <u>et mes amis ont cette somme et pas un centime de plus</u>.

_____

3. Un gâteau par personne, <u>ce n'est pas tout à fait assez</u>.

_____

4. Vous allez très souvent à Rome, n'est-ce pas ? — Non, <u>pas si souvent</u>.

_____

5. Nous n'avons <u>pas</u> visité <u>beaucoup de choses</u>.

_____

6. Je ne vois pas <u>énormément de</u> livres sur le sujet.

_____

5   À vous ! **Dans votre pays/région, existe-t-il des endroits où il n'y a pas un chat ? Des périodes où cela semble un peu mort ?**

_____

Décrire

2

1 Une famille peu ordinaire 🎧

Solange : Elle **est comment**, Sophie ? Elle **ressemble à** sa mère ?

Manon : Oui, elles **se ressemblent comme deux gouttes d'eau**. Elles ont les mêmes traits fins, le même profil. **Leur ressemblance est frappante**.

Maxence : Oui, c'est vrai, et la mère, bien que **plus toute jeune**, **est** toujours **impeccable, tirée à quatre épingles**. Elle **a beaucoup d'allure**. **C'est l'élégance faite femme**.

Manon : Oui, elle a **de la classe** et **fait** beaucoup **plus jeune que son âge**. Le père de Sophie, en revanche, **s'habille comme un sac***. Il se **laisse** vraiment **aller**, c'est dommage. Ça ne pardonne pas, à cet âge-là. La dernière fois que je l'ai vu, il avait **pris un coup de vieux**.

Maxence : Le moins qu'on puisse dire, c'est que les parents de Sophie **ne passent pas inaperçus**. Quel étrange couple !

Manon : Quant à la fille de Sophie, elle est **mignonne à croquer**.

Solange : Oui, je la connais, elle est **jolie comme un cœur**.

2 Une force de la nature 🎧

Viviane : Louis est comment ?

Rémi : C'est **une force de la nature** ! Il n'est pas **corpulent**, mais **plutôt trapu, costaud***. Il **respire la force** morale et physique. Il a le visage typique d'un marin, tout **buriné, ridé**, marqué par le soleil. C'est **une physionomie** qu'on ne peut pas oublier.

Grammaire

Comparaison

- Être mignon(ne) à croquer
- **Comme** un sac, comme un cœur
- **Une force de la nature**
- L'élégance **faite** femme/homme

Vocabulaire

La description physique

- Les traits du visage
- Le profil
- Corpulent ; trapu ; costaud*
- La physionomie
- Un visage buriné, ridé, marqué par…

Manières de dire

- Il/elle est comment ? Comment est-il/elle ? (= *Quelle est leur apparence ?*)
- Ils se ressemblent comme deux gouttes d'eau.
- Elle est jolie comme un cœur / mignonne à croquer.
- Il est impeccable ≠ il se laisse aller.
- Il/elle ne passe pas inaperçu(e).
- Il/elle s'habille comme un sac*.
- Il/elle a de l'allure = de la classe.
- Il/elle fait plus jeune (≠ vieux) que son âge.
- Il/elle n'est plus tout jeune = il/elle prend de l'âge < il/elle a pris un coup de vieux.

Remarque de vocabulaire. « Ça ne pardonne pas » = ça se voit *(de manière négative)*.

1   Compréhension. **Les phrases suivantes sont-elles de sens équivalent ?**

1. Elle n'est plus toute jeune = elle fait plus vieux que son âge.

2. Elle a de l'allure = elle ne manque pas de classe.

3. Il se laisse aller = il a pris un coup de vieux.

4. Il respire la force = il est buriné.

5. Il s'habille comme un sac* = il est dénué d'élégance.

2   Grammaire et vocabulaire. **Remplacez les termes soulignés par une comparaison.**

1. Ce petit garçon est <u>très mignon</u>. _____

2. Lise est <u>une femme extrêmement généreuse</u>. _____

3. Cette jeune fille s'habille <u>très mal</u>. _____

4. Kevin est <u>un homme très fort et très solide</u>. _____

5. La petite fille est <u>très jolie</u>. _____

6. Les deux frères se ressemblent <u>énormément</u>. _____

3   Vocabulaire et communication. **Trouvez une autre manière de dire.**

1. Léon commence à prendre de l'âge. _____

2. Sylvain ne fait plus attention à son apparence, il est négligé. _____

3. Henriette a brusquement vieilli, ça se voit. _____

4. Jean-Philippe a 70 ans, mais il paraît 60 ans. _____

5. Dora a beaucoup de classe. _____

4   Communication. **Décrivez les personnages suivants.**

5   À vous ! **Répondez librement mais de manière développée aux questions suivantes.**

1. Connaissez-vous des personnes qui se ressemblent comme deux gouttes d'eau ? Pouvez-vous les décrire ?

2. Qui pourriez-vous qualifier de « force de la nature » ?

3. Vous arrive-t-il de vous laisser aller ? De quelle manière ?

4. Avez-vous, dans votre entourage, quelqu'un qui fait beaucoup plus jeune ou beaucoup plus vieux que son âge ? Pouvez-vous le ou la décrire ?

3 Une résidence secondaire 🎧

Sébastien : *(au téléphone)* Alors, décrivez-moi votre nouvelle acquisition !

Charlotte : Il s'agit d'une **maison de village un peu biscornue, aux volets blancs et au toit irrégulier et plutôt pentu**. La façade est **en pierre apparente**, bien sûr.

Sébastien : Il y a plusieurs **corps de bâtiments** ?

Charlotte : Non, un seul, mais il y a **une** petite **dépendance** dans le jardin, **une** sorte de **cabane** à outils.

Sébastien : Et l'ensemble est **en bon état** ou vous aurez des travaux à faire **?**

Charlotte : Pas de gros travaux. **La toiture,** bien que fort ancienne, est en bon état et **la façade** vient d'être **rénovée**, en respectant le style de la région. **Les boiseries** sont marron, les fenêtres sont **à petits carreaux** et une vigne vierge court entre le rez-de-chaussée et le premier étage. À l'intérieur, les **poutres** sont apparentes. Ça a **un charme fou** !

Sébastien : C'est situé dans un hameau ?

Charlotte : Plutôt dans un village un peu **isolé, en pleine campagne**, avec une rivière **en contrebas**. Il était **abandonné** mais il **reprend vie** grâce à des artistes qui s'y sont installés.

Sébastien : Et autour, comment est la région ?

Charlotte : Magnifique ! Le paysage est assez **vallonné**, parfois même **escarpé**, mais c'est **verdoyant**. C'est une région **à la terre fertile**.

▥ Grammaire

Complément de nom avec « aux/à »

- Un château **à** la forme étrange *(= avec)*
- Une ferme **au** toit d'ardoise
- Une maison **aux** volets verts
- Une jeune fille **aux** yeux noirs

▥ Vocabulaire

Éléments d'architecture

- Un corps de bâtiment
- Une dépendance, une cabane
- Une façade
- En pierre apparente
- Les boiseries ; les volets ; une poutre
- La toiture = le toit

Manières de dire

- Il s'agit d'une maison biscornue. (= *à la forme étrange et compliquée*)
- Le bâtiment est en bon (≠ mauvais) état ; il a été rénové dans le style de la région.
- Le toit est pentu.
- La route est escarpée.
- Ce hameau est abandonné / isolé en pleine campagne.
- Le paysage est vallonné et verdoyant.
- La rivière est en contrebas.
- La terre est fertile.
- Le village reprend vie.
- L'ensemble a un charme fou.

1 Compréhension et vocabulaire. **De quoi parle-t-on ?**

1. Il s'agit d'un petit groupe de maisons isolées : _____.

2. Ces panneaux se trouvent devant les fenêtres, pour les protéger : _____.

3. C'est une petite construction dans le jardin : _____.

4. C'est une grosse pièce de bois, qui soutient quelque chose : _____.

2 Grammaire et communication. **Trouvez une autre manière de dire.**

1. Ce garçon a un regard vif et une intelligence aiguisée. *C'est un garçon* _____

2. C'est une maison dont la façade est en briques. _____

3. C'est une jeune fille dont les cheveux sont roux et dont l'expression est rêveuse. _____

_____

4. Ce bâtiment a un charme désuet. _____

5. Cet homme a une haute stature et une allure inquiétante. _____

6. Cette région a un paysage vallonné. _____

3 Vocabulaire et communication. **Complétez par un adjectif approprié.**

1. Cette pièce a une forme bizarre et irrégulière, elle est _____.

2. La région n'est pas plate, au contraire, elle est _____.

3. Ce chemin de montagne est difficile et en pente, il est _____.

4. La Normandie a une campagne très verte, elle est _____.

5. Dans cette région, les plantes poussent facilement, la terre est _____.

4 Communication. **Décrivez les bâtiments et le paysage de la manière la plus précise possible.**

1.    **2.**

5 À vous ! **Répondez librement et de manière développée aux questions suivantes.**

1. Pouvez-vous décrire une habitation traditionnelle de votre pays/région ?

2. Existe-t-il des hameaux abandonnés ou très isolés dans votre région ? Pourquoi ?

3. Pouvez-vous décrire la campagne la plus proche de chez vous ?

4. Les maisons traditionnelles de votre pays/région sont-elles en pierre apparente ?

3 Parler des objets

1 Au magasin de bricolage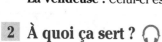

Paul : J'aurais besoin de plusieurs trucs*.
D'abord, **il me faudrait un embout que je
puisse adapter à un tuyau d'arrosage**.

La vendeuse : De quel diamètre ? Il y a du 15 mm
ou du 19 mm…

Paul : 15 mm, c'est ce qu'il me faut. Ensuite,
vous **auriez du mastic d'étanchéité** ? Je suis
en train de **rafistoler*** le carrelage de ma salle
de bains.

La vendeuse : Du translucide ou du blanc mat ?

Paul : Du blanc.

La vendeuse : Celui-ci est très bien. Il est anti-moisissure, spécial salle de bains et cuisine.

2 À quoi ça sert ?

Elvire : Je ne comprends pas **à quoi cet objet peut bien servir**.

Tom : Ça **s'utilise** peut-être dans la menuiserie ?

Elvire : Oui, je suppose qu'on peut l'**employer** pour caler quelque chose, quand on n'**a** pas
de véritable cale **à disposition**. Tu penses que cela pourrait nous **servir** ?

Tom : Non, **je n'en vois** absolument **pas l'intérêt**.

Elvire : Tiens, cela me fait penser qu'on doit **se procurer** une échelle pour la prêter à Yvan.

Grammaire

Usage du subjonctif

- Je cherche une table qui **aille** dans la cuisine.
→ J'ai trouvé une table qui va…
- Elle ne connaît personne qui **sache**…
→ Elle connaît quelqu'un qui sait…
- Je voudrais un meuble sur lequel je **puisse** poser…
→ J'ai un meuble sur lequel je peux poser…

Vocabulaire

Bricolage, plomberie

- Un embout qui s'adapte à…
- Un tuyau de plomberie, d'arrosage…
- Du mastic d'étanchéité translucide/mat
- Le carrelage (cuisine, salle de bains)
- Une cale (pour caler un objet)
- La menuiserie (= *le travail du bois*)

Manières de dire

- Un truc*= un machin* = une chose, un objet
- Une sorte de = une espèce de = un genre de (+ *nom*)
- Rafistoler* = réparer *(plus ou moins bien)*
- À quoi ça sert ? À quoi cela peut-il bien servir ?
- Je n'en vois pas l'utilité = je n'en vois pas l'intérêt.
- Je dois me procurer un outil pour mes travaux.
- Cet objet s'utilise pour… = on l'emploie pour… = on s'en sert pour…

- J'aurais besoin de… = Il me faudrait…
- Vous auriez… ?
- J'ai quelque chose à disposition.
- De quel diamètre ?

1 Compréhension et vocabulaire. **De quoi parle-t-on ?**

1. Cet objet permet de stabiliser une table bancale. _____

2. On emploie cette pâte pour boucher un trou dans la salle de bains, par exemple. _____

3. Cet objet peut servir à arroser un jardin. _____

4. C'est le sol le plus courant dans une salle de bains. _____

5. Cela désigne le travail du bois. _____

2 Grammaire et communication. **Vous demandez les objets suivants. Employez le subjonctif en variant les tournures.**

1. Un objet dont l'objectif est de boucher un trou dans un mur.

_____

2. Un objet dont l'objectif est de caler une table bancale.

_____

3. Un meuble pour poser un bibelot assez lourd.

_____

4. Un tuyau assez long pour arroser tout le jardin.

_____

5. Une commode pas trop grande pour placer dans ce renfoncement.

_____

3 Communication. **Imaginez une réponse possible.**

1. À quoi ça sert, ce truc* ?

– _____

2. Tu crois qu'on en aurait besoin ?

– _____

3. Quel genre d'objet est-ce que vous cherchez ?

– _____

4. Qu'est-ce que Loïc est en train de faire, dans son garage ?

– _____

5. D'après toi, c'est quoi, cet outil ?

– _____

4 À vous ! **Répondez librement et de manière développée aux questions suivantes.**

1. Quel est votre rapport au bricolage ? En faites-vous ou pas du tout ? Dans quelles circonstances ?

2. Y a-t-il des objets que vous devez vous procurer ? À quoi serviront-ils ?

3. Voyez-vous autour de vous un objet dont vous ne voyez pas l'utilité ? Pourquoi ?

3 Problèmes de voisinage 🎧 11

Le voisin : Bonjour, je viens vous voir à propos de **la haie qui sépare** nos deux terrains. Je ne sais pas si vous avez remarqué, mais il y a **une branche qui dépasse** et qui **retombe dans mon jardin**. Après, il faut que je **ramasse les feuilles mortes**, c'est un peu pénible.

La voisine : Ah oui, en effet… Les feuilles mortes, ça fait du bon compost ! *(Rires)* Je plaisante, je vais la couper. Pendant qu'on y est, de votre côté aussi, il y a un petit problème avec le marronnier, là-bas, qui **gêne le passage**.

Le voisin : Vraiment ? Il est beau, cet arbre, **ce serait dommage de l'enlever** ! En plus, il **fait de l'ombre** en été, c'est agréable.

La voisine : Oui, bien sûr, mais si ça continue comme ça, il va bientôt **bloquer** le chemin. En plus, il **coupe toute la lumière** et **nous empêche de** voir la campagne. Regardez, dans la cuisine, le soleil ne passe plus et **ça obstrue la vue**.

Le voisin : Dans ce cas, je vais le tailler de manière à ce qu'il ne vous gêne plus et que ça **dégage le passage**.

4 Une infiltration 🎧 12

M. Lambert : Excusez-moi de vous déranger, mais j'ai **un problème d'infiltration** sur un mur, dans ma salle de séjour. Je pense que **ça doit venir de chez vous.**

M. Grangier : Oui, c'est possible. Nous avons eu une fuite d'eau assez importante dans la cuisine et **ça a dû s'infiltrer** et **endommager** le mur. Je suis désolé !

M. Lambert : Sur ce mur, la peinture est **craquelée** ; et là, le papier peint **fait des cloques**.

M. Grangier : Il faut prévenir votre assurance et nous allons faire un constat.

Vocabulaire

Jardinage

- Une haie sépare deux terrains.
- Tailler un arbre (= *le couper en donnant une forme*)
- Couper une branche
- Ramasser les feuilles mortes
- Faire du compost (= *de l'engrais*)

Manières de dire

- Une branche dépasse et retombe dans le jardin.
- Un arbre fait de l'ombre = coupe la lumière.
- Un arbre bloque le chemin.
- Un arbre/une construction obstrue la vue.
- Ça gêne (≠ dégage) le passage.
- Ça m'empêche de…
- Ce serait dommage de (+ *infinitif*) / que (+ *subjonctif*)
- J'ai un problème de (+ *nom*).
- La peinture est craquelée.
- Le papier peint fait des cloques.
- Cela doit venir de chez vous.
- Ça a dû s'infiltrer.
- L'eau a endommagé…

1 **Vocabulaire et communication. Complétez par les termes manquants.**

1. Un camion mal garé _____ le passage.

2. Cette branche est morte, il faut la _____.

3. C'est la saison pour _____ les rosiers.

4. C'est dommage, cet immeuble _____ la vue, il nous _____ de voir la rivière.

5. J'ai l'impression que le problème _____ de chez mes voisins.

2 **Vocabulaire et communication. Trouvez une autre manière de dire. Vous devrez parfois restructurer les phrases.**

1. À cause des travaux, je ne peux pas passer dans ma rue. _____

2. Grâce à ce gros arbre dans le jardin, le soleil est moins pénible en été. _____

_____

3. Malheureusement, à cause de la construction de cet immeuble de bureaux, je ne pourrai plus voir la mer de ma maison ! _____

4. Je pense que l'origine du problème est chez ma voisine. _____

5. La tempête a sérieusement abîmé le mur du jardin. _____

3 **Communication. Imaginez une solution aux problèmes suivants.**

1.

2.

3.

4 **À vous ! Répondez librement et de manière développée aux questions suivantes.**

1. Avez-vous eu des problèmes de voisinage ? De quel ordre ?

2. Dans votre jardin ou dans votre logement, y a-t-il des problèmes à résoudre ? Lesquels ?

4 Pannes et réparations

1 Assistance technique 🎧

Le client : Bonjour, madame, je vous téléphone parce que j'ai plusieurs problèmes informatiques. D'une part, je **ne parviens plus à** accéder à ma messagerie. Je clique et **il ne se passe rien**. D'autre part, il **se passe des choses bizarres** sur mon écran, toutes les images bougent, c'est très étrange.

La technicienne : Bien, monsieur. Vous me donnez votre numéro de client et votre adresse mail, s'il vous plaît ? *(Un peu plus tard)* On va commencer par redémarrer votre ordinateur.

Le client : Je l'ai déjà fait ! **Ça n'a rien changé**.

La technicienne : On va essayer autre chose. Vous allez dans la fenêtre « Préférences », vous allez voir un onglet « Sélectionner » : vous le faites, puis, vous ouvrez le premier dossier, et vous mettez les deux premiers documents à la poubelle. Ensuite, vous allez redémarrer votre ordinateur, en appuyant sur la touche « majuscule » et en la gardant enfoncée.

Le client : Voilà, **ça n'a rien fait**. **Et je n'arrive toujours pas à** accéder à mes mails.

La technicienne : Vous avez tous vos identifiants et mots de passe ? Si vous le voulez, je vais **prendre la main**, avec votre autorisation. Vous avez tout sauvegardé ?

Le client : Oui, bien sûr, d'autant plus que mon ordinateur a planté* il y a quelques mois et que j'ai perdu une grande partie de mes données. Je deviens un obsédé de la sauvegarde !

Grammaire

Gérondif exprimant la manière, avec une nuance temporelle

Tu allumes l'ordinateur **en appuyant** sur…
Elle s'est fait mal **en bricolant**.
Il a abîmé l'appareil **en faisant le ménage**.

Vocabulaire

L'informatique

- (Re) démarrer un ordinateur
- Appuyer sur une touche, la garder enfoncée
- Ouvrir une fenêtre / Une fenêtre s'ouvre.
- Composer un mot de passe, un identifiant, un code secret
- Cliquer sur un onglet, un lien
- Accéder à / lire / consulter les mails (= e-mails)
- L'ordinateur a planté*.
- Sauvegarder des données ; la sauvegarde des données

Manières de dire

- Je ne parviens pas/plus = je n'arrive pas/plus à…
- Il se passe des choses bizarres / il ne se passe rien.
- Je vais prendre la main.
- Ça n'a rien fait = ça n'a rien changé.
- J'ai perdu des données.

1 Grammaire et communication. **Imaginez une réponse possible en employant le gérondif.**

1. Comment est-ce que vous vous êtes coupé(e) ?

_____

2. Comment est-ce qu'il a fait son compte pour se casser la jambe ?

_____

3. Comment tu t'y es pris pour abîmer ce meuble ?

_____

4. Comment puis-je faire pour accéder à ce service informatique ?

_____

5. Comment est-ce qu'ils ont eu cet accident ?

_____

6. Comment a-t-elle fait pour trouver un plombier ?

_____

7. Comment avez-vous eu accès à cette information ?

_____

2 Vocabulaire et communication. **Complétez par les termes manquants.**

1. Avant d'accéder au service bancaire par Internet, il faut composer votre _____

2. J'ai _____ sur la touche, mais la fenêtre ne s'est pas _____.

3. Mon ordinateur a encore _____*. Heureusement, j'avais _____ toutes mes données !

4. Dans ce village isolé, la connexion n'est pas bonne et je ne peux pas _____ à mes mails.

5. Gardez _____ la touche avant de redémarrer votre _____.

6. Il _____ des choses bizarres sur mon écran !

7. Elle _____ sur le lien, mais ça n'a rien _____.

8. Nous ne _____ plus à ouvrir les documents de ce dossier.

3 Communication. **Finissez librement les phrases suivantes.**

1. J'ai un problème, je ne parviens plus _____

2. Comment accéder _____

3. J'ai appuyé _____

4. J'ai composé _____

5. Mon ordinateur _____

4 À vous ! **Pouvez-vous expliquer un problème informatique que vous avez eu récemment ?
Quelles solutions avez-vous trouvées ?**

2 Une crevaison 🎧

Valentine : Tu entends ce bruit ? Je suis sûre que **ça vient du pneu**. **On a* crevé** !

Roxane : Il faut que je **me gare**, je ne peux pas rester en plein milieu. *(Quelques instants plus tard)* Tu as raison, le pneu est **à plat**.

Valentine : Mais qu'est-ce que c'est pénible ! Tu sais **changer une roue** ? Où est **la roue de secours** ?

Roxane : Calme-toi ! On ne s'en sort pas trop mal. La dernière fois que je **suis restée en rade***, c'était sur l'autoroute. J'étais* **tombée en panne** sur la file de gauche ! Ici, au moins, on a pu se garer tranquillement. Je vais voir si j'y arrive, sinon, on appellera **une dépanneuse**.

3 La voiture a des problèmes 🎧

Le client : Ma voiture a des tas* de petits problèmes. D'abord, **la vitre de la portière avant droite ne descend plus**. Elle **se coince** une fois sur deux.

Le garagiste : Bon, ça doit être électronique. Je vais regarder. Ensuite ?

Le client : Je trouve que **le moteur fait un bruit bizarre**, comme de frottement. En plus, de temps en temps, **le voyant** ici **s'allume**, apparemment sans raison, puis il **s'éteint** quelques minutes après. J'espère que tout n'est pas **détraqué*** !

Le garagiste : Décidément, **c'est la loi des séries** ! Hier, j'ai réparé la même panne sur le même genre de véhicule…

▪ Grammaire

Verbes pronominaux à sens passif

- Un voyant s'allume ≠ s'éteint…
- La fenêtre se coince.
- La porte s'ouvre ≠ se ferme.
- La chaise se plie ≠ se replie.
- L'outil se met = se range dans le placard.

▪ Vocabulaire

La voiture, la mécanique

- Le pneu, la roue de secours
- La portière avant/arrière/droite/gauche
- Le voyant qui s'allume
- Le moteur
- La vitre

Manières de dire

- *Usage fautif de « je » = ma voiture → Je* suis garé(e) dans la rue, *je* suis tombé(e) en panne.
- Le pneu est à plat = *j'ai* crevé = c'est une crevaison.
- Mon véhicule est tombé en panne = *je suis* resté(e) en rade* *(familier)*.
- Je dois appeler un dépanneur *(la personne)* / une dépanneuse *(la voiture de dépannage)*.
- La portière se coince souvent. Maintenant, elle est coincée.
- Le moteur fait un bruit bizarre.
- Le voyant s'allume (≠ s'éteint).
- Tout est détraqué*.
- C'est la loi des séries !

ACTIVITÉS

1 Grammaire. **Complétez par un verbe pronominal à sens passif.**

1. Zut, la fenêtre ne _____ plus, nous allons avoir trop chaud dans la voiture.

2. Nous avons un système automatique, la lumière _____ dans la pièce dès que nous entrons dedans.

3. Le tiroir _____ tout le temps, je n'arrive pas à l'ouvrir.

4. Le four à micro-ondes _____ automatiquement quand le plat est suffisamment chaud.

5. Ces assiettes _____ dans le placard de la cuisine.

2 Vocabulaire et communication. **Complétez par les termes appropriés.**

1. Quand la voiture est en panne, on appelle _____

2. Le _____ rouge s'allume, puis, au contraire, _____.

3. Si le pneu est à plat, c'est probablement parce qu'on a _____.

4. N'essayez pas d'ouvrir cette fenêtre, elle _____ tout le temps.

5. La _____ de la portière est sale, il faut que je la nettoie.

3 Vocabulaire et communication. **Trouvez une autre manière de dire.**

1. Ma moto est garée dans la rue. _____

2. Je ne comprends pas pourquoi cette petite lumière est devenue rouge. _____

_____

3. Une voiture de dépannage est arrivée. _____

4. Le pneu avant droit de la voiture a un trou et n'est plus gonflé. _____
_____

5. Plus rien ne marche dans cette maison ! _____

4 Vocabulaire et communication. **Que se passe-t-il ?**

5 À vous ! **Répondez librement et de manière développée aux questions suivantes.**

1. Vous est-il arrivé de rester en rade* en pleine campagne ? Expliquez.

2. Qu'est-ce qui est tombé en panne récemment ? Que s'est-il passé ?

3. Un appareil électronique s'est-il détraqué*, récemment ?

Parler de cuisine, de repas

5

1 Déjeuner ensemble 🎧

Maxime : On y va, tu viens **manger un morceau*** avec nous ?

Bénédicte : Non, merci, pas aujourd'hui. Je n'ai pas le temps de déjeuner. Je vais **manger sur le pouce***.

Maxime : Tu **manges** trop souvent **au lance-pierre**, ce n'est pas bon pour la santé !

Bénédicte : Ce n'est pas vrai ! Je reconnais que, quand **j'ai un petit creux**, j'ai tendance à **grignoter**, mais il ne faut pas exagérer…

Fanny : Moi, je **meurs de faim**, je file*.

Maxime : Moi aussi, j'ai **une de ces faims**… On va au bistrot du coin ?

Fanny : Avec plaisir ! Ça changera un peu **des plateaux-repas**…

2 Prendre l'apéritif 🎧

Alex : C'est l'heure de l'apéritif. On **boit un coup*** ? Je **crève* de soif** !

Léo : Avec grand plaisir, je suis toujours d'accord pour **prendre un verre**.

Ophélie : Moi, je vais faire attention, parce qu'après deux verres, je suis déjà **pompette*** !

Alex : Tu as raison. L'autre jour, j'ai fait quelques excès et j'étais complètement **bourré***. J'ai eu **une de ces gueules* de bois** le lendemain ! Ça m'apprendra à **picoler***…

Léo : Voilà ce que c'est que de faire un dîner **un peu trop arrosé** ! Bon, on **débouche** le champagne ?

3 Commande pour un cocktail

[…] Je vous recontacte à propos du cocktail qui aura lieu mardi prochain. Je vous confirme la commande de 10 pains-surprises, 10 terrines de saumon, 50 petits fours, 50 canapés variés (saumon, foie gras, caviar), 3 cakes au jambon et 3 cakes aux légumes […]

▬ Grammaire ▬▬▬

Expression de l'emphase

- Il a préparé **un de ces plats** !
- J'ai **une de ces faims** !
- C'était **une de ces fêtes** !

▬ Vocabulaire ▬▬▬

Le cocktail

- Un plateau-repas
- Un pain-surprise
- Un canapé (au pâté, au saumon…)
- Une terrine, des petits fours

▬▬ *Manières de dire* ▬▬

- Je mange « sur le pouce » (= *peu et vite*)
- Je mange « au lance-pierre » (= *très vite et mal*).
- Je bois un coup* / un verre.
- J'ai fait quelques excès (= *avoir trop mangé ou trop bu*).
- Je picole* (= *je bois trop*), et après, je suis pompette* < bourré(e)* (= *ivre*)

- Je crève* = je meurs de faim, de soif.
- J'ai « la gueule* de bois ».
- Je débouche = j'ouvre une bouteille.

1 Grammaire. **Transformez les phrases de manière à les rendre emphatiques.**

1. Joëlle a un magnifique appartement. _____

2. Thomas nous a préparé un très beau gâteau. _____

3. Sarah a très soif. _____

4. Ludivine a fait un très beau voyage. _____

5. Alexia a débouché une très bonne bouteille. _____

2 Vocabulaire. **Choisissez la ou les réponse(s) possible(s).**

1. Ils ont bu $\boxed{\text{un coup*}}$ $\boxed{\text{un canapé}}$ $\boxed{\text{un verre}}$ ensemble.

2. Ils ont la gueule* de $\boxed{\text{soif}}$ $\boxed{\text{bois}}$ $\boxed{\text{faim}}$.

3. Les collègues mangeront $\boxed{\text{un morceau}}$ $\boxed{\text{au lance-pierre*}}$ $\boxed{\text{un apéritif}}$.

4. Elle a bu juste une coupe de champagne, elle est $\boxed{\text{bourrée*}}$ $\boxed{\text{arrosée}}$ $\boxed{\text{pompette*}}$.

5. Paul $\boxed{\text{meurt}}$ $\boxed{\text{a}}$ $\boxed{\text{crève*}}$ de soif.

6. Bérénice va manger $\boxed{\text{un petit creux}}$ $\boxed{\text{sur le pouce}}$ $\boxed{\text{un coup*}}$.

3 Vocabulaire et communication. **Complétez par les termes manquants.**

1. On a marché des kilomètres en plein soleil, on _____ de soif !

2. Émilie a un petit _____ , elle va manger une pomme.

3. Ce pauvre homme était complètement _____ , il avait trop bu lors d'un dîner
beaucoup trop _____ .

4. Malheureusement, cet adolescent mange toujours au _____* , il ne prend pas
le temps de faire un vrai repas.

5. Irina a eu son bac, nous allons _____ le champagne !

4 Communication. **Trouvez une autre manière de dire.**

1. Véronique mange toujours <u>beaucoup trop vite</u>. _____

2. Nathan a trop bu et <u>a été malade</u> le lendemain. _____

3. Clémence déjeunera <u>légèrement et vite</u>. _____

4. Il est 11 heures du matin, j'ai <u>une sensation de faim</u>. _____

5. Julien <u>a très faim</u> ! _____

6. Vous voulez <u>prendre un verre</u> avec nous ? _____

7. <u>Lors du déjeuner, les convives ont beaucoup bu.</u> _____

5 À vous ! **Vous organisez un buffet pour une quarantaine de personnes, au bureau. Vous discutez
avec un(e) collègue afin de choisir ce que vous allez commander. Faites le dialogue.**

4 La préparation d'une sauce 🎧

Sylvain : Ça te tenterait de **goûter** ? Alors, **qu'est-ce que tu en dis** ?

Bruno : C'est original… **Ça a un petit goût aigrelet** qui n'est pas désagréable…

Sylvain : Tu veux dire qu'il y a **un arrière-goût** un peu amer ?

Bruno : Oui, je me demande si on ne pourrait pas **adoucir** la sauce avec un chouïa* de miel.

Sylvain : Ça ne va pas la rendre trop sirupeuse ? J'ai peur que **ça devienne** soit écœurant, soit au contraire trop fade. La sauce doit tout de même être un peu épicée !

Bruno : Dans ce cas, j'ajouterais aussi un peu de piment d'Espelette. Ça **relèvera** la sauce sans masquer le goût des champignons. Et une pointe d'ail ne ferait pas de mal non plus.

Sylvain : J'ai bien fait de te demander, tu es le spécialiste de l'**assaisonnement**. Tiens, tu me passes le miel ? Il y a un pot entamé dans le placard.

5 Quiche aux légumes

- **Épluchez** les courgettes et les oignons, **coupez**-les **en rondelles. Faites revenir** les oignons dans une poêle jusqu'à ce qu'ils soient dorés. Ajoutez les courgettes et **remuez** constamment.
- **Étalez** la pâte dans un moule. **Battez** les œufs en omelette et **versez**-les sur la pâte. **Répartissez** les légumes dessus. **Couvrez** de fromage râpé et **faites cuire** à four chaud. Servez chaud.

▨ Vocabulaire

1. le goût

- Aigrelet < aigre
- Fade (= *sans goût*)
- Amer (-ère)
- Épicé(e) = relevé(e) < pimenté(e)
- Sirupeux (-euse)
- Écœurant(e) (= *trop sucré ou trop gras*)

2. préparer un plat

- Éplucher (des légumes)
- Couper en rondelles/en morceaux…
- Faire revenir (= faire sauter) / faire cuire
- Remuer
- Étaler la pâte
- Battre les œufs
- Verser un liquide
- Répartir (= *poser de manière régulière*)
- Couvrir

═══ *Manières de dire* ═══

- Vous voulez goûter ? Ça a un petit goût… / un arrière-goût…
- Qu'est-ce que tu en dis ? Qu'est-ce que vous dites de l'assaisonnement ?
- Ça ne va pas le/la rendre trop… ?
- Ça risque de devenir trop… / J'ai peur que ça devienne trop…
- Je vais relever (≠ adoucir) la sauce. • Cela peut masquer (= cacher) le goût.

Remarques. 1. Le piment d'Espelette est un piment délicat originaire du Pays Basque.
2. « Entamer » un pot consiste à l'ouvrir pour la première fois. Ensuite, le pot est « entamé ».

1 Compréhension. **Vrai ou faux ?**

        VRAI FAUX

1. On peut battre une pâte.   ☐ ☐

2. Je fais revenir des aubergines dans la poêle.   ☐ ☐

3. On coupe du persil en rondelles.   ☐ ☐

4. Si la sauce est trop relevée, on peut l'adoucir.   ☐ ☐

5. Je répartis du fromage sur le plat à mettre au four.   ☐ ☐

2 Vocabulaire. **Choisissez le(s) terme(s) possible(s).**

1. Cela risque de │ devenir │ │ rendre │ │ relever │ le plat trop épicé.

2. Il a oublié d'│ éplucher │ │ entamer │ │ ajouter │ les oignons à la quiche.

3. Il y a trop de miel dans ce plat, il en devient │ relevé │ │ fade │ │ écœurant │.

4. Nous allons faire │ cuire │ │ sauter │ │ éplucher │ les aubergines dans la poêle.

5. Je n'aime pas │ cette pointe │ │ ce goût │ │ cet arrière-goût │ aigre.

3 Vocabulaire et communication. **Complétez par les termes manquants.**

1. Qu'est-ce que tu _____ de ce gratin ? Il te plaît ?

2. J'ai ajouté de l'eau, ça va _____ la sauce plus liquide.

3. Il y a trop de piment, cela _____ le goût des légumes.

4. Ces courgettes n'ont pas grand goût, elles sont _____.

5. Pour préparer une meringue, Angélique _____ les œufs en neige.

6. Il faut que tu _____ la sauce pour voir si elle n'est pas trop relevée.

4 Vocabulaire et communication. **Trouvez une autre manière de dire.**

1. Ce plat n'a pas assez de goût. _____

2. Oscar est en train d'enlever la peau des pommes de terre. _____

3. Il y a trop de piment dans ce plat. _____

4. Qu'est-ce que vous pensez de cette tarte ? _____

5. Impossible de manger cette crème, il y a beaucoup trop de sucre. _____

5 À vous ! **Répondez librement et de manière développée aux questions suivantes.**

1. Pouvez-vous donner la recette d'un plat que vous faites couramment ?

2. Dans la cuisine de votre région/pays, se sert-on de beaucoup d'épices ? Lesquels ?

3. Dans votre culture, la cuisine tient-elle une place importante, comme c'est le cas en France ? Pourquoi ?

6 La météo

1 Un été pourri* !

Agathe : Tu as vu ? **Ça s'est couvert** depuis tout à l'heure et ça **se rafraîchit**.

Nora : Oui, **ça menaçait** depuis quelque temps. Ça y est, il **commence à pleuvoir** ! Oh là là, **il pleut « des cordes »** !

Agathe : C'est **un été pourri*** ! **Il fait un temps de chien*** et un froid de canard* !

Nora : D'après la météo **ça va s'améliorer** à la fin de la semaine.

Agathe : Oui, on est lundi…

Nora : Dès vendredi, **ça va se dégager, il va faire un peu meilleur,** 15°.

Agathe : 15° en plein été ! Tu appelles ça du beau temps ?

Nora : Ce sont **les giboulées de printemps** !

Agathe : Au mois de juillet ?

Nora : Bon, on peut quand même aller faire un tour à la plage.

Agathe : Sous **la pluie battante** ? **Il fait un temps à « ne pas mettre le nez dehors »** ! On sera **trempées** et on **grelottera de froid**.

Nora : Arrête de râler, **ça va se radoucir**, j'en suis sûre. Justement, il me semble que la pluie **se calme** un peu. Tu viens ?

Agathe : Avec plaisir, on marchera dans **les flaques d'eau**, sous le crachin*. Cela nous changera de la grisaille parisienne…

Grammaire

Emploi des verbes pronominaux pour indiquer un processus

- La pluie se calme.
- Ça se couvre. ≠ Ça va se dégager.
- Ça s'est rafraîchi ≠ Ça s'est radouci.
- Le temps va s'améliorer ≠ il va se dégrader

Vocabulaire

Le mauvais temps

- Des giboulées de printemps (= *un temps instable et changeant*)
- Être trempé(e) (= *très mouillé*)
- Grelotter de froid
- Une flaque d'eau
- Un crachin* (= *une petite pluie*)
- La grisaille (= *temps gris et triste*)

Manières de dire

- Il pleut « des cordes ». Je ne sors pas sous une pluie battante.
- Il fait « un froid de canard ».
- Il fait un temps à « ne pas mettre le nez » dehors = il fait « un temps de chien » = il fait un temps pourri*.
- Ça menace !
- Il commence à pleuvoir ≠ il va faire meilleur.

1 Compréhension et vocabulaire. **Les phrases suivantes sont-elles de sens équivalent ?**

1. Il pleut « des cordes » = il pleut légèrement.

2. Il fait « un froid de canard » = il fait très froid.

3. Nous serons trempés = nous serons très mouillés.

4. Le temps est menaçant = il est dangereux de sortir.

5. Le ciel se dégage = ça va se radoucir.

2 Grammaire. **Dites la même chose en employant un verbe pronominal et en respectant le temps des verbes.**

1. Le temps va devenir meilleur. _____

2. Le ciel devient de plus en plus gris. _____

3. La température deviendra plus douce. _____

4. Le ciel devient plus clair. _____

5. Il va faire de plus en plus frais. _____

6. Les nuages ont commencé à s'en aller. _____

7. Malheureusement, le temps est devenu désagréable. _____

3 Vocabulaire et communication. **Trouvez une autre manière de dire.**

1. Il a fait <u>très froid</u>. _____

2. Je n'ai pas envie de me promener sous une pluie <u>très forte</u>, car après je serai <u>complètement mouillée</u>.

_____

3. Nous sommes en avril et <u>le temps change tout le temps</u> ! _____

4. Le petit garçon <u>tremble</u> de froid ! _____

5. Nous sommes en mai et cela fait trois semaines qu'il pleut. Quel <u>mauvais printemps</u> ! _____

6. Certains souffrent <u>du temps gris et triste</u> et <u>de la petite pluie</u> qui se produit souvent au printemps.

_____

4 Vocabulaire et communication. **Commentez le temps qu'il fait.**

_____
_____
_____
_____

5 À vous ! **Répondez librement et de manière développée aux questions suivantes.**

1. Dans votre région, comment se passe une journée typique d'hiver ?

2. Vous arrive-t-il de « ne pas mettre le nez dehors » à cause du temps ? Pourquoi ?

3. Votre région se caractérise-t-elle par du crachin*, ou du moins de la grisaille ?

2 Un froid de canard*

La météo : « Aujourd'hui, **de fortes gelées** sont attendues à Paris, avec des températures **anormalement basses** pour la saison, allant jusqu'à –9°. Ces températures **sibériennes** sont de 16 degrés **en dessous des normales saisonnières**, ce qui a pris au dépourvu tant les Parisiens que les touristes, dont beaucoup sont bloqués par la neige. »

Madeleine : De la neige et –9° au mois de mars ! Quand je pense qu'il y en a qui se plaignent de la chaleur en été ! On **se gèle*** ! Il faut bien **te couvrir**, mon chéri !

Selim : Oui, **ça caille*** ! Regarde dans la rue, tout le monde est emmitouflé. On se croirait en plein hiver, au nord de l'Europe. **Il n'y a pas un rayon de soleil**.

La météo : « L'hiver est particulièrement **rigoureux**. Dans les Alpes, des **chutes de neige** se produiront sur les massifs, au-dessus de 800 mètres d'altitude. La région est en alerte rouge **avalanches** ».

3 Une canicule insupportable

Clémence : Quelle canicule ! Il fait **une chaleur insupportable**. J'irais bien visiter le village, mais il fait trop chaud. Il vaut mieux rester **à la fraîche**.

Aubin : Regarde, il n'y a pas grand monde à cette heure. On **crève* de chaud**, on est en nage*. Ce n'est pas le moment de sortir. Je comprends pourquoi la terre est si aride.

Clémence : Il n'y a pas un souffle d'air. Je sais que le climat est **torride**, mais c'est quand même plus dur que d'habitude. Vivement que **le vent se lève**, l'air est **irrespirable**.

Vocabulaire

Climats extrêmes

- Se couvrir *(= mettre des vêtements chauds)*
- S'emmitoufler *(= se recouvrir totalement de vêtements chauds)* / être emmitouflé(e)
- Être en nage* *(= transpirer beaucoup)*

- Une chute de neige
- Une avalanche
- Une terre aride
- Un climat / une chaleur torride

Manières de dire

- Une (forte) gelée : il gèle, « on se gèle » *(familier)* = ça caille* *(familier)*
- Un hiver rigoureux < « sibérien » *(= très dur et très froid)*.
- Il n'y a pas un souffle d'air ≠ le vent se lève.
- Il n'y a pas un rayon de soleil.
- L'air est irrespirable *(trop chaud ou trop pollué)*. On doit rester « à la fraîche » *(= dans la fraîcheur)*.
- C'est la canicule *(= une chaleur insupportable)*
- Une température au-dessus ≠ en dessous des normales saisonnières = anormalement haute ≠ basse.

1 Compréhension et vocabulaire. **Les phrases suivantes sont-elles de sens équivalent ?**

1. Ça caille* = il fait un froid de canard*.

2. Je reste à la fraîche = je me couvre.

3. L'été est torride = il est sibérien.

4. Il fait –1° = il y a de fortes gelées.

2 Vocabulaire et communication. **Complétez par les termes manquants.**

1. Dans certaines régions de France, le froid est parfois intense, _____ .

2. Il fait gris, c'est triste, il n'y a pas _____ de soleil.

3. Chaque été, des personnes âgées souffrent de la _____ , car il fait trop chaud.

4. J'espère que le vent va _____ , car pour le moment, l'air
est _____ , il n'y a pas un _____ d'air !

5. Ce matin, ça _____* , il fait un froid de canard* !

3 Vocabulaire et communication. **Quels commentaires pourriez-vous faire dans les situations suivantes et, éventuellement, quels conseils donneriez-vous ?**

1. Il fait vraiment froid, ce matin ! _____
_____

2. Il est 14 heures et il fait 39° dans ce petit village du Languedoc. _____
_____

3. En général, il fait 10° à cette époque, mais depuis quelques jours, le thermomètre est tombé à -3°. _____
_____

4. Dans cette région de France, l'hiver est toujours extrêmement froid et il dure longtemps. _____
_____

5. Il n'y a pas du tout de vent, c'est pénible. _____
_____

4 Communication et vocabulaire. **Décrivez le plus précisément possible le temps qu'il fait et ce que pourraient ressentir des personnes qui se trouveraient dans ces paysages.**

1.

2.

5 À vous ! **Répondez librement et de manière développée aux questions suivantes. Dans votre région…**

1. …se passe-t-il des périodes de canicule ? À quel moment ? Comment est-ce vécu par la population ?

2. …l'hiver est-il rigoureux ? Pourriez-vous préciser ?

L'état général

Situations concrètes

1 Surmenage

Ludovic : Dis-donc, tu **as une petite mine** aujourd'hui ! **Qu'est-ce que tu as** ?

Fanny : Je ne sais pas… Je suis un peu **patraque***, je **ne suis pas dans mon assiette**.

Ludovic : Tu m'inquiètes ! **Qu'est-ce qui t'arrive** ? **Il n'y a rien de grave**, au moins ?

Fanny : Non, mais à vrai dire, je ne sais pas ce que j'ai à être tout le temps **crevée***.

(Plus tard)

Ludovic : Tu as vu **dans quel état est** Fanny ? Elle a l'air **mal en point**, elle **a les traits creusés par la fatigue**. Elle est **surmenée**, elle devrait arrêter un peu. Elle **va y laisser sa peau**, à force de travailler comme une folle…

Noémie : Je suis bien d'accord avec toi. Cette femme **est dans un état**, en ce moment… L'autre jour, elle **s'est trouvée mal**, elle **a eu un malaise** en entrant en réunion.

Ludovic : Qu'est-ce que je te disais ? Elle **tire trop sur la corde***. **Ça va mal finir**, si elle continue à ce rythme-là ! De toute façon, elle a tellement de travail qu'elle ne sait plus où donner de la tête.

Noémie : Je me suis toujours demandé ce qu'elle avait à travailler comme ça !

Grammaire

Expression de la cause
Emploi idiomatique du verbe « avoir »

- Qu'est-ce qu'elle **a**, **à crier** ?
- Elle **a qu'**elle est en colère.
- Je ne sais pas ce que j'**ai à être** fatigué.

Vocabulaire

Le surmenage

- Se trouver mal = avoir un malaise = s'évanouir.
- Être patraque* *(malade et fatigué)* = ne pas être dans son assiette* = être mal en point.
- Crevé(e)* = très fatigué(e).
- Avoir les traits creusés par la fatigue.
- Avoir une petite mine < mauvaise mine.

Manières de dire

- Qu'est-ce qui t'arrive ? Qu'est-ce qui lui arrive ?
- Qu'est-ce que tu as ? Qu'est-ce que vous avez ?
- Il n'y a rien de grave ?
- Il n'y a rien de grave ?
- Dans quel état est-ce qu'ils sont ?
- Ils sont dans un état !
- Je vais y laisser ma peau ! *(familier)*
- Je tire trop sur la corde*
  (= *j'abuse de mes forces*).
- Ça va mal finir !

1 Grammaire et communication. **Transformez les phrases suivantes en employant le verbe « avoir » de manière à exprimer la cause.**

1. Pourquoi est-ce qu'il pleure ? _____
2. Pourquoi est-ce qu'ils font la tête ? _____
3. — Parce que le match est annulé. _____
4. Pourquoi est-ce tu te plains ? _____
5. — Parce que mes enfants me négligent. _____

2 Vocabulaire et communication. **Trouvez une autre manière de dire.**

1. Le visage de Barbara montre sa grande fatigue. _____
2. Elvire abuse de ses forces. _____
3. Louis risque d'avoir des problèmes de santé, à force de travailler trop. _____
4. La jeune femme a eu un malaise dans le métro. _____
5. Ronan est extrêmement fatigué. _____
6. Quel problème est-ce que tu as ? _____
7. Je ne suis pas optimiste sur cette situation ! _____

3 Communication. **Imaginez la question.**

1. _____ ?
— Eh bien, je me suis tordu la cheville dans l'escalier !
2. _____ ?
— Il râle* parce que nous sommes en retard.
3. _____ ?
— Non, il n'y a rien de vraiment grave, mais je suis crevé* !
4. _____ ?
— À mon avis, ils sont assez mal en point.
5. _____ ?
— J'ai que je ne retrouve plus mes clés !

4 Communication. **Que se passe-t-il ? Vous pouvez, non seulement décrire l'état de cette personne, mais imaginer ce qui s'est passé avant et ce qui se passera après.**

5 À vous ! **Vous rencontrez un(e) ami(e) qui ne semble pas aller bien. Vous cherchez à comprendre. Faites le dialogue.**

2 Il récupère ! 🎧

Anne-Sophie : Tu sais que Roland **a eu un gros pépin*** de santé ? Heureusement, il **est tiré d'affaire** et **son état s'améliore** de jour en jour.

Yves : Oui, je suis allé le voir dans son centre de rééducation fonctionnelle. J'ai trouvé qu'il **reprenait du poil de la bête***. Il a retrouvé son humour, on sent qu'il est en train de **récupérer**, ça fait plaisir.

Anne-Sophie : D'ailleurs, il **s'est remis à** marcher, même s'il **n'est pas encore très solide sur ses pieds**.

Yves : Oui, **ça revient progressivement**. Il fait beaucoup de rééducation avec d'excellents kinés*. D'après l'équipe médicale, il **sera sur pied** dans quelques semaines.

Anne-Sophie : Il **a surmonté une** sacrée* **épreuve**, tout de même…

3 Elle se remet ? 🎧

La voisine : Nina **se remet de ses émotions** ? Après son bac, elle devait être sur les rotules*, la pauvre. Elle a tellement travaillé, révisé, bûché*…

La mère : Oui, elle **a retrouvé son appétit** et **a repris des couleurs**. J'avoue que je commençais à me faire du souci. Mais les jeunes **ont du ressort**, ce n'est pas comme nous…

La voisine : Vous aussi, vous **êtes passée par des moments difficiles**, et vous **avez** courageusement **repris le dessus**.

La mère : Que voulez-vous, quand on a des enfants, on n'a pas le choix. Si on **flanche***, on est perdu, alors il faut **se ressaisir** vite.

La voisine : Facile à dire…

■ Vocabulaire

La rééducation

- Faire de la rééducation avec un(e) kiné*[sithérapeute]
- Un centre de rééducation fonctionnelle
- Reprendre du poil de la bête* = récupérer
- Être solide sur ses pieds = être sur pied.
- Surmonter une épreuve
- Avoir du ressort
- Flancher* ≠ se ressaisir

Manières de dire

- J'ai eu un pépin* de santé, mais je suis tiré(e) d'affaire / les médecins m'ont tiré(e) d'affaire.
- Mon état s'améliore, je me remets **à**… (= je recommence)
- Je suis passé(e) par des moments difficiles, mais je reprends le dessus.
- Je me remets **de**… mes émotions / mon opération…
- Je retrouve l'appétit ; je reprends des couleurs (= j'ai meilleure mine)
- Ça revient (= ça redevient normal)

> **Remarques. 1.** Un pépin* *(familier)* = un problème. **2.** Ne confondez pas : « se remettre à faire quelque chose » *(= recommencer)* et « se remettre de » *(= récupérer)*. **3.** Être sur les rotules* = être épuisé(e).

1   Vocabulaire. **Complétez par le terme approprié.**

1. Le jeune malade _____ du poil de la bête*.

2. Ces pauvres gens _____ par des moments très durs, mais c'est fini, maintenant.

3. Les rescapés de l'accident _____ de leurs émotions, ils récupèrent.

4. La malade _____ d'affaire, elle va mieux.

5. Après une longue interruption, Paul _____ à faire du sport, enfin !

6. Les enfants _____ des couleurs, ils ont meilleure mine.

7. La pauvre Carine a eu un _____* de santé et tout le monde espère qu'elle sera

bientôt sur _____ .

2   Vocabulaire et communication. **Trouvez une autre manière de dire.**

1. Ces jeunes gens ont <u>de l'énergie en réserve</u>. _____

2. Odile a monté un col des Pyrénées à vélo, elle est <u>épuisée physiquement</u> ! _____

3. Durant ces épreuves, Octavie <u>a faibli un peu</u>, mais rapidement, elle <u>s'est maîtrisée</u>. _____

_____

4. Après quelques jours au bord de la mer, la petite fille malade a <u>retrouvé son énergie</u>. _____

5. Le vieux monsieur a beaucoup de mal à <u>récupérer après</u> son opération. _____

6. Lise <u>marche à nouveau très bien</u> grâce à sa prothèse du genou. _____

3   Communication. **Imaginez la situation passée, présente et future de cette jeune femme.**

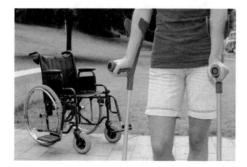

4   À vous ! **Répondez librement et de manière développée aux questions suivantes.**

1. Dans quelles circonstances avez-vous été sur les rotules* ?

2. Y a-t-il une activité que vous avez arrêtée et que vous vous remettez à faire ?

3. Considérez-vous que vous avez du ressort ? Pourquoi ?

4. Quand vous êtes fatigué(e), qu'est-ce qui vous aide à reprendre du poil de la bête* ?

5. Avez-vous, dans votre entourage, des personnes qui, après un gros pépin* de santé, sont à nouveau sur

pied ? Que s'est-il passé ?

8 Les mouvements

1 Un pot* au bureau 🎧

Arthur : Ce matin, comme c'était mon anniversaire, Éric **s'est pointé*** avec une bouteille de champagne, c'est sympa. Sur ce, tout le monde **a rappliqué*** !

Selma : Et Brice ? Il **a montré le bout de son nez** ?

Arthur : Oui, il est entré **en trombe** dans le bureau, a piqué* quelques canapés et **s'est barré***…

Selma : Bon débarras, il est tellement pénible !

Arthur : Quant à Floriane, elle **est arrivée après la bataille**, comme d'habitude. Il ne restait plus rien ni à boire, ni à manger et tout le monde était sur le point de partir.

Selma : Bon, ce n'est pas le tout, **il faut que j'y aille** ! Le devoir m'appelle…

Arthur : Moi aussi, **je file*** !

2 Une occasion perdue 🎧

Vincent : Je **me suis rendu** très tôt au travail ce matin, car je voulais **me joindre à** mes collègues pour l'anniversaire d'Arthur, mais avec toute la neige qui est tombée, j'ai dû **rebrousser chemin**. Personne ne pouvait **passer**.

Éric : C'est dommage, mais vous n'avez pas perdu grand-chose. Quelques personnes seulement se sont montrées et **ne se sont pas attardées.** Le directeur **a fait un crochet** par la salle avant d'aller en réunion, mais il s'est **s'éclipsé** discrètement. Floriane a aussi **fait une courte apparition.**

▪ Vocabulaire

Allées et venues

- S'attarder (= *rester plus longtemps que prévu*)
- S'éclipser (= *partir discrètement*)
- Se joindre à (= *se mêler à*)
- Se rendre (= *aller*)
- Rebrousser chemin (= *renoncer et revenir au point de départ*)

- Se barrer* = filer* (= *partir*)
- Se pointer* = rappliquer* (= *venir*)
- Arriver/entrer/sortir… en trombe (= *à toute vitesse*)
- Faire une courte apparition
- Faire un crochet = faire un détour

Manières de dire

- Il faut que j'y aille ! = je file* ! (= *je dois partir*)
- Je suis arrivé(e) « après la bataille » (= *trop tard, quand tout est fini*).
- Bon débarras* ! (= *on est content d'être débarrassé de qqn ou qch.*)
- Il a montré le bout de son nez* (= *il est venu brièvement*).

1 **Compréhension et vocabulaire. Les phrases suivantes sont-elles de sens équivalent ?**

1. Elles ne se sont pas attardées = elles ont rebroussé chemin.

2. Mon collègue s'est pointé* = il s'est barré*.

3. Je file* ! = Il faut que j'y aille !

4. Elle est arrivée en trombe = elle est arrivée après la bataille.

5. Ils se sont éclipsés = ils ont fait une courte apparition.

2 **Vocabulaire et communication. Trouvez une autre manière de dire en employant des expressions familières.**

1. Charlotte est venue trop tard à la soirée, tout était déjà fini. _____

2. Mes voisins sont tous venus ensemble. _____

3. Je dois partir tout de suite. _____

4. Personne n'a quitté la salle de réunion. _____

5. Thomas est venu pour faire la connaissance des voisins. _____

6. Je m'en vais rapidement ! _____

7. Betty est apparue à l'entrée de la salle de spectacle. _____

3 **Vocabulaire et communication. Quelle(s) expression(s) pourriez-vous employer dans les circonstances suivantes ?**

1. Vous devez partir rapidement, car vous avez un rendez-vous. _____

2. Entre Paris et Lyon, vous avez fait un détour pour visiter la basilique de Vézelay. _____

3. Vous êtes soulagé(e) que quelqu'un de déplaisant ait quitté la salle où vous vous trouvez. _____
_____

4. Vous aviez l'intention de venir aider des amis, mais vous êtes arrivé(e) trop tard.
_____

5. Vous êtes passé(e) chez vos voisins, mais vous n'êtes pas resté(e) longtemps.
_____

6. Vous vouliez aller à la mer, mais il y avait tellement de monde que vous avez renoncé et vous êtes rentré(e) chez vous. _____

4 **À vous ! Répondez librement et de manière développée aux questions suivantes.**

1. Dans quelles circonstances vous arrive-t-il de rebrousser chemin ?

2. Qu'est-ce qui peut vous pousser à vous éclipser d'une soirée entre amis ?

3. Vous êtes-vous déjà rendu(e) dans un pays lointain ?

4. Êtes-vous parfois arrivé(e) « après la bataille » ? Que s'est-il passé ?

3 Pétrifiés ! 🎧

Aurélie : Comment as-tu passé ta journée ?

Fabrice : Je **n'ai pas bougé de** la matinée. Je **suis resté scotché*** devant la télé, à suivre les événements.

Aurélie : Moi aussi, quand j'ai vu ce qui s'était passé, je **suis restée clouée*** chez moi. Je **me suis plantée*** devant mon ordinateur, et je **n'ai pas mis le nez dehors** de la matinée.

Fabrice : Moi qui d'habitude **ne tiens pas en place**, j'étais littéralement **pétrifié**. Je **ne savais pas quoi faire de moi**. Je ne voulais pas **rester les bras croisés**, mais je me suis senti tellement impuissant, démuni…

Aurélie : Tout le monde était désemparé, je crois.

4 Immobilisme 🎧

Bérengère : Je ne comprends pas ce gamin. Il **reste vautré*** dans sa chambre toute la journée, il **ne lève pas le petit doigt** pour aider ses parents…

Renaud : Si tu l'avais vu l'autre jour, **affalé*** sur le canapé… Il est tellement **désœuvré** que cela le fatigue d'avance d'imaginer bouger un peu. Je n'ai jamais vu une **flemme*** pareille.

Bérengère : Quel gâchis… **Une** telle **mollesse**, à son âge ! Il risque de rater ses études, de **stagner** dans son collège. On se demande ce qui pourrait le faire sortir de **sa léthargie**.

Renaud : Malheureusement, il a toujours été **oisif**. Quand il était petit, il **traînait** toute la journée et **son apathie** inquiétait ses parents.

▰ Grammaire

Forme négative + expression de temps

- Je n'ai pas dormi **de** la nuit.
- Il n'a pas mangé **de** toute la journée.
- Ils ne sont pas venus me voir **de** toute l'année.
- Il ne sort pas **de** la matinée.

▰ Vocabulaire

Émotions négatives

- Désœuvré(e) = oisif (-ive)
- Impuissant(e)
- Démuni(e) = désemparé(e)
- Pétrifié(e) = paralysé(e)
- La mollesse, l'apathie, la léthargie
- Avoir la flemme* de…

Manières de dire

- Je ne tiens pas en place (= *je bouge tout le temps*).
- Je ne reste pas les bras croisés (= *j'agis*).
- Je reste affalé(e)* = vautré(e)*.
- Je ne sais pas quoi faire de moi.
- Je ne lève pas le petit doigt pour… (= *je ne fais rien pour aider qqn*).
- Je suis resté(e) scotché(e)* = cloué(e) = pétrifié(e) (= paralysé)
- Je traîne *(= je suis désœuvré)*
- Je ne mets pas le nez dehors (= *je ne sors pas*).

Situations concrètes

1   Grammaire et communication. **Répondez par la négative.**

1. Tu t'es reposé(e) pendant le week-end ? _____

2. Gabin a bien dormi, cette nuit ? _____

3. Ils ont bu pendant la soirée ? _____

4. La vieille dame bouge pendant l'après-midi ? _____

5. Vous êtes sortis, aujourd'hui ? _____

6. Ils ont voyagé, cette année ? _____

2   Vocabulaire et communication. **Complétez par les termes manquants.**

1. Ces jeunes gens ne bougent pas, ils restent _____* devant leur ordinateur.

2. Nous devons agir, nous n'allons pas rester _____.

3. Il faudrait donner de l'activité à ces jeunes garçons qui _____ dans la rue. Ils sont trop _____ et s'ennuient.

4. Les enfants ont hâte d'être en vacances, ils ne _____ pas en _____ !

5. La jeune fille n'a pas _____ le petit _____ pour aider sa grand-mère !

3   Vocabulaire et communication. **Décrivez ce qui se passe, imaginez ce qui s'est passé avant et ce qui se passera ensuite.**

4   Vocabulaire et communication. **Répondez aux questions en variant les réponses et les structures.**

1. Vous êtes sorti(e), malgré la pluie ? — Non, _____

2. Les jeunes gens ont suivi l'actualité sur leur ordinateur ? — Oui, _____

3. Vos voisins vous ont aidé(e) à déménager ? — Non, _____

4. Vous étiez très occupé(e), dimanche dernier ? — Non, _____

5. Le maire a agi, dans cette situation difficile ? — Oui, _____

6. Les voisins ont su comment réagir ? — Non, _____

5   À vous ! **Répondez librement et de manière développée aux questions suivantes.**

1. Dans quelles situations pourriez-vous rester affalé(e) chez vous ?

2. Vous est-il arrivé de rester scotché(e)* devant la télévision ou l'ordinateur, pour suivre un événement exceptionnel ?

29

5 Au cours de gym…

Le professeur de gym : Bon, maintenant que vous **êtes bien échauffée**, vous **vous allongez** par terre, **pieds au sol**. Vous **contractez les abdominaux**, vous **rentrez le ventre** et vous **soulevez les jambes** très lentement. N'oubliez pas de **maintenir les bras au sol**. Vous **tenez la position** pendant une minute, puis vous **relâchez**. Vous **prenez une grande inspiration** et **vous recommencez** !

Romane : Qu'est-ce que ça fait mal ! Oh là là, je **repose** les jambes !

Le professeur de gym : Attendez, il faudrait savoir ce que vous voulez !

Romane : Je ne suis pas très entraînée, il faut d'abord que je **me remuscle** un peu… Je n'ai pas envie d'**avoir des courbatures** partout demain. Oh, comme c'est dur…

Le professeur de gym : Bon, alors, dans ce cas, vous n'allez **soulever** qu'**une seule jambe à la fois**, ce sera moins dur. Vous **n'en ferez que dix de suite**.

Romane : « Que » dix !

6 De justesse !

Léa : Quelle émotion ! Figure-toi que ma vieille voisine a failli **se faire renverser par** une voiture. Je **me suis précipitée** vers elle et je l'**ai retenue** au moment où elle allait traverser la rue sans regarder…

Maxime : Heureusement que tu étais là pour la **rattraper** ! Moi aussi, quand je vois une personne âgée près du passage piéton, je **m'approche** subrepticement, pour parer à toute éventualité.

Grammaire

Exclamation

- **Que** c'est dur ! Que tu parles bien !
- **Comme** vous avez l'air fatigué !
- **Qu'est-ce que*** c'est pénible !

Vocabulaire

Gestes et mouvements

- Rentrer le ventre = contracter les abdominaux
- Soulever ≠ reposer les jambes
- Se faire renverser par un véhicule
- Se précipiter sur / vers
- Retenir qqn = rattraper qqn
- S'approcher de qqn ou qch

Manières de dire

- Vous devez d'abord vous échauffer → vous êtes échauffé(e) (= *vos muscles sont préparés*).
- Vous vous allongez par terre, pieds au sol.
- Vous tenez = maintenez (≠ relâchez) la position.
- Vous prenez une grande inspiration.
- Vous devez vous muscler/remuscler.
- Vous en ferez dix de suite. Vous recommencez. • Vous ne soulevez qu'une jambe à la fois.
- Vous aurez des courbatures (= des douleurs musculaires)

Remarque de vocabulaire. « Subrepticement » = discrètement, furtivement.

ACTIVITÉS

1 Grammaire et communication. **Transformez en employant une exclamation.**

1. Cet enfant est extrêmement agité ! _____

2. C'est vraiment bizarre... _____

3. Ce paysage est vraiment beau. _____

4. Cet acteur incarne bien son personnage. _____

5. Ce professeur explique tout très clairement. _____

2 Vocabulaire et communication. **Complétez par les termes manquants.**

1. Il faut que je _____ le ventre pour fermer mon pantalon !

2. Daniel a fait trop de sport, il a _____ partout.

3. J'ai eu très peur, ma petite fille a failli _____ par une voiture. Heureusement, je _____ à temps pour la _____.

4. Simon fait dix séries d'abdominaux _____ , sans s'arrêter.

5. Avant de faire des mouvements difficiles, la ballerine doit _____ , pour que les muscles soient bien préparés.

6. Il faut que tu _____ une grande inspiration avant de commencer.

7. Vous allez _____ par terre et faire de la relaxation.

3 Communication. **Vous êtes le professeur de gym et vous expliquez le plus précisément possible les mouvements suivants.**

1.

2.

4 À vous ! **Répondez librement et de manière développée aux questions suivantes.**

1. Pouvez-vous expliquer quelques mouvements de gymnastique que vous connaissez bien et/ou pratiquez volontiers ?

2. Vous est-il arrivé de vous précipiter pour empêcher un accident ? Dans quelles circonstances ?

3. Avez-vous parfois eu de grosses courbatures ? Pourquoi ?

① Décrivez le plus précisément possible ce qui se passe (le personnage et son environnement). Vous pouvez aussi donner libre cours à votre imagination !

_____

_____

_____

_____

_____

_____

② Trouvez une autre manière de dire.

1. Vous avez <u>beaucoup de choix possibles</u>. _____

2. Il n'y a <u>absolument personne</u> dans la rue. _____

3. Roger a <u>brusquement vieilli et ça se voit</u>. _____

4. Cette maison <u>a une forme étrange et complexe</u>. _____

5. <u>Quelle est l'utilité de cet objet</u> ? _____

6. Roland mange souvent <u>beaucoup trop vite</u>. _____

7. Qu'est-ce que tu <u>penses</u> de ce plat ? _____

8. Il fait <u>extrêmement froid</u>. _____

9. Mais qu'est-ce <u>qui t'arrive</u> ? _____

10. Le petit garçon <u>ne peut pas rester assis</u>. _____

③ Choisissez la ou les réponse(s) possible(s).

1. Nous n'avons pas fini, | tant s'en faut | | loin de là | | un tant soit peu |.

2. Il nous faudrait | un machin* | | une sorte | | un truc* | pour réparer ce tuyau.

3. Laura mange | un coup | | sur le pouce* | | au lance-pierre* |.

4. Le ciel | se couvre | | se dégage | | s'améliore |.

5. Elle a repris | du poil de la bête* | | du ressort | | le dessus |.

6. Elle n'a pas levé | les bras croisés | | le petit doigt | | le bout de son nez* | pour nous aider.

7. Il faut que | j'y aille | | je file* | | j'arrive |, sinon je serai en retard.

8. Je me demande pourquoi ce voyant | s'allume | | s'éteint | | se replie |.

9. Vous devez garder la touche | enfoncée | | pliée | | garée |.

10. Le camion | gêne | | dégage | | obstrue | le passage.

4 **Répondez librement aux questions.**

1. Mais qu'est-ce que tu as ? — _____

2. Vous reprenez le dessus ? — _____

3. Tu t'es échauffé(e) ? — _____

4. Ils ont flanché* ? — _____

5. Tu as fait un crochet pour venir ici ? — _____

6. Qu'est-ce que tu dis de cette tarte ? — _____

7. Tu t'es couvert ? — _____

8. Ça caille* ? — _____

9. À quoi ça sert ? — _____

10. Il y a du monde à la plage en hiver ? — _____

5 **Complétez librement ces dialogues, mais avec une certaine logique...**

1. _____
— Non, il n'a pas levé le petit doigt !

2. _____
— Oui, doucement, il reprend le dessus.

3. _____
— Mais non, au contraire, ça se dégage.

4. _____
— Oui, mais j'ai peur que ça devienne un peu écœurant.

5. _____
— C'est la loi des séries !

6. _____
— Oui, dans l'ensemble, il n'y a pas de travaux à y faire.

7. _____
— Il y en a en veux-tu en voilà !

8. _____
— Non, c'est ric-rac*.

9. _____
— Oui, il fait un temps pourri* !

10. _____
— Oui, couvre-toi bien !

6 **Décrivez le plus précisément possible cette vue (maison et paysage).**

Demander ou donner des nouvelles

9

1 Des nouvelles d'Elsa ?

Alain : Au fait, tu **es toujours en contact avec** Elsa ? **Que devient-elle** ?

Sébastien : Non, malheureusement, on **s'est perdus de vue** il y a quelques années. Je ne sais pas ce qu'**elle est devenue**, je **n'ai plus aucune nouvelle**. Elle resurgira peut-être un jour. Après tout, certains refont surface* après des années de silence.

Alain : Vu son caractère et son ambition, elle aura fait fortune…

Sébastien : Dans ce cas, j'aurais **entendu parler d'elle** par mon réseau de connaissances.

Alain : De toute façon, je ne serais pas étonné qu'elle s'en soit bien sortie*. Je me souviens qu'elle savait toujours tirer son épingle du jeu…

2 Où en est-on ?

Agnès : Où en est-on du projet de chantier ? Je me demande ce qu'**il est advenu de** l'idée de construire un nouvel immeuble à la place de ce petit jardin.

Patricia : Je ne comprends pas **à quoi vous faites allusion**, je ne sais pas **de quoi il retourne**.

Agnès : Pardon, je croyais que vous **étiez au courant**. Je vais vous expliquer, comme ça, vous **saurez à quoi vous en tenir**. *(Quentin entre.)* Oui, Quentin, **qu'est-ce qu'il y a ?**

Quentin : Excusez-moi de vous déranger. Juste une chose : j'ai essayé d'avoir Isabelle au téléphone, mais elle ne répond pas. À mon avis, elle aura oublié l'heure de la réunion.

Grammaire

Futur antérieur pour exprimer la probabilité

- Il **aura oublié** (= *il a probablement oublié*).
- Vous l'**aurez compris**.
- Elle **se sera endormie**.
- Il **ne s'en sera pas occupé**.

Vocabulaire

La communication

- « Avoir » au téléphone = parler à qqn au téléphone
- Resurgir = refaire surface*
- Le réseau (de connaissances)
- Tirer son épingle du jeu = s'en sortir*
- Être en contact ≠ se perdre de vue
- Entendre parler de qch ou qqn

Manières de dire

- Où en êtes-vous de… Où en sommes-nous de… ?
- Qu'est-ce qu'il y a ? (= *Qu'est-ce qui se passe ?*)
- Que devient Fanny ? Qu'est-elle devenue ?
- Qu'est-il advenu de ce projet ?
- Je (ne) suis (pas) au courant = je (ne) sais (pas) de quoi il retourne *(un peu familier)*.
- Je n'ai plus aucune nouvelle de…
- Je voudrais savoir à quoi m'en tenir.
- De quoi s'agit-il ? À quoi faites-vous allusion ?

1 **Vocabulaire et compréhension. Les phrases suivantes sont-elles de sens équivalent ?**

1. Lydie ne sait pas de quoi il retourne = elle ne comprend pas à quoi vous faites allusion.

2. Ils aimeraient savoir à quoi s'en tenir = ils auront tiré leur épingle du jeu.

3. Un ami d'enfance a refait surface = il a resurgi.

4. Qu'est-il advenu de Sandra ? = avez-vous eu Sandra au téléphone ?

2 **Grammaire et communication. Répondez en exprimant une probabilité par le futur antérieur. Variez les verbes.**

1. Comment se fait-il qu'elle ne soit pas là ? — _____

2. Où a-t-il rangé ce document ? — _____

3. Pourquoi est-il tellement en retard ? — _____

4. Quelles décisions ont-ils prises ? — _____

5. Pourquoi est-elle tellement énervée ? — _____

3 **Vocabulaire et communication. Complétez par les termes manquants.**

1. Cette femme politique a une fois de plus tiré _____ du jeu.

2. Désormais, nous savons à _____ nous en _____.

3. Quand tu _____ Pierrot au téléphone, demande-lui s'il est libre demain.

4. Garance et Baptiste _____ de vue il y a quelques années.

5. Je me demande ce que _____ mes anciens voisins. Je ne les ai plus jamais revus.

6. À quoi faites-vous _____ quand vous parlez de « grand projet » ?

4 **Communication. Trouvez une question possible.**

1. _____

– Non, je ne sais pas ce qu'ils sont devenus.

2. _____

– Aucune idée, je ne l'ai pas vu depuis des années.

3. _____

– À vrai dire, je ne sais pas où ils en sont de leur nouvelle installation.

4. _____

– Excuse-moi de te déranger, je venais juste voir si tu avais reçu le dossier.

5. _____

– Je ne sais pas. Il faudrait demander aux voisins.

5 **À vous ! Répondez librement et de manière développée aux questions suivantes.**

1. Avez-vous perdu de vue certains amis ?

2. Où en êtes-vous de vos projets professionnels (ou personnels) ?

3. Êtes-vous au courant de certains projets immobiliers dans votre ville/région ?

3 Le temps passe !

Juliette : Adrien ! Dis-donc, **ça fait des lustres que** je ne t'avais pas vu ! Qu'est-ce que tu deviens ? **Il a dû s'en passer, des choses**, depuis qu'on s'est parlé la dernière fois !

Adrien : Oui, **de l'eau a coulé sous les ponts** ! Pour faire bref, **après diverses péripéties** sentimentales et professionnelles que je te passe**, je suis parti m'installer aux États-Unis pendant quatre ans. **Me voici de retour** de San Francisco.

Juliette : Tu peux me dire en un mot ce qui s'est passé, tout de même !

Adrien : En vérité, **c'est une longue histoire** et je ne vais pas entrer dans les détails, sans compter que **j'ai eu** aussi **quelques déboires** sentimentaux.

Juliette : En résumé, ta vie a été palpitante, si je lis entre les lignes…

4 Il s'en passe de belles…

Adeline : Qu'est-ce que j'apprends ? **Il paraît que** Flo a quitté la société pour partir s'installer à la campagne ? **Il s'en passe de belles**, ici ! Moi qui croyais qu'elle était dévorée d'ambition et qu'elle ne pensait qu'à sa carrière…

Mourad : Que veux-tu, les relations avec l'équipe se sont détériorées et cela devenait intenable, sans compter les retards que cela entraînait dans les projets.

Adeline : À ce point-là ? C'est un enfer que tu me décris là !

Mourad : Tu peux le dire ! **Ça faisait belle lurette que** tout le monde était à bout.

▮ Vocabulaire

Commenter des nouvelles

- Pour faire bref = en un mot = en résumé
- Je ne vais pas entrer dans les détails
- Sans compter (+ *nom*) / sans compter que (+ *indicatif*)
- Tu peux le dire ! Vous pouvez le dire ! (= *c'est vrai*)

- À ce point-là ?
- …, que je te/vous passe…
- Que veux-tu…

Manières de dire

- De l'eau a coulé sous les ponts = il s'en est passé, des choses ! *(familier)*
- Ça fait belle lurette / des lustres que… *(= très longtemps)*
- Me voici de retour (de…)
- Après diverses péripéties
- J'ai eu quelques déboires *(toujours pluriel = épreuves)*.
- C'est une longue histoire.
- Qu'est-ce que j'apprends ?
- Il s'en passe de belles !
- Il paraît que *(+ indicatif) (= la rumeur dit que)*

1 Vocabulaire et communication. **Trouvez une autre manière de dire.**

1. Gaël a de nombreuses responsabilités. <u>N'oublions pas non plus</u> sa situation familiale.

_____

2. <u>Quelle étrange nouvelle</u> ! _____

3. Annabelle a eu <u>de grosses difficultés sentimentales</u>. _____

4. Cela fait <u>très longtemps</u> que je n'ai plus entendu parler d'Eustache. _____

5. <u>On dit</u> que tu vas devenir grand-père ? _____

2 Vocabulaire et communication. **Quelle(s) répone(s) pourriez-vous faire dans les situations suivantes ?**

1. Sais-tu que Blaise a quitté sa femme et est parti s'installer en Australie, tandis que son fils vient d'être interpellé par la police pour trafic de drogue ?

_____

2. J'ai beaucoup de choses à te raconter, depuis dix ans qu'on ne s'est pas vus.

_____

3. J'en suis au point où j'envisage de divorcer et de partir à l'étranger.

_____

4. Apparemment, Juliette et Ronan ont eu de grosses difficultés financières.

_____

5. Alors, tu reviens de cinq ans d'expatriation ? Tu as dû en vivre, des choses !

_____

3 Communication. **Complétez librement ces mini-dialogues.**

1. _____
– À part quelques déboires que je te passe, le séjour était plutôt réussi.

2. _____
– Tu peux le dire ! De l'eau a coulé sous les ponts !

3. _____
– Eh bien, il s'en passe de belles !

4. _____
– À ce point-là ?

5. _____
– Oh oui, ça fait au moins 15 ans !

4 À vous ! **Répondez librement et de manière développée aux questions suivantes.**

1. Pouvez raconter en quelques mots ce qui s'est passé dans votre vie les dix dernières années ?
Avez-vous vécu des péripéties intéressantes ?

2. À propos de quoi pourriez-vous dire : « il s'en passe de belles ! » ?

Aider

1 « Un coup de main »

Aurore : Comment vas-tu t'y prendre ?
Tu **auras recours à** un déménageur ?

Salomé : Pour les gros meubles et tout ce
qui est encombrant, oui, mais pas pour
le reste. Pour le moment, je suis en train
d'emballer tous mes livres et de trier les
vieux vêtements.

Aurore : Tu ne veux pas qu'on te **donne un coup de main*** ? Tristan et moi, on peut venir
samedi te **dépanner***, par exemple pour porter des cartons.

Salomé : C'est vrai ? Je ne dis pas non, ils sont tellement lourds. Les cartons de livres, en
particulier, pèsent des tonnes* ! Ce serait adorable de votre part, vous êtes toujours
prêts à **rendre service**. Si vous pouviez venir tôt le matin, ça m'arrangerait…

Aurore : Ça tombe bien, on est en vacances, tous les deux.

Salomé : Tu **me tires une épine du pied**. Je me demandais justement comment j'allais y
arriver toute seule…

Aurore : Pourquoi ne pas demander à Simon et François de venir **te prêter main-forte** ? On
aura bien besoin de « gros bras ».

Salomé : C'est une bonne idée. Ils sont très **serviables** et accourent quand on leur
demande un service.

Aurore : Bon, je te laisse, mais si tu **as besoin de quoi que ce soit** d'ici samedi, n'hésite
pas à me le dire.

Grammaire

Si + imparfait = suggestion ou demande

- **Si tu pouvais / vous pouviez** (+ *infinitif*)
- **Si tu t'asseyais** ici ?
- **Si nous venions** t'aider ?

Vocabulaire

Le déménagement

- Un déménageur (= *la personne*)
- Une société / un camion de déménagement
- Les objets encombrants (= *qui prennent de la place*)
- Emballer ≠ déballer
- Trier = faire le tri (= *décider de jeter ou garder*)

Manières de dire

- Faire ≠ défaire / ouvrir un carton
- J'aurai recours à (+ *nom*)
- Je vais donner un coup de main* à qqn = dépanner qqn (*familier dans le sens d'« aider ponctuellement »*)
- Je peux te prêter main-forte (= *aider physiquement*).
- Vous me tirez une épine du pied (*familier*) (= *sortir qqn d'un mauvais pas*).
- Si vous avez besoin de quoi que ce soit, je peux vous rendre service.
- Je devrais demander un service à qqn.
- Mes amis ont accouru (= *venir rapidement, généralement pour aider*) car ils sont serviables.

Interactions

1 Grammaire et communication. **Reformulez les phrases suivantes en employant la structure « si + imparfait ».**

1. J'aimerais bien que tu viennes avec moi. _____

2. Vous devriez vous servir de ce logiciel. _____

3. Nous devrions défaire ces cartons. _____

4. Tu pourrais trier ces vieux papiers. _____

5. Vous devriez ouvrir cette fenêtre. _____

6. Ils devraient avoir recours à une société de déménagement. _____

2 Vocabulaire. **Complétez par les termes manquants, concernant le déménagement.**

1. Nous avons des quantités de papiers à _____ .

2. Le camion de _____ va venir demain matin très tôt.

3. Cette grosse armoire est très _____ , je ne sais pas où la placer.

4. Ils n'ont pas encore fini d'_____ toutes leurs affaires dans des _____ .

5. Les _____ ont fini de charger leur camion.

6. Quand le déménagement est terminé, il faut _____ tous les cartons…

3 Communication. **Quelle(s) expression(s) pourriez-vous employer dans les situations suivantes ?**

1. Vous proposez à des amis de les aider à repeindre leur salle de séjour.

_____

2. Vous proposez une aide de principe.

_____

3. L'aide que l'on vous propose tombe à point nommé !

_____

4. Vous proposez de garder les enfants de votre voisine, juste pour la journée.

_____

5. Vous demandez de l'aide à un voisin, par exemple pour porter un objet.

_____

6. Vous avez l'intention d'appeler une entreprise pour vous aider.

_____

4 À vous ! **Répondez librement et de manière développée aux questions suivantes.**

1. Quelqu'un vous a-t-il donné un coup de main*, récemment ? Dans quel contexte ?

2. Avez-vous tendance à être serviable ?

3. Quelqu'un vous a-t-il tiré une épine du pied* ? Pouvez-vous expliquer la situation ?

4. Êtes-vous venu(e) prêter main-forte à quelqu'un, récemment ? Pourquoi ?

2 Un soutien sans faille 🎧

Thibaut : Vous savez qu'Alexandre Collet, mon **bras droit**, me **seconde** dans toutes ces tâches. Vous pouvez donc **compter sur** lui pour vous **assister** le moment venu.

Laurent : Vous **m'enlevez un poids** avec cette proposition. Je reconnais bien volontiers que j'ai besoin de **soutien** en ce moment. Alain m'a déjà **prêté son concours**, mais ce n'est pas suffisant.

Thibaut : Soyez rassuré, nous vous **épaulerons** sans relâche.

Laurent : Je vous en suis reconnaissant, votre **appui** m'est précieux.

Thibaut : Alexandre, vous **vous mettrez à la disposition** de Laurent Gibert. Cela passe en priorité dans vos attributions.

Alexandre : Très bien, monsieur, **faites appel à** moi dès que le besoin s'en fera sentir.

3 Une coopération fructueuse 🎧

Renaud : Je suis convaincu que notre intervention va **favoriser** les relations avec notre partenaire et **contribuer au** développement de bonnes relations commerciales.

Vanessa : Certes, et cela peut **concourir à** l'amélioration de nos produits, puisque la distribution en sera **facilitée**.

Renaud : Il faudra d'ailleurs réfléchir à d'autres **coopérations** de ce type.

4 Message de soutien

Chers amis,

Nous **tenons à vous assurer de notre solidarité** dans l'épreuve que vous traversez.

Nous **sommes de tout cœur avec** vous et **resterons à vos côtés** chaque fois que vous en aurez besoin. **L'entraide**, dans ces moments difficiles, si elle ne **soulage** pas votre peine, peut au moins vous **apporter du réconfort**.

Avec toute notre amitié,

Myriam et Roland

▰▰▰ Vocabulaire

Le soutien

- Enlever un poids à qqn = soulager qqn
- Apporter du réconfort à qqn = réconforter qqn
- Le soutien = l'appui sans faille (= *solide*)
- La solidarité = l'entraide

- Favoriser des relations
- Contribuer à qch = concourir à qch
- Faciliter qch à qqn
- La coopération

Manières de dire

- Je suis le bras droit de qqn = je seconde = j'épaule = j'assiste qqn.
- Je suis de tout cœur avec vous = Je tiens à vous assurer de ma solidarité.
- Nous prêtons notre concours à…
- Je me mets à votre disposition = vous pouvez faire appel à moi.
- Je vous suis reconnaissant(e) de…
- Je suis/reste à vos côtés = vous pouvez compter sur moi.

1 Compréhension. **Les phrases suivantes sont-elles de sens équivalent ?**

1. Lucile est le bras droit de Nathalie = Nathalie épaule Lucile.

2. Raphaël se met à la disposition de Pauline = Raphaël fait appel à Pauline.

3. Ils nous ont assurés de leur solidarité = ils sont à nos côtés.

4. Tu peux compter sur moi = tu m'enlèves un poids.

5. Cette décision va concourir à la réduction de la pollution = elle va favoriser la diminution de la pollution.

2 Vocabulaire et communication. **Complétez par les termes manquants.**

1. Micheline _____ à la disposition de la directrice.

2. La bonne _____ entre les deux ministères _____ à de meilleurs résultats

dans ce domaine.

3. La mairie de la commune _____ son concours à cette manifestation culturelle.

4. Cette bonne nouvelle nous _____ un poids !

5. Nous sommes très _____ à nos voisins de leur _____ dans l'épreuve que

nous traversons.

6. Ses amis ont apporté un grand _____ à Éléonore, ce qui _____

à sa guérison.

3 Vocabulaire et communication. **Trouvez une autre manière de dire. Vous devrez parfois entière-ment restructurer les phrases.**

1. Je serai là pour t'aider dans toutes circonstances. _____

2. L'installation de l'entreprise va aider au développement économique de la ville. _____

_____

3. J'ai beaucoup de compassion pour eux. _____

4. Louis est le principal assistant de confiance de Yannick. _____

5. Le médecin est solidement aidé par une équipe d'infirmières. _____

6. Tu peux me demander de l'aide quand tu veux. _____

7. Je voudrais aider et consoler ces personnes en difficulté. _____

4 Communication. **Un(e) voisin(e) ou un(e) collègue est en train de vivre une épreuve personnelle (maladie, deuil, accident) et vous lui envoyez un message de soutien.**

5 À vous ! **Répondez librement et de manière développée aux questions suivantes.**

1. Avez-vous déjà été le bras droit de quelqu'un ? Ou bien avez-vous un bras droit ? Dans quel contexte ?

2. Sur quelles personnes pouvez-vous compter en cas d'épreuve ? De quelle manière pourraient-elles vous

soutenir ?

11 Demander, accepter, refuser

1 C'est envisageable ? 🎧

Delphine : Tu pourrais **envisager de** partir un an à Rome, même avec un salaire modeste ?

Hugo : Cela va de soi ! Je ne vais pas cracher* dans la soupe !

Delphine : Ceci dit, je ne suis pas sûre que la mission soit passionnante.

Hugo : Ce n'est pas le lieu de faire la fine bouche*. Je serais ravi de passer du temps en Italie. La seule chose que je demanderai, c'est qu'on me paye des cours d'italien.

Delphine : Je pense que **ça devrait passer** au niveau du budget. Je **leur ferai avaler la pilule*** en leur expliquant que c'est fondamental pour les fonctions que tu occuperas.

Hugo : J'espère bien qu'ils **consentiront à** ce que je suive cette formation, je **ne demande pas la lune**… Je suis convaincu que tu parviendras à le **faire passer** auprès de la direction !

2 On lui passe tout.

Anne-Sophie : J'**aurais voulu que** vous preniez en charge l'organisation du séminaire.

Simon : Oui, mais Cédric **tient à ce que** ce soit Tania qui s'en occupe. Elle **s'en dispenserait** bien volontiers, étant donné tout ce qu'elle a à faire, mais Cédric **ne veut rien savoir**. Je m'attends à ce qu'il y ait quelques tensions au niveau du département.

Anne-Sophie : Zut, je **ne sais plus sur quel pied danser**, maintenant…

Simon : Bon gré mal gré, nous sommes tous obligés de **nous plier aux** demandes de Cédric.

Anne-Sophie : C'est toujours la même chose avec lui : la direction lui **passe** tout, même ses caprices, sous prétexte qu'il est efficace et qu'il rapporte des clients…

▰ Grammaire

Subjonctif après certains verbes

- S'attendre à ce que
- Tenir à ce que
- Consentir à ce que
- S'opposer à ce que

▰ Vocabulaire

Expressions imagées

- Ne pas cracher dans la soupe*
- Faire la fine bouche*
- Faire avaler la pilule*
- Ne pas savoir sur quel pied danser*
- Demander la lune*

Manières de dire

- Tu pourrais envisager (*de + infinitif*)
- J'aurais voulu que (*+ subjonctif*)
- Je tiens à ce que (*+ subjonctif*) / à (*+ infinitif*)
- Je consens à ce que (*+ subjonctif*) / à (*+ infinitif*)
- Je m'en dispenserais (*= je préférerais ne pas faire*)
- Il ne veut rien savoir (*= il refuse*).
- Ce n'est pas le lieu de (*+ infinitif*)

- Cela va de soi !
- Ça devrait passer (*= cela devrait être accepté*).
- On lui passe tout (*= on lui autorise tout*) ≠ on ne lui passe rien.

- Bon gré, mal gré.
- Je dois me plier à cette demande.

1 Grammaire. Complétez librement les phrases suivantes en variant les verbes.

1. Lucie s'oppose catégoriquement à ce que sa fille _____

2. Son père, au contraire, consent à ce qu'elle _____

3. Le professeur tient à ce que les étudiants _____

4. Le gouvernement s'attend à ce que les électeurs _____

5. Nous ferons attention à ce que les participants _____

2 Vocabulaire. Commentez les situations suivantes en employant une expression imagée.

1. Roxane n'a pas accepté le travail qu'on lui proposait, parce que ce n'était pas tout à fait assez intéressant pour elle. _____

2. Sami est très content qu'on lui confie ce nouveau projet, même si cela va lui prendre énormément de temps. _____

3. Arielle ne demande rien d'exceptionnel à ses enfants, juste de faire leur lit ! _____

4. Pour faire accepter à mes parents que je parte en échange Erasmus, je leur ai promis de passer deux semaines avec eux dans leur maison de campagne. _____

5. Malika ne sait toujours pas si elle peut partir vendredi ou si elle doit remettre son voyage à la semaine prochaine. _____

3 Communication. Complétez ces mini-dialogues de manière logique.

1. _____
– Tu y tiens vraiment ?

2. _____
– Non, ils ne veulent rien savoir !

3. _____
– Quelle question ! Cela va de soi !

4. _____
– Franchement, je m'en dispenserais bien volontiers…

5. _____
– Oui, ça devrait passer auprès de la banque.

6. _____
– Écoute, ce n'est pas le lieu de se disputer !

7. _____
– Je n'ai pas le choix, il faut bien que je me plie à cette demande !

4 À vous ! Répondez librement et de manière développée aux questions suivantes.

1. Vous est-il arrivé de faire la fine bouche alors qu'on vous proposait quelque chose ?

2. Dans quelles circonstances pourriez-vous ne pas savoir sur quel pied danser ?

3 Service technique 🎧

(Au téléphone) « Toutes nos lignes sont occupées, **nous ne pouvons donner suite à** votre demande pour le moment. **Veuillez** rappeler ultérieurement. »

Élise : Tu ferais peut-être mieux d'y aller directement. Ça serait plus efficace, non ?

Arthur : Je **ne suis pas très chaud*…** Faire la queue pendant une heure là-bas, **ça me tente moyennement,** si tu vois ce que je veux dire ! Bon, je tente ma chance à nouveau.

L'employé : Service technique, Tom **à votre service,** bonjour !

Arthur : Bonjour, monsieur, je vous appelle car une erreur s'est produite dans ma facture.

L'employé : Oui, monsieur, **si vous voulez bien** me donner votre numéro de client…

4 Une mission en perspective 🎧

Léo : Bonjour, monsieur, **je me permets de** vous contacter sur le conseil de Céline Jaubert. Nous **sommes en quête d'**un traducteur grec-français et nous aimerions vous rencontrer, si toutefois cela vous intéressait.

Alexis : Oui, tout à fait, mais je suis occupé à l'instant. **Auriez-vous l'amabilité de** me rappeler dans une dizaine de minutes ?

Madeleine : Alors, il a accepté ?

Léo : Oui, il **ne s'est pas fait prier,** contrairement à Yannis, qui **avait fait la sourde oreille.**

5 Une réunion

Madame,

Suite à votre courrier, nous **souhaiterions** vous rencontrer. Nous sommes conscients que vous vous déplacez fréquemment, mais **seriez-vous en mesure de** vous rendre à nos bureaux le mois prochain ? Nous **vous saurions gré de bien vouloir** nous confirmer vos disponibilités. Nous vous prions d'agréer, Madame, nos salutations distinguées.

▬ Vocabulaire

Expressions imagées

- Elle ne s'est pas fait prier !
- Je ne suis pas très chaud* pour…
- Cela me tente moyennement.
- Il a fait la sourde oreille.

Manières de dire

- Veuillez (+ *infinitif*) *(langue administrative)*
- Je me permets de (+ *infinitif*)
- Si vous voulez bien (+ *infinitif*)
- Je suis en quête de… *(= à la recherche de)*
- Seriez-vous en mesure de… (+ *infinitif*)
- Je souhaiterais (+ *infinitif*)

- Nous ne pouvons donner suite à (+ *nom*) *(langue administrative)*
- Paul à votre service, bonjour *(langue commerciale).*
- Je vous saurais gré de (+ *infinitif*)
- Auriez-vous l'amabilité de (+ *infinitif*)

1 Vocabulaire et communication. **Complétez par les termes manquants.**

1. Je _____ de vous contacter afin de vous proposer un rendez-vous.

2. Auriez-vous _____ de me communiquer ces informations ?

3. Je vous _____ gré de bien vouloir m'envoyer les documents nécessaires.

4. L'entreprise n'est pas en _____ de vous livrer ce produit.

5. Cette solution bancale me tente _____. Je ne suis pas très _____* pour l'accepter.

6. Malheureusement, l'entreprise n'a pas donné _____ à ma demande.

2 Vocabulaire et communication. **Trouvez une autre manière de dire.**

1. Je vous serais reconnaissant(e) de me donner ces informations. _____

2. Pourrais-tu te rendre à cette réunion demain ? _____

3. Benjamin a immédiatement accepté la proposition ! _____

4. Nous recherchons un appartement à louer. _____

5. La perspective de voyager de nuit ne me plaît pas beaucoup. _____

6. Nous vous demandons de patienter quelques minutes. _____

7. Mathilde fait comme si elle n'avait pas entendu la proposition. _____

3 Vocabulaire et communication. **Complétez librement ces mini-dialogues.**

1. Tu aimerais faire une randonnée en Lozère pendant deux semaines ?
– Non, _____

2. Je me demande si ce ne serait pas une bonne idée d'inviter Martin à dîner.
– _____

3. Seriez-vous en mesure de nous rejoindre mardi prochain ?
– _____

4. Mehdi a accepté la proposition qu'on lui a faite ?
– Oui, _____

5. Le directeur a répondu favorablement à votre demande de mutation ?
– Non, _____

4 Communication écrite. **Écrivez un mail pour proposer un rendez-vous à une personne que vous respectez beaucoup (supérieur hiérarchique, professeur, spécialiste d'une question…).**

5 À vous ! **Répondez librement et de manière développée aux questions suivantes.**

1. Qu'est-ce qui vous tenterait moyennement, aujourd'hui ?

2. Êtes-vous en quête d'un objet particulier, en ce moment ?

3. Vous arrive-t-il de faire la sourde oreille ? Dans quelles circonstances ?

12 Réunions, conférences

1 Une réunion importante

Adrien : **Serait-il possible d'**organiser une réunion avec les directeurs, jeudi prochain ? **Auriez-vous des disponibilités** le matin ? **Si cela vous convenait**, **ce serait** parfait, car tout le monde est libre dans ce créneau-là.

Guillaume : Mon emploi du temps est très chargé, en ce moment, je suis très pris. Je vais tout de même essayer de **me libérer** jeudi matin. **Si vous me le permettez**, je passe un coup de fil, puis **je suis à vous** dans quelques minutes. *(Un peu plus tard)* Je viens de vérifier auprès de mon assistante. Je vais **décommander un rendez-vous** et cela pourrait se faire à 11h15.

Adrien : Très bien, je vous en remercie. Je suis désolé de **bousculer votre agenda**, mais il y a urgence. Je mets au point l'ordre du jour et je vous l'envoie par mail.

2 Trouver un créneau ?

Audrey : J'aurais voulu **caler*** une réunion avant lundi. Quand est-ce que **tu serais dispo*** ?

Félix : Je suis débordé ! Je cours partout, je n'ai pas une minute à moi !

Audrey : Il faut pourtant qu'on **trouve un créneau**. Au pire, on peut le faire même vendredi, en fin de journée. Il faut absolument qu'on se voie à propos du projet.

Félix : Oui, je sais, mais je ne peux pas être partout. Attends, je vois dans **mon planning** que Renaud nous fait faux bond, encore une fois… À quelque chose malheur est bon, **ça me libère un créneau**, vendredi à 16h45. C'est tout ce que j'ai. **Ça t'irait** ?

Audrey : D'accord, **ça marche***.

Grammaire

Conditionnel de politesse (présent ou passé)

- Serait-il possible (*de + infinitif / que + subjonctif*)
- Auriez-vous… ? Aurais-tu… ?
- Ça t'irait ? Ça vous conviendrait ?
- J'aurais voulu (= je voudrais)

Vocabulaire

Les rendez-vous

- Trouver / libérer un créneau
- Avoir un emploi du temps (très) chargé
- Être pris(e) < être débordé(e)
- Mettre au point / établir l'ordre du jour
- Bousculer l'agenda / le planning
- Décommander (= *annuler*) un rendez-vous

Manières de dire

- Faire faux bond (= *ne pas venir*)
- Auriez-vous des disponibilités ? Quelles sont tes/vos disponibilités ? Tu es dispo*[nible] ?
- Je dois caler* une réunion.
- Je suis désolé de bousculer votre agenda.
- Je suis à vous = je suis à votre disposition.
- Si cela te/vous convenait, ce serait bien.

- Je vais essayer de me libérer.
- Cela pourrait se faire.
- D'accord, ça marche* !
- Si vous me (le) permettez…

1 Compréhension. Les phrases suivantes sont-elles de sens équivalent ?

1. Je bouscule votre planning = je renverse votre agenda.

2. Lætitia n'a aucune disponibilité = elle n'arrive pas à trouver un créneau.

3. Je vais essayer de me libérer = je ne peux pas être partout.

4. Kevin m'a fait faux bond = Kevin n'est pas venu à notre rendez-vous.

5. Je dois mettre au point l'ordre du jour = je suis débordé.

6. Alain voudrait caler* un rendez-vous = Alain est à notre disposition.

2 Grammaire et communication. Faites une phrase au conditionnel pour chacune des situations suivantes. Plusieurs solutions sont possibles, bien sûr.

1. Vous voulez prendre rendez-vous avec un collègue : _____

2. Vous proposez à un ami une date pour déjeuner : _____

3. Vous voulez changer l'heure d'une réunion : _____

4. Vous demandez ses disponibilités à un(e) collègue : _____

5. Vous proposez un rendez-vous mardi prochain : _____

6. Vous aimeriez que votre collègue vous donne une information : _____

3 Vocabulaire. Complétez par les termes manquants.

1. La directrice a de nombreux rendez-vous, elle a un emploi du temps très _____.

2. Je vais être obligé de _____ le rendez-vous, je suis malade.

3. Nos amis nous ont fait _____, ils n'ont pas pu venir.

4. Il faut absolument que je _____* une réunion dans mon planning !

5. J'arrive, je _____ à vous dans cinq minutes.

6. Mon collègue est très _____ en ce moment, nous avons du mal à trouver un _____ pour organiser une réunion de travail.

4 Vocabulaire et communication. Trouvez une autre manière de dire.

1. Cette réunion perturbe mon emploi du temps. _____

2. Je suis à votre disposition dans un instant. _____

3. Le patient a annulé son rendez-vous avec le dentiste. _____

4. Quand seriez-vous libre ? _____

5. Je suis très occupée, mais je pense avoir un moment libre lundi matin. _____

6. Quels sujets seront abordés pendant la réunion ? _____

5 À vous ! Répondez librement et de manière développée aux questions.

1. Êtes-vous très pris(e) en ce moment ? Pourquoi ?

2. Dans quelles circonstances pourriez-vous faire faux bond à quelqu'un ?

3. Qu'est-ce qui peut vous inciter à bousculer votre agenda ?

3 En marge d'une réunion 🎧

Audrey : Est-ce que **les convocations** ont été envoyées ?

Bruno : Oui, tout le service **a été convoqué** par le grand chef, et chacun d'entre nous doit **faire un topo***.

Gilles : Est-ce que Stéphanie **interviendra** ?

Audrey : Oui, elle **fera une** courte **intervention**, mais ensuite, c'est elle qui ira s'exprimer devant les caméras.

Bruno : Vous êtes au courant que Renaud est obligé de **se désister** pour raisons de santé ? **Sa défection** ne pouvait pas tomber plus mal…

Audrey : Oui, je sais, mais Fabien a accepté de le **remplacer au pied levé**. J'espère que **son laïus*** ne sera pas trop long… Il faudra **se mettre d'accord sur** la conduite à tenir si jamais cela s'éternisait et s'il **dépassait le temps qui lui est imparti** !

Bruno : Convenons que c'est moi qui **prends ça en charge**, si ça t'arrange.

4 Organisation du colloque

[…] Lors des quatre **séances de travail**, chaque **participant fera un exposé** d'une vingtaine de minutes. Enfin, Judith **animera la table ronde** qui clôturera **le congrès**, en prenant garde à ce que tous **les intervenants respectent leur temps de parole**. L'ensemble des **communications** sera publié dans **les actes du colloque**. Nous espérons qu'il n'y aura pas de **désistements** cette année.

Au cas où vous n'auriez pas **reçu votre convocation** avec **le déroulement** des journées, merci de nous contacter au plus vite.

▬▬ Vocabulaire

Les congrès

- Un colloque, un congrès
- Une séance de travail
- Faire une intervention = intervenir ; faire un exposé / une communication / un topo* / un laïus*
- Un(e) intervenant(e) (= *un participant actif à une réunion*)
- Animer une table ronde
- Respecter (≠ dépasser) le temps de parole = le temps qui est imparti
- Le déroulement = le programme
- Les actes du colloque (= *la publication*)

Manières de dire

- Je suis convoqué(e) à une réunion, j'ai reçu une convocation.
- Je me suis désisté = j'ai fait faux bond ; un désistement = une défection
- Je vais remplacer une personne au pied levé (= *à la dernière minute*).
- Convenons que… (+ *phrase*) / de (+ *nom*) = Mettons-nous d'accord sur (+ *nom*)
- Je peux prendre en charge…

1 Compréhension. **Les phrases suivantes sont-elles de sens équivalent ?**

1. Je suis en train de préparer mon laïus* = je travaille sur mon intervention.

2. Melvil animera la table ronde = Melvil enverra les convocations.

3. Convenons d'un rendez-vous = prenons en charge le rendez-vous.

4. Le désistement de ma collègue tombe mal = sa défection ne nous arrange pas.

5. Florence a fait un exposé pendant le colloque = elle a fait un topo*.

2 Vocabulaire et communication. **Complétez par les termes manquants.**

1. Le biologiste va faire un _____ pour présenter le résultat de l'expérience.

2. L'institut prend _____ l'organisation du congrès.

3. Damien est très bavard et _____ le temps qui lui est _____.

4. Juliette a remplacé au _____ sa collègue souffrante.

5. Envoyez les _____ à tous les _____ pour qu'ils connaissent le _____ du congrès.

6. Malheureusement, le spécialiste de la question ne peut pas venir, il s'est _____ à la dernière minute. Il est vraiment dommage qu'il _____ faux _____.

7. Les _____ seront publiées dans les _____ du colloque.

3 Vocabulaire et communication. **Trouvez une autre manière de dire.**

1. La jeune danseuse a remplacé <u>à la dernière minute</u> l'étoile qui s'était blessée. _____

2. Le scientifique <u>participera au</u> congrès qui aura lieu le mois prochain. _____

3. <u>Mettons-nous d'accord sur</u> une date dans le courant du mois. _____

4. Le chanteur a dû <u>renoncer au spectacle</u>, pour raisons de santé. _____

5. Nous n'avons pas encore reçu <u>les invitations au congrès</u>. _____

6. Je ne connais pas encore <u>le programme</u> de cette rencontre. _____

4 Communication. **Complétez librement les phrases suivantes.**

1. Nous devons nous mettre d'accord sur _____

2. Tous les participants _____

3. Convenons que _____

4. Une spécialiste de la question interviendra _____

5. Tu dois respecter _____

5 À vous ! **Répondez librement et de manière développée aux questions suivantes.**

1. Vous est-il arrivé de remplacer quelqu'un au pied levé ? Dans quelles circonstances ?

2. Êtes-vous déjà intervenu(e) dans un colloque ou un congrès ? De quelle manière ?

3. Lorsque vous parlez, savez-vous respecter un temps de parole ?

13 Les responsabilités

1 Négligence ?

Sébastien : **Je ne comprends pas pourquoi on m'accuse de** négligence. **Je ne vois pas comment j'aurais pu** finir un tel travail en si peu de temps !

Léon : Vous **pouvez toujours arguer** qu'on ne vous a pas précisé les délais…

Sébastien : Effectivement, **je n'y suis pour rien** dans la mauvaise gestion du planning. De toute façon, je ne vais pas **me laisser faire. Je n'ai pas à me justifier** quant à la manière dont j'ai procédé.

Léon : Je sais, **vous ne vous laissez pas marcher sur les pieds***, et vous avez bien raison.

Sébastien : Oui, il ne faut pas **se laisser intimider par** la hiérarchie.

2 Une mise en cause

Farida : Vous savez qu'on **a mis Jérôme en cause** dans cette affaire ?

Richard : Oui, mais il **nie** avoir jamais détourné des fonds. Il **a réfuté** toutes les accusations de malversations.

Farida : Quelle **mauvaise foi** ! Cela **ne tient pas la route*** ! Il est évident qu'il **est mouillé*** **jusqu'au cou** dans cette histoire !

Richard : N'**est**-il pas **impliqué**, d'ailleurs, dans une autre affaire de détournement de fonds publics ?

Farida : Oui, il **traîne de nombreuses casseroles***, comme on dit…

Richard : Et que pensez-vous de l'attitude de Patrice ? Considérez-vous qu'il est **de bonne foi** lorsqu'il prétend ne s'être jamais douté des agissements de Jérôme ?

Vocabulaire

Les méfaits

- Accuser de (+ *nom ou* + *infinitif*)
- Être impliqué(e) = mouillé(e)* = mis(e) en cause
- Nier (+ *infinitif présent ou passé*)
- Réfuter une accusation
- Être de bonne (≠ mauvaise) foi

- Traîner des casseroles*
- La négligence
- Détourner des fonds, le détournement de fonds
- Des agissements (= *de mauvaises actions*)
- Des malversations (financières)

Manières de dire

- Je n'y suis pour rien dans… (= *je ne suis pas responsable*)
- Tu peux toujours dire/arguer/répondre que…
- Je ne me laisse pas marcher sur les pieds* = je ne me laisse pas faire.
- Ne te laisse pas intimider par…
- Je peux toujours arguer que… (= *répondre en argumentant*)
- Je ne comprends/vois pas comment (+ *conditionnel présent ou passé*).

- Ça ne tient pas la route ! (*familier*)
- Je n'ai pas à me justifier.

A C T I V I T É S

1   Compréhension et vocabulaire. Les phrases suivantes sont-elles de sens équivalent ?

1. Le ministre est mouillé* dans ce scandale = il est mis en cause.

2. Elle n'y est pour rien = elle est de bonne foi.

3. Ils ne se laissent pas marcher sur les pieds* = ils ne se laissent pas faire.

4. Je ne vois pas comment il aurait pu commettre ce vol = cette accusation de vol ne tient pas la route !

5. Cette femme politique traîne des casseroles* = elle est impliquée dans plusieurs affaires louches.

6. Yannick est de mauvaise foi = il nie être impliqué.

2   Vocabulaire et communication. Trouvez une autre manière de dire.

1. Je n'ai aucune responsabilité dans cet incident. _____

2. Ce raisonnement n'a aucune logique. _____

3. Cet homme est impliqué dans cette sombre affaire. _____

4. La jeune femme prétend qu'elle ne s'est jamais rendue à Marseille. _____

5. Il existe de nombreux scandales plus ou moins cachés dans la vie de Nicolas.

_____

6. Coralie refuse d'expliquer sa décision, et c'est son droit. _____

3   Vocabulaire et communication. Faites un commentaire sur ces personnes.

1. « Je ne peux pas être impliqué dans ce vol, puisque ce jour-là j'étais au théâtre ! »

_____

2. « Il est hors de question que ces enfants me manquent de respect ! »

_____

3. « Je croyais sincèrement que la réunion était jeudi. Je suis vraiment désolé de ne pas être venu. »

_____

4. « Ce n'est pas le directeur qui va m'empêcher de dire ce que j'ai à dire ! »

_____

5. « Non, je ne l'ai jamais vu ! Je ne le connais pas ! »

_____

4   À vous ! Répondez librement et de manière développée aux questions.

1. Savez-vous ne pas vous laisser marcher sur les pieds* ? De quelle manière ?

2. Vous arrive-t-il de vous laisser intimider par quelqu'un ? Dans quelles circonstances ?

3. Avez-vous parfois fait un raisonnement qui ne tenait pas la route* ? Comment ?

4. Vous est-il arrivé de ne pas être de bonne foi ? Dans quelles circonstances ?

5. Avez-vous été injustement mis(e) en cause ? Comment avez-vous réfuté les accusations ?

3 Prendre ses responsabilités... 🎧

Le DRH : Dans ce poste, vous **accéderez à des responsabilités** importantes, mais Serge Granville m'a vanté vos mérites. D'après lui, vous avez la carrure pour diriger ce service. Ceci dit, il s'agit, **je ne vous le cache pas**, d'**une lourde responsabilité**.

Antoine : Oui, je **me sens à même d'exercer ces hautes responsabilités**.

Le DRH : Vous aurez à **prendre en main** l'ensemble d'un projet de vaste envergure. Vous pensez **avoir les épaules assez larges** ?

Antoine : Oui, je suis prêt à **assumer mes responsabilités**. Celles qui m'**incomberont** m'obligeront à prendre autant sinon plus de risques que dans mes fonctions actuelles.

Le DRH : Ce ne sera pas une mince affaire...

4 ... ou ne pas les prendre ! 🎧

Véronique : Tu sais que Bertrand **a rejeté la responsabilité** de l'échec **sur** Gautier ? C'est inadmissible, il **se défausse sur** ses collaborateurs surmenés ! Il **met l'échec sur le compte** du manque d'organisation, si ce n'est de l'incompétence.

Maxime : À mon avis, il n'a pas la conscience tranquille... Il doit être dans ses petits souliers* face à sa hiérarchie, et cherche à **fuir ses responsabilités**. Personne ne sera dupe, je pense.

Véronique : J'en ai assez de ces gens qui paradent mais **déclinent toute responsabilité** dès qu'il y a un pépin*.

Maxime : De toute façon, on ne peut pas **imputer** à Gautier les erreurs commises par les autres. Et qu'en dit Florent ?

Véronique : Lui ? Il **s'en lave les mains**, il **ne se sent pas concerné**...

▰▰▰ Vocabulaire

La responsabilité

- Être dans ses petits souliers* = ne pas avoir la conscience tranquille
- Vanter les mérites de qqn
- Avoir la carrure pour = avoir les épaules larges
- Se sentir à même de = se sentir capable de

Manières de dire

- Je prends = j'assume une (lourde) responsabilité.
- Des tâches / des responsabilités incombent à qqn.
- Je ne vous cache pas que...
- Nous pouvons mettre un échec sur le compte de...
- Je m'en lave les mains = je ne me sens pas responsable/concerné(e)
- Je rejette = décline = fuis une responsabilité.
- Je me défausse sur = j'impute une erreur à...
- Je prends en main un projet/une tâche...
- Il accède à des responsabilités/une fonction...
- Je suis / je me sens à même de (+ *infinitif*)

A C T I V I T É S

1 Compréhension. **Les phrases suivantes sont-elles de sens équivalent ?**

1. Michel a la carrure pour diriger ce projet = il a les épaules assez larges pour le faire.
2. Zohra est à même de répondre = Zohra assume ses responsabilités.
3. Le technicien a décliné toute responsabilité dans l'incident = la responsabilité lui incombe.
4. Patrice se défausse sur David = Patrice fuit ses responsabilités.
5. On m'a vanté vos mérites = vous exercez de hautes responsabilités.

2 Vocabulaire et communication. **Complétez par les termes manquants.**

1. Matthieu a la _____ pour devenir directeur du service, il en a les compétences et le caractère.
2. Le petit garçon était dans ses _____* , après la grosse bêtise qu'il avait faite.
3. Jean ne se sent pas _____ assez larges pour diriger ce projet.
4. Marius _____ l'échec du projet à ses collègues, c'est injuste !
5. Denise ne se sent pas concernée par cette décision, elle s'en _____ !
6. Delphine nous _____ les mérites de Florence.

3 Vocabulaire et communication. **Trouvez une autre manière de dire. Vous devrez parfois restructurer les phrases.**

1. Les conséquences de cette décision m'indiffèrent complètement. _____
2. La situation est, il faut que je vous le dise, très délicate. _____
3. Mon collègue a rejeté la responsabilité de l'erreur sur moi ! _____
4. Nous pouvons expliquer cet échec par l'incompétence. _____
5. La directrice de l'institut accepte clairement ses responsabilités. _____
6. Le chef dit beaucoup de bien de Sophie. _____

4 Communication. **Complétez librement les phrases suivantes.**

1. Je me sens à même de _____
2. Je ne vous cache pas que _____
3. Cette erreur à mettre sur le compte de _____
4. Je suis dans mes petits souliers*, car _____
5. Il doit prendre en main _____

5 À vous ! **Répondez librement et de manière développée aux questions suivantes.**

1. Vous est-il arrivé d'être dans vos petits souliers* ? Expliquez comment et pourquoi.
2. Pouvez-vous vanter les mérites d'une personne de votre entourage ?
3. Quelles sont les responsabilités qui vous incombent, actuellement ?
4. Vous est-il arrivé de ne pas vous sentir à même d'assumer certaines responsabilités ? Dans quelles circonstances ?

Gérer les conflits

Interactions

1 Un conflit familial 🎧

Hortense : Quelle histoire ! Quand Sophie a découvert que la décision avait été prise sans la consulter, elle **est montée sur ses grands chevaux***. Elle **s'en est prise** à toute la famille, comme si c'était notre faute !

Amandine : Même aux cousins ?

Hortense : C'est le moins qu'on puisse dire ! Elle les **a traités de** tous les noms d'oiseau… Ensuite, elle **a pris à partie** tonton Paul, qui a rétorqué que c'était à cause d'elle que tout **s'était envenimé**, — ce qui est bien vrai, soit dit en passant.

Amandine : C'est tout de même un peu fort ! Sophie n'est pas la seule responsable de la situation, **il ne faut pas pousser***… Je te ferai remarquer que, par le passé, tonton Paul aussi **a mis de l'huile sur le feu**.

2 Une dispute au lycée 🎧

Un professeur : Le ton a monté, les gamins* **se sont échauffés**… « C'est toi qui m'as dénoncé ! » « Mais non, **c'est ta faute, si**… ». J'**ai passé un savon*** à tous les garçons. Pendant que j'y étais, les filles aussi **se sont fait engueuler***…

Un autre professeur : J'en ai assez de cette classe. On **se fait taper sur les doigts*** par les parents, alors que leurs enfants sont ingérables. **Dorénavant**, le moindre incident sera signalé au proviseur et basta ! Et tant pis s'ils nous font **des réflexions désobligeantes**.

Un professeur : *(ironique)* **On va voir ce qu'on va voir** ! Je plaisante, tu as raison, il faut mettre en garde nos collègues contre ces dérives. Dans ce collège, c'est toujours **le bras de fer entre** les parents **et** les enseignants. On **met toujours en cause** les profs*, mais c'est injuste. On les **accuse**, soit **de** laxisme, soit de trop grande sévérité. Il faudrait savoir…

▬ Vocabulaire ▬▬▬▬▬▬▬▬▬▬▬▬▬▬▬▬▬▬▬▬▬▬

Les conflits

- Passer un savon* à qqn
- Se faire engueuler* = se faire taper sur les doigts*
- S'échauffer < monter sur ses grands chevaux*
- S'en prendre à = prendre qqn à partie
- Traiter qqn de

- Mettre de l'huile sur le feu
- C'est le bras de fer entre… et…
- Mettre en cause = accuser (de)
- Faire une réflexion désobligeante

▬▬▬ *Manières de dire* ▬▬▬

- On va voir ce qu'on va voir ! (= *menace*)
- C'est ma/ta/sa/notre/votre/leur… faute si…
- Dorénavant (= *à partir de maintenant, avec une nuance menaçante*)
- Il ne faut pas pousser* ! (= *exagérer*) = C'est tout de même un peu fort !

- Le ton a monté = ça s'est envenimé.
- Il faudrait savoir !

1 Compréhension. **Les phrases suivantes sont-elles de sens équivalent ?**

1. Elle s'est fait taper sur les doigts* = elle a fait des réflexions désobligeantes.

2. Lucie a pris Nadège à partie = Lucie s'en est prise à Nadège.

3. La situation s'est envenimée = le ton a monté.

4. Emma a passé un savon* à Zoé = Zoé est montée sur ses grands chevaux*.

5. C'est tout de même un peu fort ! = Il ne faut pas pousser* !

6. Mathias s'est fait engueuler* par son père = son père a mis de l'huile sur le feu.

2 Vocabulaire. **Complétez par les termes appropriés.**

1. Le ministre s'est fait _____ sur les doigts* par le président.

2. Cette interview a mis _____ sur le feu.

3. Ma mère est montée sur ses _____* quand je lui ai annoncé mon départ.

4. L'automobiliste furieux m' _____ d'imbécile !

5. Le chef _____ un savon* à ses collaborateurs.

6. Yves a pris son voisin à _____ et le ton _____.

3 Vocabulaire et communication. **Trouvez une autre manière de dire.**

1. Anouk s'est mise en colère immédiatement. _____

2. Ludovic a fait une remarque sèche et désagréable à son collègue. _____

3. Le père a vivement réprimandé son fils qui avait fait des bêtises. _____

4. Pourquoi Alex a-t-il attaqué verbalement Suzanne ? _____

5. L'opposition conflictuelle entre les syndicats et le patronat se poursuit. _____

6. C'est tout à fait exagéré et inacceptable ! _____

4 Communication. **Pour chacune des phrases suivantes, imaginez un contexte. Vous pouvez aussi développer un dialogue entre les personnages.**

1. « C'est tout de même un peu fort ! » _____

2. « Ce n'est pas ma faute ! » _____

3. « Je vais me faire taper sur les doigts* ! » _____

4. « Je vais lui passer un savon* ! » _____

5. « C'est toujours le bras de fer entre eux ! » _____

5 À vous ! **Répondez librement et de manière développée aux questions.**

1. Vous est-il arrivé de prendre quelqu'un à partie ? Dans quel contexte ?

2. Avez-vous déjà passé un savon* à quelqu'un ? Pourquoi ?

3. Vous êtes-vous fait taper sur les doigts* récemment ?

4. Avez-vous tendance à monter sur vos grands chevaux* ?

5. Observez-vous un bras de fer entre deux personnages politiques dans votre pays ?

3 Calmons le jeu !

Armelle : Vous êtes au courant, j'imagine, du **différend qui oppose** Pierre et Rémi ? Apparemment **le désaccord** est si profond qu'il va nous falloir trouver un moyen de **désamorcer le conflit**.

Matthieu : Oui, il faut **calmer le jeu** et tenter d'**apaiser les esprits**. Nous allons commencer par nommer **un médiateur**, qui, espérons-le, aura suffisamment d'habileté et de tact pour écouter **les deux sons de cloche**.

4 Une médiation ?

Samia : Tu sais qu'**il y a de l'eau dans le gaz*** entre Pierre et Rémi ? Pierre **est remonté* contre** Rémi, mais Étienne va **jouer les intermédiaires** et essayer de résoudre les problèmes. Il faudra qu'il déploie toute sa diplomatie, car les discussions risquent d'être **houleuses**.

Gaël : Je me demande s'il parviendra à **faire plier** Rémi, qui est assez coriace. Quand il **se braque* contre** quelqu'un, il n'y a pas moyen de le faire changer d'avis.

Samia : Étienne n'est pas né de la dernière pluie. Il sait ne pas **brusquer les choses** et il a toute la finesse et le doigté pour mener à bien **cette mission hautement diplomatique**.

Gaël : Espérons qu'il parvienne à **recoller les morceaux*** !

Samia : C'est toujours à lui qu'on fait appel pour **arbitrer les conflits**. Je ne sais plus combien de **conciliations ont été menées** par son entremise.

Gaël : On verra bien si Pierre et Rémi **céderont…**

Vocabulaire

La diplomatie

- Jouer les intermédiaires, arbitrer un conflit
- Un médiateur / une médiatrice
- Par l'entremise de = par l'intermédiaire de
- L'habileté

- Le doigté = le tact
- La finesse
- La diplomatie : une mission diplomatique
- Être diplomate

Manières de dire

- Il y a de l'eau dans le gaz* (= *un différend commence*). La discussion est houleuse = conflictuelle.
- Il/elle est remonté(e)* contre qqn (= *en colère contre qqn*).
- Il/elle se braque* contre… (= *s'oppose obstinément*)
- Il faut désamorcer le conflit = calmer le jeu = apaiser les esprits.
- Il ne faut pas brusquer les choses.
- Il/elle mène une conciliation = il/elle cherche à « recoller les morceaux ».
- Il est difficile de faire plier* = faire céder cette personne.
- Il faut écouter les deux sons de cloche (= *les opinions différentes*).

1 Vocabulaire. **Choisissez la ou les réponse(s) possible(s).**

1. Je ne comprends pas le [désaccord] [médiateur] [différend] qui oppose mes collègues.
2. Julie [est remontée] [se braque*] [cède] contre Patrice.
3. Nous allons mener [un intermédiaire] [une conciliation] [un différend].
4. Ils doivent [faire plier] [désamorcer] [arbitrer] le conflit.
5. Adrien, qui est très [diplomatique] [houleux] [diplomate], va tout faire pour [brusquer les choses] [se braquer*] [recoller les morceaux*].

2 Vocabulaire. **Complétez par les termes manquants.**

1. Les diplomates tentent de _____ ce conflit qui risque de dégénérer.
2. Il est important de ne pas _____ les choses, ce serait contre-productif.
3. Malheureusement, le vieux monsieur _____ immédiatement quand on lui parle de maison de retraite. Il refuse même d'en entendre parler.
4. La réconciliation s'est faite par _____ du maire de la ville, qui est intervenu avec beaucoup de _____.
5. Baudoin est _____ contre son frère, qui l'a vexé publiquement.
6. Où en est-on du _____ qui oppose les deux ministres ?

3 Vocabulaire et communication. **Faites un commentaire sur les situations suivantes.**

1. Virginie tente de réconcilier ses deux amis qui se sont brouillés.

_____

2. Sabine et Myriam s'entendent de moins en moins, les conflits commencent.

_____

3. Je préfère éviter le conflit et je ferai tout ce qu'il faut pour qu'il ne se développe pas !

_____

4. Arthur est très en colère contre son cousin.

_____

5. Il est difficile de convaincre Gaëlle de céder et de renoncer à ses exigences.

_____

4 À vous ! **Répondez librement et de manière développée aux questions suivantes.**

1. Avez-vous tendance à calmer le jeu lors de discussions houleuses ?
2. De quelle situation pourriez-vous dire qu'il y a « de l'eau dans le gaz » ?
3. Pouvez-vous parler d'une situation dans laquelle on est parvenu à désamorcer un conflit ?
4. Connaissez-vous des personnes qui se braquent* facilement ? Dans quel contexte ?
5. Vous est-il arrivé de jouer les médiateurs dans un différend ? Pouvez-vous expliquer la situation et ses enjeux ?

5 ▸ Un compromis en vue ? 🎧

Étienne : Il va falloir que nous **trouvions une issue à** ce conflit qui empoisonne l'atmosphère. Je comprends bien votre énervement, mais **ne pourrait-on pas envisager** simplement **de** modifier la répartition des tâches ?

Pierre : Oui, il faut **trouver un compromis**, mais si vous souhaitez **parvenir à un accord**, il faut que chacun **fasse un pas vers l'autre**.

Étienne : Justement, **jusqu'où pouvez-vous aller** ? **Accepteriez-vous l'idée que** Rémi se charge davantage de l'aspect technique, tandis que vous auriez toute latitude pour vous concentrer sur les développements commerciaux ?

Pierre : Je veux bien **faire des concessions**, mais je **ne céderai pas sur** le fait que je sois responsable du projet.

Étienne : Pierre, vous ne pouvez pas **camper** ainsi **sur vos positions** !

6 ▸ Haute diplomatie… 🎧

Étienne : J'ai tenté d'**arrondir les angles**, mais ça n'a pas été facile. Pierre **a mis de l'eau dans son vin**, mais il refuse de **céder un pouce de terrain à** Rémi…

Matthieu : J'imagine que vous **avez pris des gants pour** parler aux deux ?

Étienne : Certes ! Il ne fallait pas **froisser les susceptibilités**. Nous avons déjà **frôlé l'incident diplomatique**, mais la réaction de Pierre **laisse entrevoir une porte de sortie**…

Matthieu : En d'autres termes, vous **avez ménagé la chèvre et le chou**.

Étienne : J'ai deux solutions : soit je **les mets tous les deux devant le fait accompli**, soit je **coupe la poire en deux** et je répartis les responsabilités…

7 ▸ Dénouement

[…] **Une solution se profile** enfin, alors que Rémi et Pierre étaient **restés intransigeants sur** leurs prérogatives. Nous sommes **parvenus à un compromis**, et **un dénouement satisfaisant** pour les deux parties **se dessine** donc.

▰ Vocabulaire

Le compromis
- Trouver un compromis = parvenir à un accord = trouver une issue.
- Céder sur = faire des concessions = mettre de l'eau dans son vin *(familier)* ≠ camper sur ses positions = rester intransigeant(e) = ne pas céder un pouce de terrain
- Arrondir les angles = prendre des gants ≠ mettre devant le fait accompli (= *imposer qch*)
- Ménager la chèvre et le chou *(familier)* = couper la poire en deux *(familier)*

Manières de dire

- Ne pourrait-on pas envisager…
- Accepteriez-vous l'idée que…
- Nous avons frôlé l'incident diplomatique.
- Une solution = un dénouement se profile = se dessine / on entrevoit une porte de sortie.
- Jusqu'où pouvez-vous aller ?
- Il ne faut pas froisser les susceptibilités.
- Chacun doit faire un pas vers l'autre.

1 Compréhension. **Les phrases suivantes sont-elles de sens équivalent ?**

1. Quentin ne cédera pas un pouce de terrain = il campe sur ses positions.

2. Frank a pris des gants pour parler = il a fait un pas vers son interlocuteur.

3. Ils ont trouvé une issue = ils ont été mis devant le fait accompli.

4. Hélène a mis de l'eau dans son vin = elle a fait quelques concessions.

5. Le dénouement n'est pas satisfaisant = aucune solution ne se profile.

2 Vocabulaire et communication. **Trouvez une autre manière de dire.**

1. Une solution se dessine enfin après des jours de discussion. _____

2. Il est important de ne pas blesser les différents protagonistes. _____

3. Pendant la discussion, Léa est restée prudente dans ses paroles. _____

4. Le résultat de cette dure négociation est assez décevant. _____

5. Les adversaires sont restés intransigeants. _____

3 Vocabulaire et communication. **Faites un commentaire sur chacune des situations suivantes en employant une expression imagée.**

1. Aurélien est resté très prudent en parlant à chacun des deux adversaires.

_____

2. Aziz a été très diplomate et est parvenu à ne léser personne.

_____

3. Dans cette négociation, Nora a catégoriquement refusé la moindre concession.

_____

4. Puisque tu veux aller à la mer et que je préfère la montagne, nous irons une semaine d'un côté, et une semaine de l'autre !

_____

5. Pour obtenir l'accord d'Éric, j'ai dû atténuer un peu les paroles de son chef, qui étaient assez abruptes.

_____

6. Dans cette situation, chacun doit faire des concessions à l'autre.

_____

4 À vous ! **Pour chacune des situations suivantes, imaginez le conflit, puis les solutions diplomatiques trouvées.**

1. Vous avez prêté votre appartement à des amis pendant les vacances, et vous le retrouvez en piteux état.

2. Vous devez partager une tâche avec une personne que vous ne supportez pas.

Plaisanter, tromper

1 Sacré* Paul ! 🎧

Aurélien : Tu sais que Paul m'a annoncé qu'il allait devenir directeur du département ? En fait, c'était **du bidon***, mais sur le coup, je l'ai cru ! Évidemment, il **se payait ma tête***.

Benoît : Sacré* Paul ! Tu le connais, c'est son style, il **fait marcher*** tout le monde, il ne peut pas s'en empêcher. Ses **bons mots** sont bien connus et comme il est assez **pince-sans-rire**, on **ne sait jamais si c'est du lard ou du cochon***.

Aurélien : Il **m'a eu** encore une fois, mais ça commence à bien faire. « **Les plaisanteries les plus courtes sont les meilleures** ! » Parfois, je trouve que c'est un peu limite.

Benoît : Il **mène tout le monde en bateau**, mais moi, on **ne me la fait pas**… Quand il répond d'**une boutade**, je **me méfie**.

Aurélien : Oui, toi, tu n'es pas **dupe**. Moi, au contraire, j'ai tendance à **prendre tout ce qu'on me dit pour argent comptant**. Je **me fais avoir** très facilement. Il va falloir que je **sois** davantage **sur la défensive**.

Benoît : Il a toujours **fait des blagues** et raconté **des bobards***, de plus ou moins bon goût d'ailleurs, comme tous les **calembours** dont il abreuve son auditoire.

2 Un canular

[…] La directrice a été victime d'**un canular**. Des individus **se faisant passer pour** des journalistes se sont présentés à son bureau en brandissant de **fausses** cartes de presse avec de vrais noms de journalistes. Ce n'est pas la première fois que l'identité de certains de nos confrères est **usurpée**. La directrice a porté plainte.

Vocabulaire

Les plaisanteries

- Une plaisanterie < une blague*
- Un bon mot = une boutade
- Un calembour = un jeu de mots
- Un canular = un bobard*
- Être pince-sans-rire (= *avoir un humour sec et froid*)
- Blaguer* = plaisanter
- « Avoir » qqn (= *le tromper*)
- Usurper une identité (= *« voler » une identité*) = se faire passer pour qqn d'autre

---

Manières de dire

- Il se paye la tête* de qqn = il fait marcher* qqn = il mène qqn en bateau*.
- Je prends qch pour argent comptant = je me fais avoir*.
- Je ne suis pas dupe = on ne me la fait pas (*familier*).
- Je reste sur la défensive = je me méfie (= *je n'ai pas confiance*).
- C'est du bidon* (= *ce n'est ni vrai ni sérieux*).
- On ne sait pas si c'est du lard ou du cochon* (= *si c'est sérieux ou non*).

1 Compréhension. **Les phrases suivantes sont-elles de sens équivalent ?**

1. Aubane se paye ma tête* = Aubane me mène en bateau*.

2. Brice a répondu par une boutade = il fait toujours des blagues*.

3. Simon n'est pas dupe des excuses d'Axel = Axel se fait avoir.

4. Serge est connu pour ses bons mots = il prend ce qu'on lui dit pour argent comptant.

5. On ne la lui fait pas = il se méfie.

2 Vocabulaire. **Complétez par les termes manquants.**

1. La petite fille _____ sa grand-mère en bateau*.

2. Celle-ci prend tout ce qu'on lui dit pour argent _____.

3. Tu te _____ ma tête* !

4. Si on est très gentil avec ce monsieur, il se fait _____ très facilement.

5. N'essaye pas de me raconter des histoires, on ne me _____ pas* !

3 Vocabulaire et communication. **Quel(s) commentaire(s) pourriez-vous faire sur chacune des situations suivantes ?**

1. Justin se moque souvent de ses sœurs.

_____

2. Anaïs est assez naïve, il est facile de lui faire croire n'importe quoi.

_____

3. Frank a fait croire à son entourage qu'il gagnait très bien sa vie, alors qu'il est au chômage.

_____

4. Manon, elle, n'a pas cru les histoires que Frank a racontées.

_____

5. Grégoire adore inventer des histoires drôles mais fausses.

_____

6. Pour entrer dans l'immeuble, Marius a prétendu être déménageur.

_____

7. Quand Noémie plaisante, on ne sait jamais si c'est pour rire ou si c'est sérieux.

_____

4 À vous ! **Répondez librement et de manière développée aux questions suivantes.**

1. Avez-vous déjà fait marcher* quelqu'un ? Racontez la situation.

2. Êtes-vous capable de faire des jeux de mots en français ? Par exemple ?

3. Vous faites-vous avoir facilement ? Dans quel contexte ?

4. Avez-vous tendance à prendre ce qu'on vous dit pour argent comptant ?

5. Connaissez-vous des personnes pince-sans-rire ? Appréciez-vous cet humour ?

3 Des menteurs ! 🎧

Julien : Cet élève **raconte** tout le temps **des salades***. On ne peut jamais le croire, il **ment comme il respire**.

Isabelle : Disons qu'il a beaucoup d'imagination, et qu'il **brode** un peu à partir d'éléments qui ne sont pas faux. Je reconnais qu'il a tendance à **en faire des tonnes***… En général, ses explications sont **cousues de fil blanc**, mais parfois, elles tiennent la route.

Julien : Je vous trouve bien indulgente. Qu'il **raconte des histoires**, c'est une chose, mais qu'il **colporte des ragots*** sur les autres, c'est beaucoup plus grave !

Isabelle : Quand on connaît son père, qui **est de très mauvaise foi**, il n'y a pas à s'étonner de l'attitude du gamin*. Un jour où son fils avait été puni parce qu'il avait été violent, le père **a prétendu** qu'on ne l'avait pas prévenu, ce qui était complètement faux, bien sûr. Il **a soutenu** *mordicus* que nous **étions en tort**. Comment voulez-vous que son fils soit honnête avec une pareille éducation ?

4 Quel tartuffe !

[…] Alors que Léo déteste Basile, il le **flatte** dès qu'il le voit, il le **caresse dans le sens du poil***. C'est de **la tartufferie** ! J'ai beaucoup de mal à supporter **une telle hypocrisie**. De toute façon, Léo a toujours **joué double jeu**, charmant quand il voit Basile et disant « pis que pendre » de lui **dès qu'il a le dos tourné**. On se demande toujours quel **coup fourré*** **ce faux jeton*** est en train de préparer.

▇▇▇ Vocabulaire

L'hypocrisie

- Flatter qqn = caresser qqn dans le sens du poil*
- Prétendre, soutenir qch *mordicus* (= *obstinément*)
- Être de mauvaise foi
- Jouer double jeu = être un faux jeton*
- Faire un coup fourré* = un mauvais coup
- Être en tort = avoir tort

Manières de dire

- Il raconte des histoires = des salades* = il brode* = il en fait des tonnes*.
- Il colporte des ragots* (= *il raconte des calomnies*).
- Il ment comme il respire (= *constamment*).
- C'est cousu de fil blanc ! (= *on voit que c'est un mensonge*)
- Il agit différemment dès qu'on a le dos tourné.
- C'est de la tartufferie = de l'hypocrisie !

> **Remarques. 1.** « Un tartuffe », « la tartufferie » viennent du personnage principal de la célèbre pièce de Molière, *Tartuffe* (1664), qui se moque de l'hypocrisie religieuse.
> **2.** « Dire pis que pendre de qqn » = dire beaucoup de mal de qqn.

1 Compréhension. **Les phrases suivantes sont-elles de sens équivalent ?**

1. Mon fils m'a raconté des histoires = il m'a raconté des salades*.

2. Agnès est de mauvaise foi = elle a tendance à broder un peu.

3. Thibaut nous flatte = il nous caresse dans le sens du poil*.

4. Cette explication est cousue de fil blanc = c'est un coup fourré*.

5. Cet homme est un tartuffe = c'est un faux jeton*.

2 Vocabulaire. **Complétez par les termes manquants.**

1. Ne me racontez pas _____ , je ne vous crois pas.

2. Les raisons invoquées pour cette décision sont _____ de _____ blanc.

3. Louise soutient _____ qu'elle avait prévenu Valentin, alors que c'est faux.

4. Je suis certaine que Zina est de mauvaise _____.

5. Dès que nous avons _____ tourné, Anouk change d'attitude.

6. Timothée ne veut pas _____ des ragots*, il déteste ça.

7. Aurore a tendance à caresser sa collègue dans _____*.

3 Vocabulaire et communication. **Quel(s) commentaire(s) pourriez-vous faire sur chacune des situations suivantes ?**

1. Luc nous fait des sourires aimables alors qu'il nous déteste.

_____

2. Christophe fait des compliments appuyés à Gilbert, pour le flatter.

_____

3. Les explications d'Estelle ne sont pas crédibles, on voit qu'elle ment.

_____

4. Par médisance, Blandine raconte des histoires déplaisantes sur les uns et les autres.

_____

5. Emmanuelle ment tout le temps !

_____

6. Sabine a été déloyale, elle a prétendu qu'on ne l'avait pas invitée alors que c'est faux.

_____

4 À vous ! **Répondez librement et de manière développée aux questions suivantes.**

1. Existe-t-il, dans votre langue/culture, un équivalent au personnage de Tartuffe ?

2. Connaissez-vous des personnes qui jouent double jeu ? Dans quel contexte ?

3. Savez-vous reconnaître une excuse, une explication, cousue de fil blanc ?

4. Vous arrive-t-il d'être obligé(e) de raconter des salades* pour des raisons diplomatiques ? Dans quelles circonstances ?

16 Allusions et sous-entendus

1 Il y a pire malheur...

Élodie : Tu as vu ? Ce type* me passe devant sans même tenir la porte ! **Bonjour, la politesse !**

Rémi : Sois un peu indulgente, il **n'est plus de la première jeunesse**… À mon avis, il **n'y voit pas grand-chose**.

Élodie : Je **ne dis pas le contraire**, mais ce n'est pas vraiment une excuse. Bon, dépêchons-nous, nous **ne sommes pas en avance**…

(En route.)

Rémi : Oh, tu as vu ce château ? **Ce n'est pas affreux**, n'est-ce pas ?

Élodie : **Il y a pire malheur que** de vivre là… Je **ne détesterais pas** m'installer dans ce genre d'endroit…

Rémi : Un **petit** château **tout simple**… Je **ne verrais pas d'inconvénient à** ce que nous l'achetions !

Élodie : Je **ne dirais pas non**… **Inutile de préciser que** nous sommes déjà milliardaires !

2 Plutôt mourir !

Fleur : Inviter Éléonore à dîner ? Tu **veux rire** ?

Jérémie : Ce ne serait pas idiot de le faire, non ?

Fleur : Ah non, **plutôt mourir** !

Jérémie : Bravo, tu as le sens de la convivialité… Je ne comprends pas pourquoi tu la détestes. Elle **n'est pas sans** intelligence, tout de même !

Fleur : Peut-être, mais si elle vient, **ce sera l'horreur***, je le sais. D'ailleurs, Eustache, **pour ne pas le nommer**, ne peut pas la voir en peinture*.

Vocabulaire et Grammaire

Emploi ironique de la forme négative

- Je ne suis plus de la première jeunesse.
- Je ne dis pas le contraire.
- Je ne dirais pas non, je ne déteste(rais) pas…
- Je ne suis pas en avance.
- Je n'y vois pas grand-chose.

- Ce n'est pas idiot/affreux…
- Pour ne pas le/la nommer…
- Il n'est pas sans intelligence.
- Je ne verrais pas d'inconvénient à ce que…

Manières de dire

- C'est l'horreur !
- Il y a pire malheur.
- Bravo ! *(ironique)*

- Bonjour, la politesse* ! Bonjour, la générosité ! *(ironique)*
- Tu veux rire ? *(ironique)* Plutôt mourir !
- Inutile de (+ *infinitif*)

Remarque. Les tournures ironiques du style « Bonjour *(+ nom)* » sont d'usage récent.

ACTIVITÉS

1 Grammaire et vocabulaire. **Dites la même chose en employant une forme négative.**

1. Ce spectacle était assez intéressant. _____

2. Nadège est assez généreuse. _____

3. Ce vin est assez bon. _____

4. Je suis plutôt d'accord avec vous. _____

5. Un voyage à Rome ? C'est une bonne idée ! _____

6. Cette dame commence à prendre de l'âge. _____

2 Vocabulaire et communication. **Trouvez une autre manière de dire.**

1. Quitter ma ville, mes amis, mon travail ? <u>Jamais de la vie</u> ! _____

2. Je me prépare déjà à ce repas de famille, ce sera <u>très pénible</u>. _____

3. La vieille dame <u>ne voit plus très bien</u>. _____

4. Je vais partir demain et Clément <u>ne s'opposera pas à cette décision</u>. _____

5. <u>Je ne vois pas pourquoi je devrais</u> présenter Maxime, qui est si connu. _____

6. <u>Il y a une ambiance détestable</u> dans cette équipe ! _____

3 Communication. **Quel(s) commentaire(s) pourriez-vous faire pour chacune de ces situations ?**

1. La tante Iris, qui est bavarde comme une pie et qui dit du mal de tout le monde, sera assise à côté de moi pendant le dîner ! _____

2. Mes amis vont partir une semaine à Venise, puis quinze jours sur une île grecque…

   _____

3. Ouh là là, il est déjà 18h30, je n'ai pas beaucoup de temps pour arriver à l'aéroport !

   _____

4. Je ne quitterais Paris pour rien au monde !

   _____

5. Nous voyons assez mal, dans cette pièce trop sombre.

   _____

6. Estelle ne veut pas prêter 5 euros à sa meilleure amie !

   _____

4 À vous ! **Répondez librement et de manière développée aux questions suivantes.**

1. Dans votre langue, se sert-on fréquemment de la forme négative d'une manière analogue au français ? Si oui, donnez des exemples. Si non, quel(s) autre(s) procédé(s) emploie-t-on ?

2. À quelle(s) proposition(s) pourriez-vous répondre par « plutôt mourir ! » ?

3. Vous-même, pratiquez-vous l'ironie, voire le sarcasme ? Dans quel contexte ?

3 Tu vois ce que je veux dire ? 🎧

Fabrice : Il faut que j'aille dîner chez Adeline. **Ça va être gai**, si **tu vois ce que je veux dire**…

Vincent : Oui, ce n'est pas la peine de **me faire un dessin***. **Ça ne va pas être triste**… Toute la soirée, il y aura **des allusions perfides à** ton divorce et des questions difficiles à **esquiver**.

Fabrice : Adeline va encore **insinuer** qu'après tout, si Fanny m'a quitté, je l'ai bien mérité. En plus, elle va essayer de **me faire dire** si j'ai quelqu'un d'autre dans ma vie.

Vincent : Je vois le tableau* : « Tu comptes refaire ta vie ? » Il va falloir que tu **prennes la tangente***, que tu **éludes**.

Fabrice : Oui, mais Adeline **parle toujours par sous-entendus**, elle est bien trop maligne pour attaquer de front… Et personne ne me soutient, **soit dit en passant**.

4 Des allusions à peine voilées 🎧

Adeline : Fabrice **m'a laissé entendre qu'**il avait rencontré quelqu'un… sans toutefois l'exprimer clairement. Il l'a fait **à mots couverts**, comme d'habitude. Impossible de vraiment **lui tirer les vers du nez***.

Manon : Il n'a pas **fait allusion à** son divorce, même **à demi-mot** ?

Adeline : Si, bien sûr, mais **de manière très détournée**. Tout est toujours très **allusif**, chez lui. Il faut **lire entre les lignes**. Pourtant, je lui **ai tendu la perche*** plus d'une fois.

Manon : Cela ne me surprend pas. Vincent **m'avait fait comprendre que** Fabrice n'avait aucune envie d'en parler. **Implicitement**, il **insinuait que** toi et moi essayerions de le faire parler. Avoue que c'est vexant. Comme si c'était notre style !

▉ Vocabulaire

Expressions imagées

- Faire un dessin à qqn (= *expliquer en détail*)
- Lire entre les lignes (= *deviner*)
- Tendre la perche à qqn (= *aider par une allusion*)
- Prendre la tangente* (= *éluder*)
- Tirer les vers du nez à qqn (= *faire avouer un secret*)
- Voir le tableau (= *comprendre la situation*)

▬ Manières de dire ▬

- Ça ne va pas être triste = ça va être gai *(les deux tournures sont ironiques)*.
- Il parle à mots couverts = à demi-mot = de manière détournée, implicite = par sous-entendus
- On m'a laissé entendre que… On m'a fait comprendre que…
- Implicitement…
- Si tu vois ce que je veux dire.
- Il fait des allusions perfides / à peine voilées à… = il insinue que…
- On veut me faire dire…
- Soit dit en passant.
- Elle a fait allusion à…
- J'élude la question (= *esquiver*).

1 Vocabulaire. **Complétez par les termes manquants.**

1. Ce n'est pas la peine de me _____* , je comprends la situation.

2. Dîner avec les cousins qui se détestent entre eux ? Ça va être _____ …

3. Le ministre a fait une allusion à peine _____ à sa démission.

4. Vous voyez ce que je _____ …

5. Aurélien ne m'a toujours pas remerciée, _____ en passant.

6. Elsa a tendu _____* à Lucas, mais en vain.

2 Vocabulaire et communication. **Trouvez une autre manière de dire.**

1. Romain est assez secret et <u>ne parle pas directement</u> de son état psychologique. Il faut <u>deviner ce qu'il pense</u>.

_____

2. Sami <u>nous a dit, mais pas très clairement</u>, qu'il comptait quitter l'entreprise. _____

_____

3. Je ne vais pas <u>tout t'expliquer en détail</u>, tu <u>imagines facilement la situation</u>. _____

_____

4. Sabine <u>a fait comprendre de manière déplaisante</u> qu'Aurélien n'était pas honnête.

_____

3 Communication. **Faites un commentaire pour chacune des situations suivantes, en employant des expressions imagées.**

1. Même si son fils ne lui fait pas de confidences, Joëlle devine toujours ses sentiments.

_____

2. Je n'ai pas eu besoin de tout lui expliquer en détail.

_____

3. Zohra a lancé le sujet dans la conversation, pour aider Oscar à en parler.

_____

4. Les policiers ont essayé de faire parler le suspect, qui restait silencieux.

_____

5. Tu peux facilement imaginer la situation !

_____

6. Noémie a rapidement changé de sujet pour ne pas répondre.

_____

4 À vous ! **Répondez librement et de manière développée aux questions suivantes.**

1. Selon vous, dans quelles situations est-il préférable de parler à mots couverts ?

2. Avez-vous la capacité de lire entre les lignes ? Avec quelles personnes ?

3. Savez-vous « tirer les vers du nez » à quelqu'un qui cherche à vous cacher quelque chose ?

1 Choisissez la ou les réponse(s) possible(s).

1. Je peux te donner un épine du pied | un coup de main* | main-forte ?

2. Ils ont tout de suite accepté, ils ne se sont pas fait plier | prier | prêter .

3. Qu'est-il devenu | advenu | revenu de ce projet ?

4. Ils se sont connus par l'entremise | l'intermédiaire | l'habileté de son frère.

5. Nous apprécions ce soutien | cet appui | ce bras droit qui nous est précieux.

6. Il impute | rejette | se défausse la responsabilité de l'accident sur sa femme.

7. Cela fait des lustres | belle lurette | des ponts que nous ne l'avons pas vu.

8. On nous a vanté votre carrure | vos mérites | vos responsabilités .

9. Elle ne va pas cracher* dans la lune | la pilule | la soupe .

10. Je me suis fait mener | avoir* | marcher par cette publicité mensongère.

2 Répondez librement mais logiquement aux questions.

1. Quand est-ce que vous êtes dispo* ? – _____

2. Elle lui a passé un savon* ? – Oh oui, _____

3. Il a mis « de l'eau dans son vin » ? – Non, _____

4. Son excuse est solide ? – Non, _____

5. Elle est responsable de cet incident ? – Non, _____

6. Il assume ses responsabilités ? – Non, _____

7. Ils ont accepté la proposition ? – Oui, _____

8. Où en êtes-vous ? – _____

9. Elle a la conscience tranquille ? – Non, _____

10. Il s'est fait avoir ? – Oui, _____

3 Associez les phrases de sens équivalent.

1. Je ne fais pas la fine bouche.
2. Cela me tente moyennement.
3. Je me suis désisté.
4. Je ne suis pas au courant.
5. Il se défausse sur moi.
6. Il s'est fait taper sur les doigts*.
7. J'arrondis les angles.
8. De l'eau a coulé sous les ponts.
9. Il se paye ma tête*.
10. Il ne faut pas pousser* !

a. On lui a passé un savon*.
b. J'ai fait faux bond.
c. Je prends des gants.
d. C'est tout de même un peu fort* !
e. Il s'en est passé, des choses* !
f. Il me mène en bateau*.
g. Je ne crache pas dans la soupe*.
h. Je ne sais pas de quoi il retourne.
i. Je ne suis pas très chaud*.
j. Il rejette la responsabilité sur moi.

4 **Complétez par les termes manquants.**

1. La situation est tendue entre les deux, il y a _____ dans le _____*.

2. Après des années d'absence, cet ami _____ surface.

3. Il n'y a eu aucune négociation, nous avons été _____ devant le _____.

4. Malheureusement, Arielle s'est désistée, elle nous a fait _____.

5. Ils ne sont pas dupes, on ne la _____* pas.

6. Cette excuse ne tient pas _____* , personne ne vous croira !

7. Elle ne sait pas quelle décision prendre, elle ne sait pas sur _____* danser.

8. Il nous a encore une fois raconté des _____ , il invente !

9. Sacha nous _____ d'ignorants alors que c'est lui qui ne sait rien…

10. Partir en randonnée avec elle ? Jamais, plutôt _____ !

5 **Quelle(s) expression(s) pourriez-vous employer dans les situations suivantes ?**

1. Vous avez été trompé(e) par un marchand malhonnête : _____

2. Vous exprimez votre compassion à quelqu'un qui vit une épreuve : _____

3. Vous demandez l'état d'avancement d'un travail : _____

4. Vous expliquez que vous n'êtes pas du tout responsable de la situation : _____

5. Vous êtes réticent(e) à accepter une proposition : _____

6. Vous expliquez qu'un conflit personnel va éclater : _____

7. Vous demandez des nouvelles d'Antoine, que vous aviez un peu oublié : _____

8. Dans le contexte professionnel, vous demandez quand votre collègue est libre : _____

9. Vous n'êtes pas dupe de ce que l'on vous raconte : _____

10. Vous ne vous laissez pas intimider ni abuser : _____

6 **Trouvez une autre manière de dire.**

1. Le jeune acteur va remplacer <u>à la dernière minute</u> son collègue malade. _____

2. Laurence <u>a annulé sa participation à notre réunion</u>. _____

3. Nathalie est <u>très en colère contre</u> nous. _____

4. François <u>se moque</u> de son patron. _____

5. Kevin ne se laisse pas <u>faire</u>. _____

6. Je ne suis pas très <u>enthousiaste à l'idée de</u> prendre la voiture. _____

7. Nous pouvons <u>vous aider à</u> repeindre la maison. _____

8. Cette décision <u>me soulage beaucoup</u>. _____

9. Ils se sentent <u>capables</u> de tout gérer. _____

10. Elle <u>l'a pris à partie</u>. _____

17 Le débat et l'opinion

1 Un colloque 🎧

Sandrine : Mesdames et messieurs, je **vous souhaite la bienvenue** dans ce colloque consacré aux énergies renouvelables. Au cours des différentes sessions, nous **aborderons** plusieurs questions d'actualité. Tous les intervenants, que je remercie d'être venus si nombreux, **auront la possibilité de s'exprimer** lors de la table ronde qui conclura la dernière séance de travail. **Je donne tout de suite la parole à** Ronan Sabatier…

Ronan : Je vous remercie. En effet, nous **entamerons** cette discussion **par** un état des lieux. Ensuite, je **vous propose de prolonger la réflexion** par une étude des enjeux de la transition énergétique, ce qui **nous amènera à relancer le débat sur** l'innovation verte.

2 La clôture du colloque 🎧

Sandrine : Nous allons **clore** ce débat par un tour de table. Ensuite, je **céderai ma place à** Ronan Sabatier, qui nous proposera une conclusion en forme de question ouverte…

Ronan : En effet, je **vous propose de conclure sur** une synthèse des travaux.

(Plus tard)

Sandrine : Je **tiens à vous remercier chaleureusement d'**avoir participé à ce passionnant colloque. Nous vous sommes reconnaissants, en particulier, de nous avoir fourni des éléments de réflexion sur les sujets que nous avons traités.

Ronan : C'était **un honneur et un plaisir d'**avoir été des vôtres et je me réjouis de nos travaux futurs. **En guise de conclusion**, je me permets d'annoncer la publication prochaine des actes de ce colloque.

� Grammaire

L'infinitif passé

- Je vous remercie d'**être venus**.
- Je suis heureux d'**avoir pu** m'exprimer.
- Il est content de **s'être installé** ici.
- Ils sont furieux de **ne pas avoir été invités**.

▐ Vocabulaire

Le colloque

- Un colloque / une table ronde consacré(e) à
- Un état des lieux = un bilan
- Une étude des enjeux
- Une introduction ≠ une conclusion
- Fournir des éléments de réflexion
- Une session, une séance de travail
- Un tour de table
- Une synthèse (de)

Manières de dire

- Aborder < Traiter un sujet
- Je souhaite la bienvenue à qqn.
- Je tiens à remercier qqn de…
- C'est un honneur / un plaisir de… (+ *infinitif*)
- Je cède ma place à…
- Avoir la possibilité de s'exprimer sur…
- Nous entamerons ce colloque par…
- Je vous propose de prolonger la réflexion…
- Cela nous amène à relancer le débat sur…
- Donner la parole à qqn
- En guise de conclusion / je vous propose de conclure sur / de clore ce débat par…

1 Grammaire. **Transformez en employant l'infinitif passé.**

1. Nous n'avons pas pu aborder tous les sujets. → Nous sommes déçus _____

2. Julie s'est occupée de l'organisation. → Je remercie Julie _____

3. Je ne me suis pas réveillée à temps. → Je suis contrariée _____

4. Vous vous êtes battus pour ce projet ? → Vous êtes fiers _____

5. Elle n'est pas parvenue à convaincre ses interlocuteurs. → Elle regrette _____

6. Vous m'avez convié à cette réunion. → Je vous suis reconnaissant _____

7. Elle nous a donné la parole. → Elle est satisfaite _____

2 Vocabulaire. **Trouvez une autre manière de dire.**

1. <u>Comme</u> conclusion, je citerai une phrase de Voltaire. _____

2. Sandrine <u>donnera</u> sa place à son collègue. _____

3. Nous <u>voulons</u> remercier notre hôte pour son accueil. _____

4. Pour <u>terminer</u> ce congrès, nous allons organiser une table ronde. _____

5. Ils n'ont pas <u>parlé de</u> certains sujets pourtant essentiels. _____

3 Vocabulaire et communication. **Complétez librement les phrases suivantes.**

1. Je vous propose de prolonger la réflexion _____

2. C'est un honneur _____

3. Je tiens à _____

4. J'aborderai _____

5. Nous entamerons _____

6. En guise de conclusion, _____

4 Communication. **Quelle(s) expression(s) pourriez-vous employer dans les situations suivantes ?**

1. Vous remerciez un intervenant.

_____

2. Vous exprimez poliment votre satisfaction d'avoir été invité(e).

_____

3. Vous accueillez un groupe de personnes.

_____

4. Vous proposez à un participant de parler.

_____

5. Vous terminez la réunion.

_____

3 Une stratégie contestable 🎧

La journaliste : Pauline Girard, **comment voyez-vous les choses ? Quel est votre sentiment sur** cette situation délicate ?

Pauline : Pour ma part, je ne **partage** pas le pessimisme de Louis Dumas. Ce qui, **à mon sens**, s'avère crucial, c'est l'engagement de toute l'équipe dans ce projet. Ceci dit, je **suis bien obligée d'admettre que** tout n'est pas parfait et que nous avons encore beaucoup à faire pour atteindre nos objectifs.

La journaliste : Et vous, Louis Dumas, **quel regard portez-vous sur** la stratégie de l'entreprise ?

Louis : Eh bien, **force est de constater que**, contrairement à ce que **soutient** Pauline Girard, les décisions prises se sont révélées contre-productives. **Pour mon compte**, j'attends de la direction des propositions claires et solides.

La journaliste : Considérez-vous qu'il y ait, de la part de la direction, une sorte de frilosité ?

Louis : Ce n'est pas faux : il y a de ça dans la faiblesse de certains investissements.

La journaliste : Et vous, Pauline Girard, **ne pensez-vous pas que** l'entreprise aurait intérêt à prendre davantage de risques ?

Pauline : Oui, vous **n'avez pas tort** sur ce point. **En ce qui me concerne, j'ai le sentiment que** nous pouvons encore améliorer notre stratégie. **La prise de position** de notre directeur va d'ailleurs dans ce sens.

Louis : Quant à moi, je maintiens que nous sommes engagés dans une mauvaise voie.

Vocabulaire

L'opinion

- À mon sens = pour ma part
- En ce qui me concerne = pour mon compte = quant à moi
- Je suis bien obligé(e) d'admettre = je reconnais que = force est de constater (que)
- Je (ne) partage (pas)…
- Ce n'est pas faux = vous n'avez pas tort = il y a de cela/ça dans…
- Je maintiens que = je soutiens que…
- J'ai le sentiment que…
- La prise de position = l'opinion

Manières de dire

- Comment voyez-vous les choses ?
- Quel regard portez-vous sur… ?
- Considérez-vous que… ?
- Quel est votre sentiment/votre avis/votre opinion sur… ?
- Ne pensez-vous pas que… ?

1 Vocabulaire et communication. **Complétez par les termes manquants.**

1. _____ est de constater que la situation ne s'est pas améliorée.

2. _____ à nous, nous sommes sceptiques sur le bien-fondé de la décision.

3. Pour _____ , je considère que des réformes doivent être mises en place.

4. Nous aimerions connaître votre _____ sur cette question.

5. Roland accepte difficilement la _____ de position du député.

6. De la jalousie ? Effectivement, il y a _____ dans la réaction de Chloé.

2 Vocabulaire et communication. **Trouvez une autre manière de dire.**

1. En ce qui me concerne, je ne vois pas l'intérêt de cette stratégie. _____

2. Damien n'est pas du même avis que Manon. _____

3. Patricia insiste sur le fait que cette décision est la bonne. _____

4. Quelle opinion avez-vous en ce qui concerne la situation ? _____

5. Il y a une part de vrai dans ce que vous dites. _____

3 Vocabulaire et communication. **Complétez librement les mini-dialogues.**

1. _____ – Ce n'est pas faux.

2. _____ – Il y a de cela, effectivement.

3. _____ – Je ne partage pas votre optimisme !

4. _____ – Vous n'avez pas tort sur ce point.

5. _____ – Je suis bien obligé(e) de l'admettre.

4 Communication. **Finissez librement les phrases suivantes.**

1. Mon ami(e) soutient que _____

2. À mon sens, _____

3. Nous sommes bien obligés d'admettre que _____

4. Vous n'avez pas tort quand vous _____

5. Force est de constater que _____

6. Quant à moi, _____

5 À vous ! **Répondez librement et de manière développée aux questions suivantes. Vous pouvez bien sûr imaginer un dialogue.**

1. Quel est votre sentiment sur l'enseignement des sciences dans votre pays ?

2. Quel regard portez-vous sur la place de la technologie dans notre vie ?

3. Considérez-vous que l'apprentissage des langues étrangères doive être encouragé ?

4. Ne pensez-vous pas que la culture générale constitue un aspect important de l'éducation ?

5. Comment voyez-vous l'évolution de votre pays/région d'ici dix ans ?

4 Une rebelle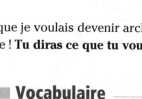

Laurent : Je **ne suis pas persuadé qu'**Hortense ait raison de changer de poste.

Juliette : Tu **prêches une convaincue**. Je **ne vois pas en quoi** cela bénéficierait à sa carrière. Je me demande même si ce ne serait pas la politique du pire.

Laurent : Je ne te le fais pas dire ! Incontestablement, elle a tendance à se tirer une balle dans le pied*. **Qu'elle veuille** se renouveler, **soit**, je le comprends. Mais qu'elle mette en danger sa carrière, ça me paraît insensé.

Juliette : Ça va de soi. Hortense a toujours rué dans les brancards*. Rebelle, elle avait déjà renoncé à ses études de maths, **au grand dam de** ses parents. C'était une adolescente qui adorait **prendre le contrepied des** adultes…

5 Un père compréhensif ?

Apolline : Papa est furieux contre moi.

Tanguy : Où vas-tu chercher ça ? Ton père te soutiendra, au contraire. Il est **sur la même longueur d'ondes** que toi en ce qui concerne tes études.

Apolline : Ah oui, **tu crois ça ?** Pourtant, il n'a pas arrêté de me critiquer. Il ne m'aime pas, je le sais.

Tanguy : Comment peux-tu dire une chose pareille ? À tort ou à raison, il s'inquiète pour toi, **sans non plus** vouloir t'influencer, ce qui est plutôt sain.

Apolline : N'empêche* qu'il ne m'a fait aucun commentaire quand je lui ai annoncé que je voulais devenir archéologue.

Tanguy : Avoue que tu t'attendais à une dispute ! **Tu diras ce que tu voudras**, tu as de la chance d'avoir un père si compréhensif.

Grammaire

Subjonctif en début de phrase

- Que ce **soit** une bonne idée, je l'admets.
- Qu'elle **ne puisse pas** venir, j'**en** doute.
- Qu'il **veuille** s'en aller, soit !
- Qu'ils **n'aient pas pu** venir, c'est dommage.

Vocabulaire

L'opposition

- Faire la politique du pire (= *choisir la pire solution*)
- Mettre en danger
- Ruer dans les brancards* (= *se rebeller*)
- Se tirer une balle dans le pied* (= *se créer des obstacles*)
- Prendre le contrepied de ≠ être sur la même longueur d'ondes que

---

Manières de dire

- Vous prêchez un(e) convaincu(e) = je ne te/vous le fais pas dire !
- Qu'il ne puisse pas venir, je le comprends. (Il) n'empêche* que c'est contrariant.
- Où vas-tu chercher ça ? = tu crois ça ? = comment peux-tu dire une chose pareille ?
- Au grand dam de (= *au regret scandalisé de*)
- Tu diras ce que tu voudras…
- Cela va de soi = incontestablement.
- Avoue que…
- Je ne vois pas en quoi…
- À tort ou à raison… sans non plus…

1 Grammaire. **Constituez une seule phrase en commençant par la partie soulignée et faites les modifications nécessaires.**

1. Je reconnais <u>qu'il s'agit d'une bonne idée</u>. _____

2. Nous sommes convaincus <u>qu'elle n'a rien vu</u>. _____

3. C'est bizarre, <u>elles ne se sont rendu compte de rien</u>. _____

4. <u>Elle ne sait pas le faire</u>, cela ne te paraît pas étrange ? _____

5. Elle ne nie pas <u>que le rendez-vous s'est mal passé</u>. _____

6. J'avoue <u>que je prends le contrepied de mes collègues</u>. _____

2 Vocabulaire et communication. **Complétez par les termes manquants.**

1. Vous _____ une convaincue !

2. Comment pouvez-vous dire une _____ ?

3. À _____ ou à _____ , Thibaut se sent rejeté.

4. Mon chef et moi, nous sommes sur la même _____ , nous sommes d'accord.

5. Basile a tendance à faire la politique du _____ , c'est dommage.

6. Félix est devenu violoncelliste, au _____ de ses parents qui l'imaginaient banquier.

3 Communication. **Complétez librement ces mini-dialogues.**

1. _____

– Mais où vas-tu chercher ça ?

2. _____

– Vous prêchez un(e) convaincu(e) !

3. _____

– C'est ce qui s'appelle se tirer une balle dans le pied*.

4. _____

– Vous croyez ça ?

5. _____

– Je ne te le fais pas dire !

6. _____

– Comment pouvez-vous dire une chose pareille ?

4 À vous ! **Répondez librement et de manière développée aux questions suivantes.**

1. Avez-vous tendance à ruer dans les brancards* ? Comment ? Pourquoi ?

2. Connaissez-vous des personnes qui font la politique du pire ? De quelle manière ?

3. Politiquement, êtes-vous sur la même longueur d'ondes que vos amis ?

4. Vous est-il arrivé de prendre une décision au grand dam de votre entourage ?

Dire ou ne pas dire ?

1 Rumeur ou réalité ?

Nathan : Tu sais, j'**en ai appris de belles à propos de** Kevin ! **Il paraît qu'**il s'est livré à des malversations dans son entreprise…

Line : Qu'est-ce que tu me chantes* ? Il n'est que stagiaire !

Nathan : En tout cas, **le bruit court qu'**il serait compromis dans une histoire financière louche. C'est Sonia qui m'en **a glissé un mot** l'autre jour.

Line : Ne te fie pas à elle, elle **a toujours colporté des ragots***, c'est odieux. Elle **raconte** généralement **des horreurs* sur** des gens bien. Tu as tort d'**écouter les rumeurs**.

2 Médisance ?

Sonia : Tu ne sais pas la dernière* à propos de Kevin ? Il paraît qu'il a piqué* dans la caisse !

Bertrand : Qu'est-ce que tu me racontes ? Kevin ? **Première nouvelle*** !

Sonia : Si, je t'assure, il aurait volé plusieurs milliers d'euros. **On dit même qu'**il ferait partie d'un réseau et que plusieurs complices auraient été interpellés.

Bertrand : J'admets que ce garçon n'a jamais été net, et qu'il a déjà un casier judiciaire, c'est un secret de Polichinelle. Et pourtant, je n'arrive pas à y croire. Il semblait s'être rangé*.

Sonia : Le patron aurait décidé d'alerter les flics* vendredi dernier.

Bertrand : Nous voilà bien* ! Tu es sûre que ce ne sont pas **des commérages** ? Car moi, je n'aime pas **la médisance**. Cette entreprise se caractérise par les **on-dit**. Les « révélations » s'avèrent souvent de simples **racontars***.

▮ Grammaire

Conditionnel d'incertitude

- Il **serait arrivé** depuis quelques jours.
- Elle **n'aurait pas accepté** cette mission.
- Ce **serait** lui qui **aurait commis** le crime.

▮ Vocabulaire

Les rumeurs

- Colporter des ragots* = des commérages des racontars* = raconter des horreurs*
- Des on-dit = des rumeurs
- La médisance
- Glisser un mot à qqn

Manières de dire

- Il paraît que (+ *indicatif*) = le bruit court que…
- Qu'est-ce que tu me racontes / chantes* ? (= *je ne te crois pas*)
- On dit (même) que…
- J'en apprends de belles sur…
- Tu ne sais pas la dernière* ?
- Première nouvelle* !
- Nous voilà bien* !

Remarques. 1. « Un casier judiciaire » = un document administratif prouvant qu'une personne a commis des actes répréhensibles (délits ou crimes). **2.** « Un secret de Polichinelle » = connu de tous. **3.** « Se ranger* » = devenir respectable après avoir fait de plus ou moins grosses bêtises.

1 Grammaire. **Transformez les phrases de manière à exprimer l'incertitude.**

1. On prétend que la jeune femme a commis des malversations.

_____

2. Il paraît qu'ils se sont intéressés à ce projet immobilier.

_____

3. On dit que ces révélations sont en réalité des ragots*.

_____

4. Apparemment, on s'est rendu compte que cet homme avait un casier judiciaire.

_____

5. On prétend que c'est Carine qui a colporté ces ragots*.

_____

6. Il paraît que ces étudiants ne se sont pas inscrits au cours à temps.

_____

2 Vocabulaire et communication. **Trouvez une autre manière de dire.**

1. Vous n'êtes pas au courant de la dernière nouvelle ? _____

2. J'ai discrètement expliqué la situation à mon collègue. _____

3. On dit que le ministre est en train de divorcer. _____

4. Nous avons découvert des aspects désagréables de nos voisins. _____

5. Quoi ? Je ne crois pas un mot de ce que tu me dis ! _____

3 Vocabulaire et communication. **Quel(s) commentaire(s) pourriez-vous faire dans ces situations ?**

1. Vous découvrez qu'on a décidé de construire une autoroute dans la campagne tout près de chez vous.

_____

2. Vous apprenez avec stupeur que votre voisin si gentil a assassiné deux personnes.

_____

3. On vous dit que le fils du voisin est probablement drogué.

_____

4. La rumeur dit que la fille de votre collègue va avoir des triplés.

_____

5. Il semble qu'une grève de transport ait lieu demain.

_____

4 À vous ! **Amusez-vous à enclencher une rumeur, sur le modèle de la presse à sensation. Vous pouvez bien sûr imaginer un dialogue entre un « témoin » et un(e) journaliste.**

3 Une mise au point 🎧

Armelle : Geoffroy a commencé son exposé par la phrase que nous attendions tous : « Je **parlerai sans ambages**. » D'emblée, il **est entré dans le vif du sujet, sans précautions oratoires**.

Malika : Vu qu'il a tendance à être assez **cassant**, pour ne pas dire **tranchant**, ça n'a pas dû être triste…

Julien : Je ne te le fais pas dire ! Il a tout de suite **annoncé la couleur*** en déclarant, **je cite** : « le projet souffre de diverses incohérences, ce qui risque de nous mener à la catastrophe ».

Armelle : Il **n'a pas mâché* ses mots**. J'ai même cru qu'il allait **dire ses quatre vérités** à Aurélie. **Sur un ton péremptoire**, il lui a **carrément*** dit qu'elle devait changer de stratégie.

Julien : Toute l'équipe attendait qu'il **remette les pendules à l'heure***. La mise au point était nécessaire, d'ailleurs, après toutes les dérives de ces dernières semaines…

Malika : Je n'ai pas besoin de vous dire que tout cela sera abondamment commenté…

4 Histoires de famille 🎧

Virginie : Si j'ai bien compris, Henri **a retracé** toute l'histoire de sa famille ?

Elsa : Disons qu'il **a raconté en long et en large** les moindres anecdotes sur la grand-tante machin* et le cousin truc*… Il est **intarissable sur** la généalogie, mais je me demande parfois si ce n'est pas du **baratin***.

Virginie : Ce n'est pas impossible, car s'il **rabâche** souvent les mêmes histoires, j'ai remarqué qu'il **ne s'étalait* pas** sur la branche maternelle de la famille. Quelques sombres secrets, probablement…

▮▮ Vocabulaire

La parole franche

- Parler sur un ton péremptoire = être cassant = être tranchant
- Parler carrément* = ne pas mâcher* ses mots
- Dire ses quatre vérités à qqn
- Remettre les pendules à l'heure* = faire une mise au point

——— *Manières de dire* ———

- Je parlerai sans ambages / sans précautions oratoires = j'annonce la couleur*.
- Je rabâche (= *je répète continuellement*)
- Je suis entré(e) dans le vif du sujet.
- Je cite.
- Je n'ai pas besoin de dire que…
- J'ai raconté en long et en large = je suis intarissable sur ≠ je ne me suis pas étalé(e)*.
- J'ai retracé…

Remarque. Le « baratin* » = des paroles abondantes, mais non fondées intellectuellement.

A C T I V I T É S

1 Vocabulaire et communication. **Complétez par les termes manquants.**

1. Il faudrait que vous _____ les pendules à l'heure* !

2. Je n'aimerais pas qu'on me _____ mes quatre _____ en public.

3. Renaud a abordé le sujet sans _____ , sans détours.

4. Laurent a tout de suite annoncé _____*.

5. Daphné _____* ses mots, elle parle franchement.

6. Vincent adore parler de ce sujet, il est _____ sur ce sujet.

7. Mélanie est autoritaire, elle parle sur _____ .

2 Vocabulaire et communication. **Trouvez une autre manière de dire.**

1. L'oncle Gaston <u>répète</u> tout le temps les mêmes histoires ! _____

2. Le professeur <u>a tout de suite abordé le sujet important</u>. _____

3. Léo a raconté son voyage <u>pendant des heures et en détail</u>. _____

4. Frédéric a dû <u>faire une mise au point</u> avec ses enfants. _____

5. Ce spécialiste <u>parle beaucoup et avec passion de</u> ce sujet. _____

6. Laure a <u>clairement et durement</u> répondu à Oscar que c'était impossible. _____

3 Communication. **Répondez librement aux questions.**

1. Agnès a parlé avec diplomatie ?

– Oh non, au contraire, _____

2. Louis a répondu de manière autoritaire ?

– Oui, _____

3. La vieille dame raconte les mêmes anecdotes ?

– Oui, _____

4. Charline a pris du temps pour aborder le sujet ?

– Non, au contraire, _____

5. Raphaël a expliqué franchement à Bertrand ce qui n'allait pas ?

– Oui, _____

6. Lætitia a beaucoup parlé de ses problèmes conjugaux ?

– Non, au contraire, _____

4 À vous ! **Répondez librement et de manière développée aux questions.**

1. Êtes-vous intarissable sur un sujet particulier ? Lequel ? Pourquoi ?

2. Sur quel(s) sujet(s), au contraire, auriez-vous tendance à ne pas vous étaler ?

3. Vous arrive-t-il de dire ses quatre vérités à quelqu'un ?

4. Avez-vous tendance à répondre de manière cassante ?

5. Êtes-vous parfois obligé(e) de rabâcher quelque chose ? Dans quel contexte ?

5 Des confidences 🎧

Frédéric : Je te dis ça **en confidence**, **sous le sceau du secret**, mais bien entendu, **garde tout cela pour toi** ! Je ne veux pas que ce genre d'information **s'ébruite**. **Reste discret** !

Antoine : Je te rassure, tu peux me **confier tes secrets, cela restera entre nous. Cela ne sortira pas d'ici**. Je suis habitué aux informations **confidentielles**, ne te fais pas de souci.

(Plus tard)

Sami : C'est bizarre, je m'attendais à ce que Frédéric fasse allusion à sa nouvelle nomination, mais il **n'a pas ouvert** la bouche de la réunion. Il est difficile de faire plus **taciturne**, je ne sais pas ce qu'il a en ce moment.

Patricia : Au poste qu'il occupe, j'imagine qu'il a intérêt à **fermer sa gueule*** ! J'ai déjà remarqué que de nombreux cadres **passaient** un certain nombre de choses **sous silence**. Que veux-tu, on ne **divulgue** pas les secrets de l'entreprise !

Sami : Cela me fait penser que lorsque je lui ai demandé s'il participerait au nouveau projet, il **ne s'est pas étendu sur** le sujet. Il a donné une réponse plutôt **évasive** et il **n'a fait aucune allusion à** une éventuelle participation de Julien. Il a juste dit **en passant** que Julien était intéressé.

Patricia : À ce propos, je sais qu'une réunion en haut lieu s'est passée avant-hier, mais **rien n'a filtré**. Il n'y a eu qu'un communiqué **laconique** de la direction, et mon chef, par exemple, **est resté muet sur** le sujet. Quand je lui ai posé la question, il **a noyé le poisson***.

Sami : Cela ne m'étonne pas. Souviens-toi, il **ne s'était pas vanté de** son éviction de l'autre projet !

▊▊▊ Vocabulaire

Se taire

- Être taciturne = ne pas ouvrir la bouche = rester muet sur = fermer sa gueule* *(argot)* (= *se taire*)
- Faire une réponse évasive (≠ claire) = noyer le poisson *(familier)*
- Dire quelque chose en passant (= *sans s'y arrêter*)
- Ne pas s'étendre sur…
- Ne pas se vanter de (= *rester discret parce qu'on a honte de qch*)
- Passer qch sous silence = rester discret = ne faire aucune allusion à…

━━━ Manières de dire ━━━

- Je te le dis en confidence = je te confie ce secret < je te le confie sous le sceau du secret.
- Garde cette information pour toi = reste discret (-ète) = cela reste entre nous = cela ne sortira pas d'ici.
- J'ai fait une réponse laconique (= *brève et sèche*).
- Je crains que cette information ne s'ébruite ≠ rien n'a filtré de…
- Je divulgue (= révèle) un secret.

A C T I V I T É S

1 Compréhension. **Les phrases suivantes sont-elles de sens équivalent ?**

1. Ne divulguez pas cette information = ne vous vantez pas de cette information.

2. La réponse était évasive = elle était laconique.

3. L'information s'est ébruitée = elle est restée confidentielle.

4. Mon collègue est resté muet = il a fermé sa gueule*.

5. Elle a mentionné son divorce en passant = elle ne s'est pas étendue sur son divorce.

2 Vocabulaire. **Complétez par les termes manquants.**

1. Frank m'a confié cela sous _____ du secret.

2. Océane ne s'est pas _____ de son échec, dont elle n'est pas fière.

3. Valérie était assez _____ , elle n'a pas ouvert _____ de la soirée.

4. Rien n'a _____ de la réunion des chefs d'État.

5. Le ministre n'a fait aucune _____ à l'accord qui doit être conclu.

6. _____ cela pour vous, cette information ne doit en aucun cas _____ .

3 Vocabulaire et communication. **Trouvez une autre manière de dire.**

1. Tristan n'est pas fier de son échec. _____

2. Angélique a caché certains aspects de la question. _____

3. Virginie a expliqué sa situation dans le secret le plus total. _____

4. Cette information confidentielle ne doit pas être révélée. _____

5. Le ministre a répondu très brièvement à la question du journaliste. _____

4 Communication. **Complétez librement les mini-dialogues.**

1. Je peux te faire une confidence ?

– _____

2. Noémie a fait allusion à son futur mariage ?

– _____

3. Maud a clarifié sa position quant à la stratégie de l'entreprise ?

– _____

4. Ludovic est intervenu pendant la réunion ?

– _____

5 À vous ! **Répondez librement et de manière développée aux questions suivantes.**

1. Vous est-il arrivé de ne pas vous vanter de quelque chose ?

2. Dans quelles situations pourriez-vous « noyer le poisson » alors qu'on attend que vous parliez ?

3. Vous confie-t-on facilement des secrets ?

4. Avez-vous eu accès à des informations confidentielles ?

5. Vous arrive-t-il de faire des réponses laconiques ?

19 Réagir, commenter

1 Ça ne va pas, la tête ? 🎧

Charlotte : Attention, vous avez failli me renverser ! **Ça ne va pas, non*** ?

Le cycliste : Je ne vous ai même pas touché(e) !

Charlotte : Encore heureux* ! *(in petto)* « **Y en a** »*, **je te jure** ! Mais il continue ! Il est fou **ou quoi** ? **On n'a pas idée de** rouler à cette vitesse !

Le cycliste : Vous ne pouvez pas faire attention !

Marcel : N'importe quoi* ! Comment peut-on être aussi grossier ?

Charlotte : On aura tout vu* ! C'est lui qui conduit comme un fou et il s'en prend aux autres. **En voilà des manières*** !

Marcel : Oui, **ça se passe de commentaires**… Je sais bien qu'il faut de tout pour faire un monde, mais tout de même…

2 Un incompris 🎧

La mère : Tu veux de l'argent de poche, tu veux ta liberté, tu ne veux pas travailler, **et puis quoi, encore*** ?

Noé : Si, je veux bien travailler, mais…

La mère : Qu'à cela ne tienne ! Justement, ton oncle a besoin d'aide pour les vendanges. Ça tombe bien, tu pourrais te faire de l'argent de poche.

Noé : Oh là là, non, mais c'est trop dur, ça…

La mère : Ça, c'est la meilleure* ! Tu ne peux pas te remuer, **un peu*** ?

Noé : Maman, **tu exagères** ! Au fait, tu peux me donner des sous* pour m'acheter un nouveau téléphone ?

La mère : Alors, ça*, mon chéri, **tu peux toujours courir*** !

▬ Vocabulaire

Les réactions *(expressions familières)*

- On aura tout vu ! = Il y en a, je te jure !
- Et puis quoi, encore ?
- N'importe quoi ! = On n'a pas idée de (+ *infinitif*)
- Ça se passe de commentaires = Ça, c'est la meilleure !
- En voilà, des manières !
- Ça ne va pas, la tête ? = Ça ne va pas, non ? (= *vous êtes fou !*)

▬ Manières de dire ▬

- Ou quoi* ?
- Qu'à cela ne tienne ! *(expression de l'accord)*
- Tu ne peux pas te taire, un peu* ? *(reproche exaspéré)*
- Tu exagères ! Il exagère ! *(expression de l'énervement)*
- Tu peux toujours courir *! *(= il n'en est pas question !)*
- Non* ?
- Justement…
- Encore heureux* !

ACTIVITÉS

1 Vocabulaire et communication. **Complétez par les termes manquants.**

1. Cette situation _____ de commentaires...

2. Il voudrait se marier, garder sa liberté, et puis _____ * ?

3. J'aimerais bien jardiner. — Qu'à cela _____ , il y a du jardinage à faire.

4. Elle me claque la porte au nez, _____ des manières !

5. L'aider alors qu'elle s'est si mal conduite ? Elle peut toujours _____ * !

6. On n'a pas _____ de hurler comme ça !

2 Vocabulaire et communication. **Que diriez-vous dans les situations suivantes ?**

1. Un jeune homme bouscule une vieille dame pour passer le premier.

– _____

2. Une petite fille gâtée se plaint de ne pas recevoir assez de cadeaux.

– _____

3. Un motocycliste roule à toute vitesse dans une petite rue.

– _____

4. L'adolescent reste toute la journée devant son ordinateur.

– _____

5. Une sœur qui a été désagréable avec son frère lui demande de l'aide.

– _____

3 Vocabulaire et communication. **Complétez librement les mini-dialogues suivants.**

1. _____ – Et puis quoi, encore* ?

2. _____ – Il peut toujours courir* !

3. _____ – Ça, c'est la meilleure* !

4. _____ – On aura tout vu !

5. _____ – Qu'à cela ne tienne !

6. _____ – Encore heureux !

4 À vous ! **Décrivez la scène et imaginez les commentaires des uns et des autres.**

3 C'est fichu* !

Emma : Oh là là, j'ai renversé tout le plat par terre…

Marie : Bravo, c'est du joli ! Il est cassé en mille morceaux. C'est papi qui va être content…

Emma : Il faudrait peut-être que j'en rachète un autre ?

Marie : Oui, **c'est la moindre des choses**.

(Plus tard)

Marie : Emma était vraiment dans tous ses états, tu sais.

Papi : Grand bien lui fasse ! De toute façon, elle a toujours été aussi maladroite que négligente. **Passons**…

Marie : Je t'assure qu'elle ne l'a vraiment pas fait exprès.

Papi : Et après ? Toujours est-il que j'ai perdu mon beau plat… Bon, je ne vais pas me lamenter.

4 Bien joué…

Éric : Rien qu'à l'entendre, on voit que Brice ne cherche qu'à se faire valoir.

Damien : Oui. Hier, il est sorti de son entrevue avec le ministre **sans faire de commentaire**.

Éric : Qu'est-ce que je te disais ? Il crée un incident, se plaint auprès du ministre et joue à la victime tout en se faisant mousser*. **Conclusion**, c'est nous qui trinquons*. **CQFD***.

Damien : Il est vrai que ce n'est pas la joie, dans ce service… L'autre jour, le ministre est arrivé **à l'improviste**, ce qui **a pris** tout le monde **au dépourvu**. Il a demandé à Nora où en était le rapport. **Prise de court**, elle lui a répondu que Brice n'avait toujours pas fait sa part.

Éric : Bien joué, Nora !

Damien : Ça lui est sorti* comme ça, **sans réfléchir**.

Vocabulaire

Les contrariétés

- Se faire valoir = se faire mousser*
- Se plaindre auprès de = se lamenter
- Jouer à la victime

- Être dans tous ses états (= *être consterné*)
- Trinquer* (= souffrir, *ironique*)

Manières de dire

- Bravo, c'est du joli ! = c'est du beau ! (= *mes compliments*) (*ironique*)
- Grand bien lui fasse ! (= *je m'en fiche*) = Et après ?
- Toujours est-il que…
- Qu'est-ce que je te disais ? (= *Tu vois ?*)
- Il/elle est arrivé(e) à l'improviste.
- Il/elle a été pris(e) de court = au dépourvu.
- Bien joué !

- C'est la moindre des choses.
- Conclusion,…
- Passons !
- Ça m'est sorti comme ça, sans réfléchir.
- Rien qu'à vous entendre, je comprends que…

Remarque de vocabulaire. « CQFD » : terme de mathématiques pour finir une démonstration. Dans la langue familière : commentaire désabusé pour décrire une évidence.

A C T I V I T É S

1 Vocabulaire et communication. **Complétez par les termes manquants.**

1. Cet élève chercher toujours à se faire _____ auprès des professeurs.

2. Après avoir appris son licenciement, la jeune femme était dans _____.

3. _____ qu'à les entendre, je perçois leur colère.

4. Quand les parents se déchirent, ce sont les enfants qui _____*.

5. Mon collègue odieux a eu une promotion ? Grand _____ !

2 Vocabulaire et communication. **Trouvez une autre manière de dire.**

1. Tu as jeté ce document important ? <u>Mes compliments</u> ! _____

2. Manuel est arrivé <u>sans prévenir</u>. _____

3. Elles partent en vacances ? <u>Je m'en fiche complètement !</u> _____

4. Il a été pris <u>de court</u> et n'a pas su comment réagir. _____

5. C'est <u>le minimum à faire</u> ! _____

6. <u>J'ai fait cette réponse spontanément.</u> _____

3 Communication. **Complétez librement les mini-dialogues suivants.**

1. _____
– C'est la moindre des choses !

2. _____
– Qu'est-ce que je vous disais ?

3. _____
– CQFD !

4. _____
– Et après ?

5. _____
– Eh bien oui, ça m'est sorti* comme ça, sans réfléchir !

6. _____
– Grand bien leur fasse !

7. _____
– Cela ne m'étonne pas, elle a toujours cherché à se faire mousser*.

4 À vous ! **Répondez librement et de manière développée aux questions suivantes.**

1. Comment réagissez-vous lorsque vous êtes pris(e) au dépourvu ?

2. Arrive-t-il que des réponses vous sortent* comme ça, sans réfléchir ?

3. Qu'est-ce qui pourrait vous mettre dans tous vos états ?

4. Connaissez-vous des personnes qui jouent les victimes ? De quelle manière ?

5 De mauvaises nouvelles... 🎧

Marc : Tu sais que Jean-Loup est tombé très gravement malade ? On lui a découvert une tumeur très rare...

Valentine : Mon Dieu, quelle horreur ! Il est encore si jeune ! **C'est la loi des séries, ma parole** ! **Déjà**, il avait vécu un grand malheur il y a deux ans...

Marc : Oui, **c'est un vrai cauchemar**. Lui et sa femme **vivent un enfer**, je ne sais pas comment ils tiennent le coup*. Ils encaissent* sans se plaindre, c'est admirable. **Quand tu penses à** ceux qui font un drame de la plus petite contrariété...

Valentine : Oui, **cela relativise les choses**. Le fait qu'ils soient tous les deux très dynamiques doit les aider.

Marc : Certainement. Cela explique aussi qu'ils se soient rapprochés de leurs parents.

Valentine : Espérons que Jean-Loup s'en sorte... Je vais lui envoyer un mot ce soir.

6 Soutien amical

Mon cher Jean-Loup,
J'ai appris les mauvaises nouvelles concernant ta santé. **Je te souhaite** beaucoup de courage dans cette épreuve (et je sais que tu en as). Je suis convaincue que tu auras toute l'énergie requise pour te battre contre cette sale maladie. Tu **peux compter sur** le soutien sans faille de tes amis, dont moi. Je **comprends aussi que** tu es dans d'excellentes mains (le service où tu es soigné est considéré comme l'un des meilleurs d'Europe). Je viendrai te voir bien volontiers, mais **c'est à toi de me dire** si tu le souhaites ou non.
Je t'embrasse affectueusement,
Valentine.

Grammaire

Impératif + subjonctif ?

- Espérons que (+ *subjonctif*)
- Comprendre que
(+ *subjonctif si c'est subjectif,
ou + indicatif si c'est objectif*)
- Le fait que (+ *subjonctif ou indicatif*)

Vocabulaire

Les épreuves

- Tomber gravement malade
- Vivre une (dure) épreuve < un cauchemar, un enfer
- Vivre un grand malheur (= *perdre un être cher*)
- Faire un drame de (*ironique*)
- Tenir le coup* = encaisser* (= *résister à un malheur*)

Manières de dire

- Mon Dieu, quelle horreur !
- Quand on pense / tu penses / vous pensez à... (= *si on compare avec...*)
- Espérons que... (+ *subjonctif*)
- ... ma parole !
- Vous pouvez compter sur...
- Je te/vous souhaite...
- C'est la loi des séries !
- J'ai appris... Je comprends que...
- C'est à toi/vous de me/nous dire.
- Cela relativise les choses.

1 Grammaire et communication. **Complétez par un verbe logique au temps et au mode appropriés.**

1. Je comprends que tu _____ dans tous tes états !

2. Le fait qu'elle _____ une épreuve difficile ne facilite pas les choses.

3. Espérons que vous _____ le coup*, après ce choc.

4. Nous comprenons que le directeur _____ de nombreux rendez-vous.

5. Le fait que le 14 juillet _____ en été pousse les gens à passer la journée dehors.

2 Vocabulaire et communication. **Complétez par les termes manquants.**

1. Ces réfugiés fuyant leur pays en guerre vivent un _____.

2. Dominique a du courage, elle _____ le coup* dans les _____.

3. Le vieux monsieur fait _____ d'un incident sans importance.

4. Quand on _____ à ces situations si difficiles, cela _____ les choses !

5. Pourquoi donc a-t-elle agi ainsi ? Elle perd la tête, ma _____ !

6. Tu peux _____ sur moi, je t'aiderai dès que tu en auras besoin.

3 Vocabulaire et communication. **Commentez ce que vivent ces personnes.**

1. Marie-Claude a été licenciée un an après avoir perdu son mari.

_____

2. Adèle a montré beaucoup de courage dans cette épreuve.

_____

3. En mai, Barbara est tombée de cheval. Deux mois plus tard, son mari s'est cassé le poignet. Et son fils vient juste de se tordre la cheville !

_____

4. Hubert a dû annuler ses vacances parce qu'il avait la grippe et on dirait qu'il vit une catastrophe.

_____

5. Moi qui me plaignais d'avoir mal au dos, je me suis senti assez honteux en voyant cette jeune fille paralysée après un accident de voiture !

_____

4 Communication. **Complétez librement les phrases suivantes.**

1. J'ai appris _____

2. Quand on pense _____

3. Je te souhaite _____

4. Espérons que _____

5. Nous comprenons que _____

5 À vous ! **Vous devez écrire un message de soutien à un(e) ami(e) qui traverse une dure épreuve. Faites-le sans éluder la difficulté vécue, tout en restant optimiste.**

Parler d'un projet

1 De quoi s'agit-il ? 🎧

Serge : Pouvez-vous **me donner un aperçu** de l'état d'avancement du projet ?

Cédric : D'abord, il faut savoir qu'il s'agit d'un projet à relativement long terme, que nous **mettons en œuvre** depuis plusieurs mois. Il implique de nombreuses étapes.

Serge : Comment **avez-vous procédé** ?

Cédric : Nous sommes en train de réunir une équipe performante et soudée qui, je l'espère, nous permettra d'**aboutir à** des résultats concluants à plus ou moins brève échéance. Tout cela **est en bonne voie**.

Serge : Est-ce le même genre de **dispositif** que celui que vous aviez **mis en place** l'année dernière ?

Cédric : À peu de chose près, oui, c'est du même ordre.

2 Ça avance ? 🎧

Juliette : Alors, pour le dossier Gautier, **on en est où*** ? **Ça avance** ?

Cédric : Eh bien, **ça commence à prendre tournure**. J'ai repris la plupart des éléments qu'on m'a communiqués et la demande de budget **est en passe d'**être acceptée.

Manon : Depuis le temps que ce projet **est dans les tuyaux***, je me demande si on en verra le bout.

Cédric : Mais oui ! Je sais que Christian a tendance à tirer des plans sur la comète, mais cette fois-ci, nous avons bon espoir de finaliser le document d'ici la fin du mois.

Juliette : Et le processus d'embauche d'un nouvel ingénieur, **ça en est où*** ?

Manon : Pour l'instant, **c'est au point mort**, mais je vais **relancer** Christian à ce sujet.

Vocabulaire

Les étapes d'un projet

- Mettre en œuvre un projet à court/moyen/long terme
- Mettre en place un dispositif
- Un processus
- Aboutir à des résultats concluants
- Finaliser un document
- Relancer qqn
- Les éléments d'un dossier
- Une étape

Manières de dire

- Pouvez-vous nous donner un aperçu (de)… ?
- Ça en est où* ? = Quel est l'état d'avancement ?
- Ça avance ? = Ça prend tournure ?
- Le projet est dans les tuyaux* = être en bonne voie ≠ être au point mort.
- Nous sommes en passe de… (= *sur le point de*)
- Comment avez-vous procédé ?

Remarque de vocabulaire. « Tirer des plans sur la comète » = « construire des châteaux en Espagne » = avoir des projets irréalistes.

1   Vocabulaire et communication. **Choisissez le ou les terme(s) possible(s).**

1. Malheureusement, notre projet est en bonne voie au point mort en passe .

2. Donnez-moi un dispositif document aperçu du projet.

3. Votre étude en est où prend tournure finalise ?

4. Ils ont mis en œuvre passe place un nouveau dispositif.

5. Nous devons aboutir relancer procéder nos partenaires.

2   Vocabulaire. **Complétez par les termes manquants.**

1. Notre grand projet commence à prendre _____ , nous en sommes contents.

2. Ils ne savent pas comment nous avons _____ pour parvenir à ce résultat.

3. Thérèse semble avoir négligé notre dossier, je vais la _____ .

4. J'aimerais qu'on me donne un _____ de la situation

5. Les autorités _____ en œuvre tous les moyens nécessaires.

6. Mon chef a tendance à _____ des plans sur la _____ .

3   Vocabulaire et communication. **Trouvez une autre manière de dire.**

1. Quel est l'état d'avancement du projet ? _____

2. Le projet est en bonne voie. _____

3. Ils arriveront à un bon résultat. _____

4. Nous n'avons pas avancé sur ce dossier. _____

5. Elle nous a donné une première idée du projet. _____

4   Communication. **Complétez librement ces mini-dialogues.**

1. _____

– C'est en bonne voie.

2. _____

– Oui, je suis en passe d'obtenir un accord.

3. _____

– Vous savez, il s'agit d'un projet à très long terme, et qui comprend plusieurs étapes.

4. _____

– Oui, nous avons bon espoir de finaliser ce rapport d'ici la fin de la semaine.

5. _____

– Non, malheureusement, tout est au point mort.

6. _____

– À peu près le même dispositif que la dernière fois.

5   À VOUS ! **Avez-vous un projet qui prend tournure ? Lequel ? Comment avez-vous procédé ?**

3 **Il faut s'adapter.** 🎧

Lionel : Avec la mondialisation, nous sommes obligés de **nous adapter aux** nouvelles exigences du marché. Par exemple, en ce qui concerne les produits frais, il a fallu **rectifier le tir***, car nous **avions relevé une nette détérioration** de notre image. Les conditions de distribution **se dégradent**.

Annabelle : Oui, nous **nous acheminons vers** une plus grande uniformisation des goûts. C'est **un processus inéluctable**. Cela va **bousculer nos habitudes**.

Lionel : Si on ne peut pas **changer le cours des choses**, il est cependant important de préserver la qualité des produits.

Annabelle : Certes, il faut la maintenir tout **en revoyant notre stratégie** à moyen terme…

4 **Bonne nouvelle !** 🎧

Romain : Tu sais que les choses **ont pris un tour** très positif ? Un nouveau contrat a été signé, ce qui va nous permettre de nous développer sur le marché africain. J'espère que nous **repartons vers** une période d'expansion commerciale !

Ariane : C'est une très bonne nouvelle, cela va **renforcer notre positionnement sur** le marché. Je vais envoyer tout de suite un mail à Sonia, comme ça, ce sera fait.

Romain : En tout cas, ce contrat va **faire avancer les choses**. Ces derniers mois, tout **était resté en plan***, on **n'avait pas avancé d'un pouce*** du point de vue de la stratégie commerciale. Je suis très soulagé de ce **nouveau tournant**.

Vocabulaire

Le marché
- La mondialisation
- Les exigences du marché
- Les conditions de distribution
- L'uniformisation des goûts
- L'expansion (≠ la récession) commerciale
- Le renforcement d'une position
- Le positionnement sur un marché
- La stratégie commerciale

Manières de dire

- Il va falloir s'adapter = il va falloir bousculer nos habitudes.
- Nous devons rectifier le tir* / revoir notre stratégie / renforcer notre positionnement.
- Nous avons relevé une (certaine < nette) détérioration de…
- Tout se dégrade = se détériore ≠ s'améliore → la dégradation = la détérioration ≠ l'amélioration
- Il s'agit d'un processus inéluctable (= *inévitable*).
- Pouvons-nous changer le cours des choses ?
- Le projet a pris un tour positif / un nouveau tournant. Nous repartons vers une nouvelle période.
- Tout est resté en plan* = ça n'a pas avancé d'un pouce* ≠ nous devons faire avancer les choses.
- Nous nous acheminons vers… (= *nous allons vers*)

1 Vocabulaire et communication. **Complétez par les termes manquants.**

1. Notre entreprise doit s'adapter aux _____ du marché.

2. Malheureusement, ce projet était resté en _____*.

3. Il est toujours difficile de _____ nos habitudes.

4. La situation ne s'est pas améliorée, au contraire elle _____.

5. Notre positionnement sur ce marché est trop faible, nous devons le _____.

6. L'entreprise a été obligée de rectifier _____* après de nombreuses plaintes de clients.

2 Vocabulaire et communication. **Trouvez une autre manière de dire.**

1. Il s'agit d'un processus <u>inévitable</u>. _____

2. Nous nous réjouissons de <u>cette nouvelle étape</u>. _____

3. L'entreprise <u>va</u> vers une réorganisation d'ensemble. _____

4. Le projet <u>est resté en l'état</u>. _____

5. Malheureusement, la situation de l'entreprise <u>a empiré</u>. _____

6. Je ne vois pas comment changer <u>le déroulement</u> des choses. _____

7. J'ai <u>trouvé</u> de nombreuses erreurs dans ce document. _____

3 Vocabulaire et communication. **Complétez librement les mini-dialogues suivants.**

1. _____
— Oui, il va falloir rectifier le tir* !

2. _____
— Malheureusement, il n'a pas avancé d'un pouce*.

3. _____
— Que voulez-vous, c'est un processus inéluctable !

4. _____
— Oui, je reconnais qu'il n'est pas facile de bousculer ses habitudes.

5. _____
— Oui, ils ont été obligés de revoir leur stratégie.

6. _____
— Effectivement, il s'agit d'un nouveau tournant dans notre stratégie.

4 À vous ! **Répondez librement et de manière développée aux questions suivantes.**

1. Observez-vous dans votre pays des évolutions économiques ou sociales apparemment inéluctables ?

2. À un certain moment, votre vie a-t-elle pris un nouveau tournant ?

3. La mondialisation a-t-elle changé le cours des choses dans votre pays ?

4. Vers quelle évolution politique votre pays s'achemine-t-il ?

21 | Évaluer un travail

1 C'est ni fait ni à faire !

Anne : Tu as vu le rapport de Denis ? **C'est n'importe quoi, c'est ni fait ni à faire**.

Bastien : Il est coutumier du fait. Selon lui, ce genre de travail est une corvée et il **bâcle** ses rapports.

Anne : Ça se sent ! Non seulement **c'est du travail d'amateur**, mais c'est **incohérent** et **mal écrit**. Son plan **ne tient pas debout**. On ne peut pas envoyer un document aussi **indigent** à nos partenaires. Ça pourrait même compromettre la poursuite du projet.

Bastien : À ce point-là ? Montre, un peu*, que j'y jette un coup d'œil… Tu as raison, **ça n'a ni queue ni tête**. Je me demande comment Denis parvient à conserver son poste.

Anne : Si je comprends bien, il va falloir tout refaire, tout réécrire à sa place ?

2 Un travail moyen

Professeur 1 : Alors, que pensez-vous de ce mémoire ?

Professeur 2 : Ce n'est pas nul, **mais c'est assez superficiel**. L'étudiant **n'a pas assez approfondi** son sujet, qui **mériterait** un traitement plus développé.

Professeur 1 : Ne nous plaignons pas, ce **n'est pas trop mal écrit**.

Professeur 2 : Tout est relatif… J'ai relevé un bon nombre de fautes d'orthographe et de coquilles. À mon avis, cet étudiant **se contente de** peu, hélas.

Professeur 1 : Reconnaissez que son raisonnement n'est pas stupide et que l'**on comprend où il veut en venir**.

Professeur 2 : Je vous le concède. **Ce n'est pas d'une grande originalité**, mais soyons indulgents, ça **a** au moins **le mérite d'**être clair.

Grammaire

Impératif

- Ne nous plaignons pas.
- Reconnaissez que…
- Soyons indulgents.
- Ne t'assieds pas ici.

Vocabulaire

Le travail universitaire

- Un rapport
- Un mémoire (= *un document universitaire*)
- Une faute d'orthographe, de grammaire
- Une coquille = une faute de frappe
- Une corvée (= *un travail pénible*)

Manières de dire

- C'est n'importe quoi ! = C'est ni fait, ni à faire ! = C'est indigent
- Ce n'est pas d'une grande originalité.
- C'est du travail d'amateur.
- Ce n'est pas nul, mais…
- Ça ne tient pas debout* = ça n'a ni queue ni tête* = c'est incohérent ≠ on comprend où vous voulez en venir ; ça a le mérite d'être clair.
- Le travail est bâclé.
- C'est superficiel = pas assez approfondi.
- C'est mal écrit.
- Il/elle se contente de…

1 Vocabulaire et communication. **Transformez à l'impératif.**

1. <u>Nous ne devons pas craindre</u> l'adversité. _____

2. <u>Tu dois être</u> un peu plus indulgent ! _____

3. <u>Tu ne dois pas te sentir</u> coupable. _____

4. <u>Vous devez vous rendre</u> compte de la gravité de la situation. _____

5. <u>Nous devons avoir</u> l'honnêteté de reconnaître nos erreurs. _____

2 Vocabulaire. **Complétez par les termes manquants.**

1. Les étudiants doivent écrire un _____ de 50 pages environ.

2. J'ai fait une _____ : j'ai mis trois « s » à « assez ».

3. Véronique a fait une _____ : elle a écrit « indigent » avec un « a ».

4. L'étudiant a fait une _____ , il n'a pas mis le subjonctif après « il faut que ».

5. Rédiger ce texte est _____ , c'est pénible et ennuyeux.

3 Vocabulaire et communication. **Trouvez une autre manière de dire.**

1. Le discours de cet homme <u>était complètement incohérent</u>. _____

2. L'étude <u>n'est pas très approfondie</u>. _____

3. L'auteur de cet article <u>a fait le minimum</u>. _____

4. <u>Ce n'est pas du travail professionnel.</u> _____

5. L'article a été <u>écrit vite et mal</u>. _____

4 Vocabulaire et communication. **Quel(s) commentaire(s) pourriez-vous faire pour chacune des situations suivantes ?**

1. Le mur de votre salle à manger a été mal peint par quelqu'un qui se prétendait professionnel.

_____

2. Vous lisez un article de journal assez banal mais facile à comprendre.

_____

3. Vous recevez un mail avec des fautes d'orthographe et des phrases incompréhensibles.

_____

4. Vous essayez de comprendre les arguments farfelus que votre fils vous soumet.

_____

5. Vous lisez un article qui répète ce que tout le monde sait déjà.

_____

5 À vous ! **Répondez librement et de manière développée aux questions suivantes.**

1. Avez-vous récemment lu un texte qui ne tenait pas debout* ? De quelle manière ?

2. Vous est-il arrivé de rendre un travail écrit qui n'était pas assez approfondi ? Pourquoi ?

3 Que d'éloges !

René Schneider : Avez-vous lu la thèse de notre étudiante, Manon Chevalier ? C'est **un travail remarquable**, tant par la qualité des résultats que celle de la rédaction.

Camille : Eh bien, ce n'est pas tous les jours que vous **jetez des fleurs* à** quelqu'un !

(Plus tard)

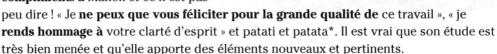

Camille : René Schneider **n'a fait que des compliments à** Manon et ce n'est pas peu dire ! « Je **ne peux que vous féliciter pour la grande qualité de** ce travail », « je **rends hommage à** votre clarté d'esprit » et patati et patata*. Il est vrai que son étude est très bien menée et qu'elle apporte des éléments nouveaux et pertinents.

Daniel : Bref, **un concert de louanges** !

Camille : Tout à fait, Schneider **ne tarissait pas d'éloges sur** Manon, mais elle avait l'air incrédule. Elle ne s'attendait visiblement pas à ce que les jurés soient tellement **dithyrambiques**.

Un étudiant : Tu as entendu ? Schneider **t'a encensée** ! Il est vrai que tu l'as fignolée*, cette thèse. Au bout d'années de travail et d'innombrables corrections, tu **as atteint la perfection**…

Manon : Arrête ! *(Rires)* C'est sûr, ce sujet n'était pas de la gnognote* et je suis bien contente que ce soit fini. Mais je n'imaginais pas recevoir de tels compliments.

Un étudiant : C'est tout à ton honneur. Tu es trop modeste !

Manon : Modeste peut-être, épuisée, c'est certain. Je ne tiens plus debout.

Un étudiant : Vive les vacances ! En tout cas, **je te tire mon chapeau**.

▨ Vocabulaire

Qualités d'un travail

- Fignoler* (= *soigner très minutieusement*)
- Atteindre la perfection
- La clarté d'esprit
- La qualité des résultats
- La qualité de la rédaction
- Des éléments nouveaux et pertinents.
- Une étude bien menée

Manières de dire

- C'est un travail remarquable / de grande qualité.
- C'est un concert de louanges.
- Je rends hommage à qqn = je tire mon chapeau* à qqn
- Je jette des fleurs à = je n'ai fait que des compliments = je félicite qqn
- Il/elle est dithyrambique sur… = il/elle ne tarit pas d'éloges sur = il/elle encense…
- C'est tout à ton/son/votre honneur (*de + infinitif*) (= *vous pouvez en être fier*).

> **Remarque de vocabulaire.** « De la gnognote* » = sans grande valeur, facile à faire, négligeable.

Opinions

1 Vocabulaire et communication. **Complétez par les termes manquants.**

1. Nous souhaitons _____ hommage à ce grand écrivain récemment disparu.

2. Le professeur ne _____ pas d'éloges sur ce travail.

3. Je vous _____ mon chapeau !

4. Elle n'arrête pas de nous _____ des fleurs.

5. Il est difficile d'_____ la perfection, même si on _____ le moindre détail.

2 Vocabulaire et communication. **Trouvez une autre manière de dire.**

1. Faire un bon repas pour 20 personnes n'est pas <u>très facile à faire</u>. _____

2. Claire <u>soigne méticuleusement le plus petit détail de</u> son texte. _____

3. Vincent <u>est en admiration devant</u> Fabien _____

4. Les critiques ont <u>couvert</u> la danseuse étoile <u>de compliments et de flatteries</u>. _____

5. Cet étudiant a reçu <u>des compliments unanimes</u>. _____

6. Le professeur <u>n'arrête pas de faire des compliments à</u> ses étudiants. _____

3 Vocabulaire et communication. **Complétez librement ces mini-dialogues.**

1. _____ – C'est un travail de grande qualité !

2. _____ – C'est tout à son honneur !

3. _____ – Oui, ce n'est pas de la gnognote* !

4. _____ – Ce n'est pas souvent que tu me jettes des fleurs !

5. _____ – Oui, il a même été encensé par le public.

4 Communication. **Finissez librement les phrases suivantes.**

1. Je vous félicite _____

2. Il ne tarit pas d'éloges _____

3. Ils ont tiré leur chapeau* _____

4. On m'a jeté des fleurs _____

5. Elle est dithyrambique _____

6. C'est tout à votre honneur _____

7. Je voudrais rendre hommage _____

5 À vous ! **Répondez librement et de manière développée aux questions suivantes.**

1. Avez-vous parfois tiré votre chapeau* à quelqu'un ? Dans quel contexte ?

2. Quelqu'un vous a-t-il félicité(e), récemment ? Pourquoi ?

3. Sur qui ou sur quoi pourriez-vous être dithyrambique ?

4. Vous est-il arrivé de rendre un hommage public à quelqu'un ? Dans quelles circonstances ?

22 Préférence, indifférence

1 Quand partir ?

Roland : Tu préfères que nous partions de nuit ?

Clotilde : Ça ne me déplairait pas, mais je redoute un peu la fatigue. **J'aimerais autant que** ce soit tôt le matin, de manière à pouvoir dormir un peu.

Roland : Oui, tu as raison. J'**aurais tendance à** préférer rouler la nuit, parce qu'il y a moins de circulation, mais soyons prudents. Après tout, **ce qui compte**, c'est la sécurité des enfants.

Clotilde : Au fait, Clément et Véro, qu'ont-ils décidé ?

Roland : Je crois qu'ils **ont opté pour** le train. Tu sais que Véro **a un faible pour** les voyages en première classe !

Clotilde : Je me souviens qu'elle rêvait de prendre l'Orient-Express. Le roman d'Agatha Christie est son livre **de prédilection**. **Ça ne te tenterait pas de** faire un voyage de ce genre ?

Roland : Je ne dirais pas non…

2 La priorité des priorités

Adrien : Si je comprends bien, ce chantier **a la faveur de** la direction, qui lui **donne la priorité** ?

Virginie : Oui, c'est **la priorité des priorités. Ça passe avant tout**. Sylvain **met son point d'honneur** à ce que l'on boucle le projet avant avril prochain. **Il est donc impératif de** démarrer les travaux, **de préférence** avant l'hiver.

Adrien : En conclusion, mon propre projet **passera après**, alors que c'était lui qui **était privilégié** jusqu'à présent…

Virginie : Oui, c'est comme ça…

Vocabulaire

Les préférences

- Opter pour (= *choisir*)
- Passer avant tout = être la priorité des priorités
  = avoir la faveur de = être privilégié ≠ passer après
- Mettre son point d'honneur à ce que (+ *subjonctif*)
- Donner la priorité à

- Avoir un faible pour
- Mon livre/sport/acteur… de prédilection

Manières de dire

- Ça (ne) me tenterait (pas) de (+ *infinitif*) ?
- Ça ne me déplairait pas de (+ *infinitif*) = Je ne dirais pas non !
- J'aimerais autant que (+ *subjonctif*) = je préférerais.
- J'aurais tendance à (+ *infinitif*)

- Ce qui compte, c'est…
- Il est impératif de (+ *infinitif*)
- De préférence

1 Vocabulaire. **Complétez par les termes manquants.**

1. Cela ne vous _____ pas de visiter l'Asie du Sud-Est ?

2. Je souhaite prendre rendez-vous avec le coiffeur, de _____ mardi matin.

3. *Guerre et Paix* est mon roman de _____ , c'est celui que je préfère.

4. Jérémie met son _____ à toujours préparer des dîners succulents.

5. Ce style de ballet a la _____ du public.

6. La santé de mes enfants _____ tout.

7. Solange a _____ pour ce genre de film.

2 Vocabulaire et communication. **Complétez librement les mini-dialogues suivants.**

1. _____
– Ça ne me déplairait pas du tout !

2. _____
– Non, ça passera après, ce n'est pas une priorité.

3. _____
– Je ne dirais pas non !

4. _____
– J'aurais tendance à les inviter à dîner plutôt qu'à déjeuner.

5. _____
– J'aimerais autant que nous y passions demain soir.

6. _____
– Bien sûr ! Pour moi, c'est la priorité des priorités !

7. _____
– Oui, c'est impératif.

3 Communication. **Complétez librement les phrases suivantes.**

1. Ça (ne) vous (pas) tenterait de _____

2. Ce qui passe avant tout, c'est _____

3. J'aurais tendance à _____

4. J'ai un faible pour _____

5. Je mets mon point d'honneur à _____

4 À vous ! **Répondez librement et de manière développée aux questions suivantes.**

1. Qu'est-ce qui passe avant tout, dans votre vie ?

2. Quel(s) voyage(s) vous tenterai(en)t ?

3. Pour vous, quelle est la priorité des priorités, en ce moment ?

4. Quels sont vos livres de prédilection ?

3 Ça ne te manque pas ? 🎧

Aurore : Tu ne manges plus de viande ? Cela **ne te manque pas** trop ?

Héloïse : Pas vraiment. **Je suis*** beaucoup **plus** « poisson » **que** « viande ». D'ailleurs, tu devrais faire comme moi et aider à préserver la vie des animaux.

Aurore : Me priver de ce que j'adore ? **Très peu pour moi** !

Héloïse : Ah, si tu ne peux pas **t'en passer**, c'est une autre histoire.

Aurore : Et tes parents comprennent tes choix ? Ça doit être difficile pour eux, qui sont bouchers.

Héloïse : Oui, ils se moquent de moi, mais **ça ne me fait ni chaud ni froid**.

Aurore : Et qu'en pensent tes copains* ?

Héloïse : Ça, **c'est le cadet de mes soucis** !

Aurore : En gros, tu **n'en as rien à faire de** l'opinion des autres !

4 Un collègue difficile 🎧

Sélim : Je **ne peux plus supporter** Thibaut ! Les réunions avec lui **me sortent par les trous de nez***… D'ailleurs, personne **ne peut l'encadrer***.

Le DRH : Nous sommes au courant que beaucoup **se détournent de** lui, et nous nous rendons compte des difficultés que cela pose.

Sélim : Ça me fait une belle jambe* !

Le DRH : Calmez-vous. Pour des raisons de compétences, nous ne pouvons l'**écarter** de cette équipe, vous le savez bien.

Sélim : Oui, mais le comble de tout, c'est qu'il n'**avait accepté** ce poste **que du bout des lèvres** et que même Quentin n'était **pas très chaud* pour** l'intégrer dans le groupe !

▬ Vocabulaire

Les dégoûts

- Se priver de qch ou de qqn
- Se passer de qch ou de qqn
- Manquer à qqn
- Écarter qch ou qqn de
- Se détourner de qch ou qqn
- Accepter du bout des lèvres (= *sans enthousiasme*)

Manières de dire

- Je *suis* plus « fromage » que « dessert » (*très familier* = je préfère le fromage au dessert).
- Ça ne me fait ni chaud ni froid = je n'en ai rien à faire = c'est le cadet de mes soucis.
- Ça me fait une belle jambe (*ironique* = ça n'a aucune importance).
- Je ne peux pas supporter / encadrer*… = Il/elle/cela me sort par les trous de nez ! (*argot*)
- Je ne suis pas très chaud* pour… = très peu pour moi !

1   Compréhension. **Les phrases suivantes sont-elles de sens équivalent ?**

1. Gilles ne peut pas se priver de bon fromage = il ne peut pas s'en passer.

2. Victor a accepté l'invitation du bout des lèvres = il n'était pas très chaud pour accepter cette invitation.

3. Gautier ne peut pas supporter Xavier = Xavier se détourne de Gautier.

4. Estelle n'en a rien à faire de son grand-père = son grand-père a écarté Estelle.

5. Cette situation ne lui fait ni chaud ni froid = il n'en a rien à faire de cette situation.

2   Vocabulaire. **Complétez par les termes manquants.**

1. La danseuse n'a accepté de travailler avec le chorégraphe que du _____ .

2. Cette musique exaspérante me sort par _____* .

3. Mon choix de vie déplaît aux voisins ? C'est _____ de mes soucis !

4. Je ne peux pas me _____ de fromage, j'adore trop le camembert !

5. Le ministre n'est pas très _____* pour soumettre cette loi au parlement.

6. Inviter mes quinze cousins et préparer tous les repas ? Non merci, _____ pour moi !

3   Communication. **Quel(s) commentaire(s) pourriez-vous faire sur les situations suivantes ?**

1. Mourad se fiche* complètement de l'opinion de ses copains sur sa manière de vivre.

_____

2. Noëlle ne peut pas supporter Adam, elle ne peut même plus rester dans la même pièce que lui.

_____

3. Au restaurant, Alexandre mange plus volontiers une entrée qu'un dessert.

_____

4. Élise adore le chocolat, elle ne peut pas imaginer ne plus en manger.

_____

5. J'en ai par-dessus la tête de ma voisine, qui n'arrête pas de me déranger !

_____

4   À vous ! **Répondez librement et de manière développée aux questions suivantes.**

1. Devez-vous communiquer avec quelqu'un que vous ne pouvez pas encadrer* ? Comment faites-vous ?

2. De quoi pourriez-vous dire que c'est le cadet de vos soucis ?

3. De quel objet ne pourriez-vous pas vous passer ? Pourquoi ?

4. Dans vos goûts culinaires, êtes-vous plutôt « sucré » ou plutôt « salé » ?

5. Avez-vous récemment accepté quelque chose du bout des lèvres ? Dans quel contexte ?

23 Gaffes, erreurs

1 Confusion ? 🎧

Armelle : Les deux jumeaux se ressemblent tellement que je les **confonds** toujours. Qui plus est, l'un s'appelle Mathieu, l'autre Mathias, ce qui **prête à confusion**.

Valérie : Oui, moi aussi, je **me mélange les pinceaux***. Je **prends toujours** l'un **pour** l'autre, il m'est **impossible de les distinguer**.

Armelle : Les parents ont tout de même eu une attitude assez **ambiguë**, en les appelant par des prénoms si proches. Cela a dû provoquer plus d'**une embrouille*** !

Valérie : Tu as raison. Je croyais que ma vue baissait et que mon cerveau n'était plus à la hauteur.

Armelle : En voilà une idée !

Valérie : *Errare humanum est* !

2 Une bêtise

Monsieur,

Je souhaite **dissiper un malentendu** à propos de la prise en charge des travaux. À la suite d'**un quiproquo**, mon assurance a **par erreur** considéré que vous étiez responsable des dégâts. Or, c'est dans mon appartement que la fuite d'eau a commencé. Il s'agit d'**une bourde*** de ma part lorsque j'ai rédigé le constat. Je suis en train de remédier à **cette regrettable bévue**. **Sauf** nouvelle **erreur de ma part**, tout devrait être réglé avant la fin du mois.

Avec toutes mes excuses, je vous prie d'agréer, Monsieur, mes salutations distinguées.

Vocabulaire

Les malentendus

- Un quiproquo
- Un (regrettable) malentendu
- Une bévue = une bourde* = une erreur = une bêtise
- Ambigu(ë)
- Une embrouille*

Manières de dire

- Sauf erreur de ma/notre part…
- Cela prête à confusion.
- Je prends l'un pour l'autre.
- Je me mélange les pinceaux* = je confonds.
- Par erreur
- En voilà une idée ! (= *tu te trompes*)
- (Il est) impossible de distinguer l'un de l'autre.
- Je souhaite dissiper un malentendu.
- Nous allons remédier à cette erreur.

Remarque. L'expression latine « *errare humanum est* » (= *l'erreur est humaine*) s'emploie couramment dans la langue familière.

ACTIVITÉS

1 Vocabulaire. **Complétez par les termes manquants.**

1. La pauvre Suzanne _____ toujours les pinceaux* !

2. Loïc nous a appelés pour _____ un malentendu.

3. Hippolyte _____ souvent ce peintre _____ un autre.

4. Alex a beaucoup de mal à _____ ces deux sœurs jumelles. Il _____

presque toujours l'une _____ l'autre, ce qui les amuse beaucoup !

2 Vocabulaire et communication. **Faites un commentaire sur les situations suivantes.**

1. À Paris, il y a une rue Montmartre, un boulevard Montmartre et une rue du Faubourg-Montmartre !

_____

2. J'oublie toujours que la fille de mon voisin ne s'appelle pas Charlène mais Charline.

_____

3. Nous avons invité Bénédicte et Bruno pour fêter l'anniversaire de Julien, qui lui-même a organisé une

autre fête le même jour. Personne n'y comprend plus rien.

_____

4. Ces deux églises gothiques se ressemblent énormément.

_____

5. Il faudrait que je voie Samuel, car il croit que je lui en veux, ce qui n'est pas vrai.

_____

3 Communication. **Complétez librement les mini-dialogues suivants.**

1. _____
– En voilà une idée !

2. _____
– Effectivement, ça prête à confusion !

3. _____
– Il s'agit d'un simple malentendu !

4. _____
– *Errare humanum est !*

5. _____
– Moi aussi, je me mélange les pinceaux*.

4 À vous ! **Répondez librement et de manière développée aux questions suivantes.**

1. Vous est-il arrivé de confondre deux personnes ? Dans quelles circonstances ?

2. Dans votre ville/région, existe-t-il des noms de rues/villages qui prêtent à confusion ?

3. Avez-vous parfois été victime d'un quiproquo ? Dans quelles circonstances ?

4. Quelle est la dernière bourde* que vous avez faite ?

3 Quelle gaffe* !

Violaine : Si vous saviez **la gaffe* que j'ai faite** ! Bruno m'avait demandé de ne pas mentionner son voyage en Espagne devant Laura, et ça m'a échappé. J'ai tenté de **me rattraper** comme je pouvais, mais je **me suis enfoncée*** encore plus ! J'en suis malade pour Bruno… À cause de moi, il risque d'être **dans de beaux draps***…

Aurélien : Je te comprends. À moi aussi, il m'est arrivé, en toute bonne foi, de **commettre un impair**. Je m'en suis souvent **sorti par une pirouette**, mais il n'est pas toujours facile de **rattraper le coup***…

Violaine : Le problème, c'est que je suis la spécialiste **des faux pas**. Depuis mon enfance, je suis à la fois **gaffeuse** et maladroite. Tiens, l'autre jour, **par mégarde**, j'ai renversé un plat sur la jupe blanche de Tatie… **Je ne savais plus où me mettre** ! Qu'est-ce que je pourrais faire pour éviter ce genre de **bêtise** ?

Aurélien : Au moins, tu **ne fais pas l'autruche***, tu regardes les problèmes en face. D'autres font **des âneries*** et ne veulent pas le reconnaître. Moi, mon principal problème, quand je suis fatigué, ce sont **les lapsus**. L'autre soir, par exemple, j'ai salué monsieur Blanchet par un sonore « bonjour, madame » !

Violaine : Tiens, tiens, c'est révélateur…

4 Une défaillance technique

[…] À la suite d'**une défaillance** technique, le document que vous nous aviez envoyé le 12 mai a **malencontreusement** été perdu. Nous vous serions reconnaissants de bien vouloir nous en faire parvenir un duplicata. Veuillez nous excuser pour **la gêne occasionnée**.

▬▬ Vocabulaire

Les bêtises

- Commettre un impair/un faux pas = faire une gaffe*
- Par mégarde = malencontreusement
- Faire un lapsus (= *dire un mot pour un autre*)
- Faire une ânerie* = une bêtise
- Être gaffeur(-euse)*

- Une défaillance technique

▬▬ *Manières de dire* ▬▬

- Je ne sais plus où me mettre.
- Je m'en suis sorti(e) par une pirouette.
- Je vais me rattraper = rattraper mon erreur / le coup*.
- Je suis dans de beaux draps* (= *dans une situation difficile*) !
- Veuillez nous excuser pour la gêne occasionnée (*langage administratif*).
- Je fais l'autruche* (= *je ne veux pas voir*).
- Je m'enfonce* ! (= *j'aggrave la situation*)

1   Compréhension. **Les phrases suivantes sont-elles de sens équivalent ?**

1. Nathan commet souvent des impairs = il est gaffeur*.

2. Annabelle fait l'autruche* = elle est dans de beaux draps* !

3. Constance a emporté la clé par mégarde = elle ne savait plus où se mettre.

4. Léo s'est enfoncé* davantage avec ses excuses = il n'a pas réussi à rattraper le coup*, au contraire !

2   Vocabulaire. **Complétez par les termes manquants.**

1. À cause de son erreur, Thomas va se retrouver dans de beaux _____* .

2. C'est une _____ technique qui explique ce dysfonctionnement.

3. Elle s'est sortie de cette situation par une _____ .

4. Nous sommes désolés de _____ occasionnée.

5. Je me suis trompé, mais je vais essayer de _____*.

3   Vocabulaire. **Choisissez le ou les terme(s) possible(s).**

1. Mireille ne fait pas l'autruche* | de gaffe* | de défaillance .

2. Nous sommes dans de beaux pas | draps* | coups .

3. Laurence est parvenue à rattraper son erreur | le faux pas | le coup* .

4. Nicole a fait une ânerie* | gaffe* | gêne .

5. Mourad a commis un lapsus | une pirouette | par mégarde .

4   Vocabulaire et communication. **Trouvez une autre manière de dire.**

1. Anne-Sophie a dit un mot pour un autre. _____

2. Gabriel a tendance à ne pas vouloir voir les problèmes. _____

3. Flavie a corrigé son erreur par une plaisanterie. _____

4. Sans le faire exprès, Agathe a pris le sac de sa voisine de train. _____

5. Louis s'est mis dans une situation très délicate ! _____

6. Guillaume fait tout ce qu'il peut pour faire oublier son erreur, mais le résultat a été encore pire. _____

7. Malheureusement, cet ouvrier a fait plusieurs bêtises sur le chantier. _____

8. Bertrand a dit à son ami aveugle : « Regarde ! » _____

5   À vous ! **Répondez librement et de manière développée aux questions suivantes.**

1. Pouvez-vous raconter une gaffe* que vous avez faite ?

2. Connaissez-vous des personnes qui ont tendance à faire l'autruche* ? De quelle manière ?

3. Avez-vous entendu des lapsus amusants ? Lesquels ?

4. Vous est-il arrivé de plus savoir où vous mettre ? Dans quelles circonstances ?

5. Avez-vous parfois été dans de beaux draps* ? Comment vous en êtes-vous sorti(e) ?

1 Choisissez la ou les réponse(s) possible(s).

1. Il s'agit d'un regrettable quiproquo tournant malentendu .
2. Je donne la parole l'honneur la conclusion à mon collègue.
3. Elle a fait une réponse évasive taciturne laconique .
4. Pour mon avis mon compte ma part , je pense que la décision est justifiée.
5. Elle maintient partage soutient que les torts sont de mon côté.
6. Quel sentiment regard opinion portez-vous sur ce sujet ?
7. Cette femme colporte des ragots* commérages ambages .
8. Il a du courage et de l'endurance, il tient le coup* encaisse* rue dans les brancards* .
9. J'ai mis en œuvre voie place un nouveau dispositif performant.
10. Je vous félicite, votre travail est indigent bâclé* bien mené .

2 Les phrases suivantes sont-elles de sens équivalent ?

1. Il paraît qu'elle est malade = on dirait qu'elle est malade.
2. Elle ne s'est pas étalée* sur la question = elle n'a fait aucune allusion à la question.
3. Il a été pris de court = il a été pris au dépourvu.
4. Ça ne me déplairait pas de partir = ça ne me tenterait pas de partir.
5. Ils ont annoncé la couleur* = ils ont parlé sans ambages.
6. Le processus est inéluctable = il est en bonne voie.
7. Elle a rectifié le tir* = elle a bousculé ses habitudes.
8. Je suis bien obligé d'admettre que c'est vrai = force est de constater que c'est vrai.
9. Il m'a confié un secret = il a divulgué un secret.
10. J'ai renversé la tasse par mégarde = je l'ai malencontreusement renversée.

3 Répondez librement aux questions.

1. Justin a longuement parlé de son divorce ? — Non, au contraire, _____
2. La réaction de Sylvie vous affecte ? — Pas du tout, _____
3. Nicolas cherche à se faire valoir ? — Oh oui, _____
4. Le projet avance ? — Non, au contraire, _____
5. C'est un texte cohérent et bien écrit ? — Non, au contraire, _____
6. Florence est intervenue pendant le débat ? — Non, au contraire, _____
7. Vous admirez le travail de ce cinéaste ? — Oui, _____
8. Il confond ces deux noms ? — Oui, _____
9. La réponse a été longue et circonstanciée ? — Non, au contraire, _____
10. Elle parle volontiers de ce sujet ? — Oh oui, _____

4   **Trouvez une autre manière de dire.**

1. La situation de l'entreprise s'est <u>dégradée</u>. _____

2. L'opinion d'Hervé <u>ne me préoccupe pas du tout</u>. _____

3. Elle a parlé sur un ton <u>tranchant</u>. _____

4. Ce raisonnement <u>n'a ni queue ni tête</u>. _____

5. Il a écrit <u>des bêtises</u>. _____

6. Le projet <u>est en plan</u>. _____

7. <u>Tout le monde encense ce spectacle</u>. _____

8. Je <u>préférerais</u> que tu viennes. _____

9. Ce sujet <u>est la priorité des priorités</u>. _____

10. Votre thèse <u>commence à avancer</u> ? _____

5   **Associez les phrases de sens équivalent.**

1. Il nous encense.

2. J'ai trouvé plusieurs coquilles.

3. Encore heureux !

4. Tu prêches un convaincu.

5. J'ai remis les pendules à l'heure*.

6. En voilà, des manières !

7. Cela reste entre nous.

8. On aura tout vu !

9. Cela prend tournure.

10.Ça ne s'est pas ébruité.

a. Rien n'a filtré.

b. Ça, c'est la meilleure* !

c. Il ne tarit pas d'éloges sur nous.

d. Cela ne sortira pas d'ici.

e. C'est en bonne voie.

f. C'est la moindre des choses, tout de même !

g. J'ai fait une mise au point.

h. Je ne te le fais pas dire !

i. Il y en a, je te jure* !

j. J'ai relevé des fautes de frappe.

6   **Complétez librement ces dialogues, mais avec une certaine logique...**

1. _____ – Il y a de ça, effectivement.

2. _____ – Oui, nous sommes sur la même longueur d'ondes.

3. _____ – Comment pouvez-vous dire une chose pareille !

4. _____ – Première nouvelle !

5. _____ – Franchement, tu exagères !

6. _____ – Et puis quoi, encore* ?

7. _____ – Oh oui, je suis dans tous mes états !

8. _____ – Ça ne va pas, la tête* !

9. _____ – Ça m'est sorti comme ça*, sans réfléchir !

10._____ – C'est la loi des séries !

Les comportements

1 Un homme remarquable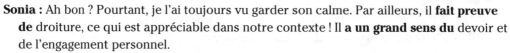

Sonia : Jean-Marc **est d'un abord** facile, **c'est quelqu'un d'**avenant. Tout en sachant se faire respecter, il **fait montre d'**une grande courtoisie. C'est ce qui s'appelle avoir « une main de fer dans un gant de velours » !

Aziz : Encore que je l'aie entendu remettre à sa place un collègue, sans beaucoup d'égards.

Sonia : Ah bon ? Pourtant, je l'ai toujours vu garder son calme. Par ailleurs, il **fait preuve de** droiture, ce qui est appréciable dans notre contexte ! Il **a un grand sens du** devoir et de l'engagement personnel.

Aziz : Effectivement, ce n'est pas un luxe ici… Je **ne peux pas m'empêcher de** suspecter tout le monde de corruption, quitte à passer pour un vieux grincheux. Après tout ce qui s'est passé, j'**ai tendance à** voir le mal partout.

Sonia : Jean-Marc est la dernière personne à **être susceptible de** comportements malhonnêtes ! Quelles que soient les difficultés et les tentations, il est toujours resté intègre.

Aziz : Donc, on ne peut pas dire : « tous pourris* » ?

Sonia : Certainement pas, c'est un monsieur **tout ce qu'il y a de** bien.

Grammaire

Opposition/concession

- Tout (+ *gérondif*)
- Encore que (+ *subjonctif*)
- Quel(le)(s) que soi(en)t (+ *nom*)
- Pourtant (+ *phrase*)

Vocabulaire

Qualités humaines

- Être avenant(e) = d'un abord facile
- Avoir une main de fer dans un gant de velours
- Avoir des égards envers qqn
- Avoir de la droiture = de l'intégrité ; être droit(e), intègre
- L'engagement personnel ; le devoir
- Garder son calme

Manières de dire

- Il/elle est d'un abord (+ *adjectif*)
- Il/elle fait montre de (+ *nom*)

- Il/elle a un (grand/remarquable) sens de (+ *nom*)
- C'est quelqu'un de (+ *adjectif*)

- Il/elle a tendance à (+ *nom ou infinitif*)
- Il/elle est tout ce qu'il y a de (= *très*) (+ *adjectif*)
- Il/elle est susceptible de (+ *infinitif ou nom*)
- Il/elle ne peut pas s'empêcher de (+ *infinitif*)

Remarques. 1. Être « quelqu'un de **bien** » est l'un des plus grands compliments possibles = être digne d'admiration, de respect sur le plan moral. **2.** « Tous pourris* » = expression populaire critiquant, avec un certain désabusement, l'attitude de nombreux politiciens.

A C T I V I T É S

1 Grammaire. **Trouvez une autre manière de dire.**

1. <u>Même s'il y a des</u> obstacles, nous mènerons cette tâche à bien. _____

2. Il n'est pas facile d'encourager les étudiants <u>et pourtant d'être</u> exigeant. _____

3. En général, Laurent est très organisé, <u>même si parfois il ne finit pas</u> tout à temps. _____

4. <u>Même si les athlètes sont fatigués</u>, ils continuent leur entraînement. _____

5. Il a de l'autorité <u>mais</u> il fait montre d'humanité. _____

2 Vocabulaire et communication. **Complétez par les termes manquants.**

1. Mon ami a _____ à s'inquiéter pour moi.

2. Vous ne pouvez pas _____ de tout critiquer !

3. Le ministre a fait _____ d'un grand sang-froid dans ces circonstances dramatiques.

4. Noé a le _____ des responsabilités, il est très fiable.

5. Isabelle a une main _____ dans un _____ de _____.

3 Vocabulaire et communication. **Quel(s) commentaire(s) pourriez-vous faire sur chacune des personnes suivantes ?**

1. Anne a de très grandes qualités morales et intellectuelles.

_____

2. Ce conservateur de musée est aimable et courtois, il est facile de parler avec lui.

_____

3. Florence est d'une grande probité intellectuelle et morale.

_____

4. Ce professeur est très souriant et aimable, tout en étant extrêmement exigeant.

_____

5. Malgré tous ses efforts, Zoé a tendance à tout régenter.

_____

4 Communication. **Complétez librement les phrases suivantes.**

1. Je ne peux pas m'empêcher _____

2. Cet(te) ami(e) a un grand sens _____

3. Nous sommes susceptibles _____

4. Ils ont tendance _____

5. Tu as fait montre _____

5 À vous ! **Répondez librement et de manière développée aux questions suivantes.**

1. De qui pourriez-vous dire qu'il/elle a une main de fer dans un gant de velours ?

2. Connaissez-vous des gens bien ? Pourquoi méritent-ils ce qualificatif ?

3. Dans votre langue/culture, existe-t-il une expression analogue à « tous pourris* » ?

2 Tracas de voisinage 🎧

M. Dumaurier : Vous **savez ce qu'a fait** monsieur Lambert ? C'est insensé ! Il est allé se plaindre à la mairie. Il **prétend que** nous cherchons à lui nuire par tous les moyens.

Le voisin : Oh là là... Il a toujours été fauteur de troubles. De toute façon, il est parano*, ça ne date pas d'aujourd'hui.

M. Dumaurier : De quel droit est-ce qu'il s'adresse à la mairie ?

Le voisin : Oh, le maire le connaît bien, il **sait à quoi s'en tenir**. Vous **n'avez pas à** vous inquiéter.

M. Dumaurier : En tout cas, je ne lui adresserai plus la parole. Je lui ai rendu service et maintenant, il m'agresse. **Tout est fini entre nous. Rideau*** !

3 Un misanthrope ? 🎧

Vincent : Cet homme est un curieux personnage. Il **a coupé les ponts avec** tout son entourage, il est allé s'installer dans un hameau perdu au milieu des Cévennes. Personne ne sait où il est, à vrai dire.

Nadia : C'est comme s'il **tirait un trait sur sa vie** de mathématicien. C'est très étrange de **faire une croix sur** tout un pan de sa vie.

Vincent : Cela fait assez longtemps qu'il **fait le désert autour de lui**. Certains se sont demandé s'il ne perdait pas la boule*. Apparemment non, c'est juste sa misanthropie naturelle qui s'exprime plus clairement. Il **se coupe de** tous ses amis.

Nadia : Il **finira tout seul, dans son coin**... Quel gâchis !

Vincent : Et puis, il a abandonné ses anciens étudiants, sans les prévenir. Je trouve le procédé assez **cavalier**...

▬ Vocabulaire

Rupture des relations

- Rideau* ! = Tout est fini entre nous.
- Couper les ponts avec = tirer un trait sur = faire une croix sur
- Faire le désert autour de = se couper de son entourage
- Être fauteur de troubles
- Finir tout(e) seul(e), dans son coin

▬ Manières de dire ▬

- De quel droit... ?
- Il/elle prétend que...
- Tu n'as pas à / Vous n'avez pas à (+ *infinitif*) (= *il est inutile/inapproprié de*)
- Il/elle se plaint auprès de...
- Il/elle sait à quoi s'en tenir.

Remarques de vocabulaire. 1. Un comportement « cavalier » = désinvolte envers les autres, à la limite de l'impolitesse. **2.** « Perdre la boule* » = perdre la tête, devenir fou.

Comportements et émotions

1   Vocabulaire et communication. **Complétez par les termes manquants.**

1. Avec son mauvais caractère, il a fait _____ autour de lui.

2. Maintenant, nous savons à quoi _____ sur cet homme.

3. De _____ est-ce que vous vous permettez de me parler sur ce ton ?

4. Elle est partie au bout du monde et elle a coupé _____ avec sa famille.

5. On ne peut pas toujours _____ un _____ sur des périodes de sa vie !

6. Tout _____ entre nous !

7. Franchement, vous n'_____ pas à vous inquiéter pour votre fils.

2   Vocabulaire et communication. **Trouvez une autre manière de dire.**

1. Tonton Justin ne veut plus entendre parler de ses cousins, il ne veut plus de contact avec eux.

_____

2. Je ne me fais pas d'illusion sur Cédric, je connais son tempérament.

_____

3. Yasmina ne veut plus penser à cette période de sa vie, c'est comme si elle n'existait plus.

_____

4. Cette vieille dame acariâtre est si désagréable que personne ne veut lui parler.

_____

5. Cet adolescent agressif est toujours en train de créer des problèmes en classe.

_____

3   Communication. **Complétez librement les phrases suivantes.**

1. De quel droit _____

2. Tu n'as pas à _____

3. Elle a fait une croix _____

4. Ce fauteur de troubles _____

5. Il prétend _____

6. Je sais à quoi _____

7. Ils se sont coupés _____

4   À vous ! **Répondez librement et de manière développée aux questions suivantes.**

1. Connaissez-vous des personnes qui ont coupé les ponts avec d'autres ? Dans quelles circonstances ?

2. Avez-vous dû côtoyer des fauteurs de troubles ?

3. Vous est-il arrivé d'avoir un comportement cavalier ? Dans quel contexte ?

4. Avez-vous été amené(e) à faire une croix sur certaines de vos activités ?

5. Connaissez-vous des personnes qui risquent de finir seules dans leur coin ? Pourquoi ?

4 Une conduite inadmissible 🎧

Sophie : Cette élève **ne se prend pas pour** n'importe qui, elle **est d'une insolence** ! Elle **dépasse** toutes **les limites**… Je sais bien que l'adolescence est souvent une époque de transgression, mais **à ce point**, c'est rare.

Jean : Son père est pareil, c'est **un vrai goujat**. Quand il vient aux réunions, il entre sans dire bonjour, il passe devant tout le monde. **Quel manque d'éducation ! Sa conduite** est inadmissible.

Sophie : Après, on ne doit pas s'étonner qu'elle **soit** si **mal élevée**. Les chiens ne font pas des chats.

Jean : Quel contraste avec Louise, qui est **très bien élevée**, **plutôt respectueuse**, cela fait plaisir à voir. Heureusement qu'il y en a des comme ça, ça remonte le moral.

5 Un personnage peu recommandable 🎧

Grégoire : Raymond est **un vrai salaud***. Il m'a **joué un sale* tour**, il y a quelques mois, je **ne suis pas près de** l'oublier.

Thomas : Cela ne m'étonne qu'à moitié. C'est un spécialiste **des coups fourrés***. Tout le monde sait qu'il **joue double jeu**. On **ne peut pas se fier à** lui.

Grégoire : Oui, j'aurais dû **me méfier de** ce genre de personne qui prépare toujours **un mauvais coup**. Je me demande comment il est toujours en place.

Thomas : Dans ce milieu-là, il faut savoir **donner des coups bas** et les recevoir. On doit **avaler beaucoup de couleuvres***…

Grégoire : En tout cas, c'est un personnage peu recommandable.

▰▰▰ Vocabulaire

Défauts humains

- Un vrai goujat (= *un homme grossier*)
- Être bien ≠ mal élevé(e)
- Souffrir d'un manque d'éducation
- Un vrai salaud* = peu recommandable

═══ *Manières de dire* ═══

- Il/elle est d'une… insolence/générosité, etc. = il/elle est très insolent(e)/généreux (-euse).
- Il/elle ne se prend pas pour n'importe qui.
- Il/elle a joué un sale* tour à qqn = il a fait un coup fourré* à qqn = un mauvais coup = il/elle donne des coups bas.
- Il/elle dépasse les limites ≠ il/elle est respectueux (-euse).
- Il/elle joue double jeu.
- Il/elle doit avaler des couleuvres* (= *recevoir des « coups bas »*).
- Je ne suis pas près de (+ *infinitif*)
- Je ne peux pas me fier à… = Je me méfie de…

> **Remarques. 1.** Le mot « éducation » inclut à la fois la formation intellectuelle et l'apprentissage des manières, de la politesse, etc. **2.** « Une couleuvre » est un serpent non venimeux.

A C T I V I T É S

1 Compréhension. **Les phrases suivantes sont-elles de sens équivalent ?**

1. Il a reçu des coups bas = il a avalé des couleuvres*.

2. Il ne se prend pas pour n'importe qui = il manque d'éducation.

3. Elle prépare un mauvais coup = elle va jouer un sale* tour à quelqu'un.

4. C'est un vrai goujat = il est d'une insolence !

5. Elle est mal élevée = elle manque d'éducation.

6. Il dépasse les limites = il joue double jeu.

2 Vocabulaire et communication. **Complétez par les termes manquants.**

1. Emmanuelle nous a joué un _____.

2. Gaspard ne _____ pas pour n'importe qui.

3. Cette femme politique a dû avaler _____*.

4. L'adolescent _____ les limites !

5. Nous ne sommes pas _____ de revenir ici, après cette mauvaise expérience !

6. Malheureusement, je ne peux pas _____ à elle, elle joue _____ jeu.

3 Vocabulaire et communication. **Complétez librement ces mini-dialogues.**

1. _____

– Il dépasse toujours les limites !

2. _____

– Cela ne m'étonne pas, il a toujours joué double jeu.

3. _____

– On ne peut plus se fier à elle !

4. _____

– Bref, c'est quelqu'un de peu recommandable…

5. _____

– Non, je ne suis pas près de l'oublier, lui !

6. _____

– Ce n'est pas la première fois qu'il doit avaler des couleuvres* !

7. _____

– C'est sûr, elle ne se prend pas pour n'importe qui.

4 À vous ! **Répondez librement et de manière développée aux questions suivantes.**

1. Avez-vous été en contact avec des gens peu recommandables ? Dans quel contexte ?

2. Vous est-il arrivé que l'on vous joue un sale* tour ? Pouvez-vous en parler ?

3. Existe-t-il dans votre langue un équivalent du « goujat » ?

4. Quelle serait l'attitude, selon vous, d'une personne bien élevée ?

25 Illusions, apparences et réalités

1 Tu rêves, ma chérie ! 🎧

Chloé : Maintenant que je suis actrice, je vais certainement être invitée au Festival de Cannes.

Sa mère : Tu rêves, ma chérie ! Tu **te crois** une actrice célèbre, alors que tu n'as que 15 ans ? Tu **te fais des illusions**. Tu as un peu tendance à **prendre tes désirs pour des réalités**.

Chloé : Mais maman, ce n'est pas **une vue de l'esprit**, Xavier Rousseau a reconnu mon talent.

Sa mère : Que tu **aspires à** devenir une bonne et célèbre comédienne, je le comprends et ton ambition est tout à ton honneur. Mais **il ne faut tout de même pas se leurrer**. Si tu **t'imagines** que tu n'auras pas besoin d'abord de faire tes preuves, d'apprendre ton métier…

Chloé : Maman, ce que tu peux être terre-à-terre !

Sa mère : « Terre-à-terre » ? **On croit rêver** ! Je suis réaliste, tout simplement !

(Plus tard)

La mère : Chloé m'inquiète. Elle **se fait tout un cinéma*** — c'est le cas de le dire —, alors que la réalité est tout autre. **Il ne faut pas rêver**, elle n'obtiendra pas le grand rôle de sa vie après une figuration dans un film… **Il faut voir les choses en face**.

Le père : Détrompe-toi, j'ai lu un article justement sur le sujet. Il arrive que des gamines* soient prises pour de grands rôles, en particulier dans des téléfilms.

La mère : Ah, toi aussi, tu **crois au Père Noël** ?

▮ Vocabulaire

Les illusions

- Prendre ses désirs pour des réalités
- Se croire (+ *nom ou adjectif*)
- S'imaginer que
- Une vue de l'esprit
- Croire au Père Noël
- Se faire tout un cinéma*
- Aspirer à (+ *nom ou infinitif*)

- Être terre-à-terre (= *trop prosaïque*)
- Être réaliste

Manières de dire

- Tu rêves !
- Tu te fais des illusions !
- On croit rêver !
- Il ne faut pas rêver = il ne faut pas se leurrer.

- Détrompe-toi ! Détrompez-vous !
- Il faut voir les choses en face.

1 Vocabulaire. **Complétez par les termes manquants.**

1. Ils _____ tout un _____* , malheureusement.
2. Tu penses que ta vie sera toujours douce et facile ? Tu crois _____ !
3. Elle imagine obtenir son diplôme sans étudier ? Il ne faut pas _____ !
4. Tu _____ que tu trouveras un travail sans même chercher ? Tu _____ !
5. Finir ce travail avant demain est une vue de _____.
6. Ce jeune a la fâcheuse tendance à prendre _____ pour des _____.

2 Vocabulaire et communication. **Trouvez une autre manière de dire**

1. Mathias est encore naïf, à son âge ! _____
2. Sonia s'imagine déjà qu'elle est très importante dans l'entreprise. _____
3. Contrairement à ce que vous pensez, de nombreux étudiants apprennent le français ! _____
4. Vous devez vous confronter à la réalité. _____
5. Ce jeune pianiste ambitionne de devenir célèbre. _____
6. Cette manière de voir la vie est trop prosaïque. _____

3 Vocabulaire et communication. **Complétez librement les mini-dialogues suivants.**

1. _____
– Mon chéri, il ne faut pas rêver !
2. _____
– À mon avis, il a tendance à prendre ses désirs pour des réalités !
3. _____
– Eh bien, ils se font des illusions...
4. _____
– Franchement, elle croit au Père Noël !
5. _____
– Ils ne se réconcilieront jamais, il ne faut pas se leurrer.
6. _____
– Oui, c'est une vue de l'esprit, mais on peut toujours rêver !
7. _____
– Détrompez-vous, c'est un métier passionnant au contraire.

4 À vous ! **Répondez librement et de manière développée aux questions suivantes.**

1. Avez-vous tendance à prendre vos désirs pour des réalités ?
2. Vous est-il arrivé de vous faire des illusions sur quelqu'un ?
3. Vous êtes-vous parfois fait tout un cinéma* à propos d'une situation ? Pouvez-vous en donner un exemple ?

2 Il ne paye pas de mine 🎧

Alexis : Tu sais que Martin a gagné les élections ? Il **ne paye pas de mine**, et pourtant il **s'est révélé** le meilleur candidat. Comme quoi, **il ne faut pas se fier aux apparences** !

Héloïse : Il est vrai que **sous des dehors** un peu bourrus et assez frustres, c'est quelqu'un de fort intelligent et d'assez subtil. Néanmoins, je **ne l'aurais pas cru capable de** réussir. Il se montre parfois tellement distant !

Alexis : **En apparence** seulement, car je l'ai observé dans certains débats, pendant lesquels il s'investissait pleinement, de sorte qu'il est parvenu à convaincre ses électeurs. **Selon toute vraisemblance**, il deviendra un bon maire du village.

Héloïse : Et comment a réagi son adversaire ?

Alexis : Il **a fait bonne figure**. Même s'il a loyalement reconnu sa défaite, ça **crevait* les yeux** qu'il n'en revenait pas du succès de Martin.

3 Une façade 🎧

Justine : Jérôme avait donc quitté Cécile en pleine campagne électorale ? Du coup*, elle ne s'est plus montrée dans les meetings ?

Thibaut : Jérôme a tout fait pour **sauver les apparences**. En public, il a **donné le change**, il s'est montré le plus souvent seul et il a esquivé les questions sur sa vie personnelle.

Justine : **Mine de rien**, cela doit être difficile de constamment trouver **des faux-semblants**. On doit **se sentir en porte-à-faux**.

Thibaut : **Malgré les apparences**, il était séparé de Cécile depuis un certain temps. Leur entente **n'était que de façade**.

Justine : C'est étrange, **dès qu'on gratte* un peu le vernis**, on découvre une réalité tout autre que ce que l'on imaginait…

Grammaire

La conséquence

- Comme quoi* (= *cela prouve bien que…*)
- De sorte que (+ *indicatif*)
- Tout faire pour…
- Du coup* (= *donc*)

Vocabulaire

Les apparences

- Ne pas payer de mine
- Faire bonne figure = donner le change
- N'être que de façade
- Sauver les apparences = trouver un faux-semblant
- Se sentir en porte-à-faux

Manières de dire

- Selon toute vraisemblance…
- Sous des dehors = en apparence
- Mine de rien (= *sans le montrer*)
- Malgré les apparences, il/elle se révèle…
- Je ne l'aurais pas cru capable de…
- Il ne faut pas se fier aux apparences = il faut gratter un peu (le vernis).
- Ça crève* les yeux que…

1 Grammaire. **Complétez par une expression de conséquence.**

1. Léa voulait sauver les apparences. _____* , elle a esquivé les questions embarrassantes.
2. Le calme d'Edwige n'est que de façade, _____ personne ne s'y fie.
3. Finalement, Bruno m'a invitée. _____* , il ne fallait pas désespérer !
4. Elle a fait une bonne campagne électorale, _____ les électeurs ont voté pour elle.
5. Je n'aurais jamais imaginé une telle réaction de sa part. _____* , on croit connaître ses amis et ce n'est pas toujours le cas.

2 Vocabulaire et communication. **Complétez par les termes manquants.**

1. Ce vieux monsieur, qui ne _____ pas de _____ , s'est avéré être un grand chimiste.
2. Ce couple en instance de divorce fait tout pour _____ les _____ .
3. Cela _____* les yeux qu'il est amoureux d'elle !
4. Malgré sa déception, la candidate malheureuse _____ bonne _____ .
5. Selon toute _____ , les élections auront lieu en mai prochain

3 Vocabulaire et communication. **Trouvez une autre manière de dire.**

1. Cette dame n'avait pas une apparence très attirante, mais elle s'est révélée une remarquable personnalité. _____
2. Sans en avoir l'air, Leila a énormément travaillé pour ce projet. _____
3. Même si Vincent vient de se faire quitter par sa femme, il a donné le change en public.

   _____
4. L'optimisme du ministre était seulement une apparence. _____
5. Il est probable que Nicolas sera battu aux élections. _____
6. Il faut aller au-delà des apparences pour découvrir les qualités humaines de cet homme.

   _____

4 Communication. **Complétez librement les phrases suivantes.**

1. Malgré les apparences, _____
2. Ça crève* les yeux que _____
3. Ils font bonne figure, mais _____
4. Selon toute vraisemblance, _____
5. Sous des dehors _____

5 À vous ! **Répondez librement et de manière développée aux questions suivantes.**

1. Connaissez-vous des personnes qui ne payent pas de mine et qui sont tout à fait remarquables ? De quelle manière ?
2. Dans quelles circonstances estimez-vous nécessaire de donner le change ?
3. Pensez-vous qu'il ne faut en général pas se fier aux apparences ? Pourquoi ?

Comportements et émotions

4 **Retomber sur terre** 🎧

Laure : Si je comprends bien, vous n'êtes pas très satisfait de votre nouvelle situation ?

Quentin : Je dois dire que je **tombe de haut**. Je m'attendais, d'une part, à une entreprise innovante, d'autre part, à avoir des perspectives d'évolution de carrière. Mais **il ne faut pas se voiler la face** : il n'y a aucune chance d'obtenir une promotion, ne serait-ce que minime. J'avoue être **dépité**.

Laure : Je vous trouve un peu trop pessimiste.

Quentin : Non, je me contente de **regarder la réalité en face**. Quand j'ai parlé avec Bernard Daumier, ça **m'a ouvert les yeux**. Lui aussi avait des ambitions, mais il **en est revenu***. Désormais, je suis **sans illusions** sur l'évolution de ma carrière ici. Je **ne vous cacherai pas** que je n'ai pas l'intention de croupir* ici.

5 **Quelle désillusion !** 🎧

Aurore : Je **n'en reviens pas** qu'on m'ait refusé le budget pour mon projet. J'ai beau avoir les pieds sur terre, je n'ai rien vu venir. Tout cela parce que le grand chef veut **se faire bien voir** par sa hiérarchie, alors qu'il s'était engagé à me soutenir. **Quelle désillusion !**

Gaétan : Ma pauvre Aurore, **il ne faut pas se mettre le doigt dans l'œil***, quand son propre intérêt est en jeu, l'homme est un loup pour l'homme, comme disaient les Romains. Ce sont **les réalités de la vie**.

Aurore : Bien sûr, je **ne suis pas née de la dernière pluie**, quand même ! Ce qui me blesse, c'est qu'au bout du compte, tout le soutien du chef n'était qu'**un écran de fumée**. Moyennant quoi, je ne lui ferai plus jamais confiance, tu peux me croire.

Grammaire

Concession, restriction

- Avoir beau (+ *infinitif*) = même si
- Alors que (+ *indicatif*)
- Ne serait-ce que (+ *adjectif ou phrase*)
- Quand même (*un peu familier*) = tout de même

Vocabulaire

L'entreprise (1)

- Une entreprise innovante
- Une évolution de carrière
- Une promotion
- Des ambitions

Manières de dire

- Il/elle veut se faire bien voir par/de…
- Je tombe de haut = je suis dépité.
- Je ne vous cache(rai) pas que…
- Ça m'a ouvert les yeux = j'ai perdu mes illusions.
- Il ne faut pas se voiler la face = il faut regarder la réalité en face = il ne faut pas se mettre le doigt dans l'œil*.
- Je ne suis pas né(e) de la dernière pluie (= *j'ai de l'expérience*).
- Quelle désillusion !
- J'en reviens = je retombe sur terre.
- Je n'en reviens pas (= *je n'arrive pas à le croire*).

126 • cent vingt-six

1   Grammaire et communication. **Trouvez une autre manière de dire.**

1. <u>Même si Léa s'efforce de</u> proposer des projets innovants, sa hiérarchie les lui refuse.

_____

2. Serge a obtenu une <u>promotion. Pourtant,</u> il n'a pas brillé à son poste !

_____

3. Alain aurait pu envoyer un message à Tom, <u>au moins</u> par courtoisie.

_____

4. Nous sommes <u>malgré tout</u> dépités par le peu de considération obtenue.

_____

5. <u>Même si je fais</u> des efforts, je ne parviens pas à comprendre cette décision.

_____

2   Vocabulaire et communication. **Trouvez une autre manière de dire.**

1. Clément croyait à cette idéologie, mais <u>il a perdu ses illusions</u>. _____

2. Il ne faut pas <u>se cacher la réalité</u>, c'est la lutte pour la vie ! _____

3. Quand il a compris la situation, Vincent <u>a été extrêmement déçu</u>. _____

4. <u>Je dois vous dire clairement</u> que la situation est explosive. _____

5. Serge <u>est stupéfait d'apprendre que</u> son collègue a été licencié. _____

3   Vocabulaire et communication. **Quel(s) commentaire(s) pourriez-vous faire sur chacune des situations suivantes ?**

1. Luc fait tout ce qu'il peut pour que son chef l'apprécie.

_____

2. L'attitude de Benoît m'a permis de comprendre que je me faisais des illusions.

_____

3. Moi qui avais cru que Doria me soutiendrait pendant la réunion, je suis très déçu.

_____

4. Alain est un politicien chevronné, il a beaucoup d'expérience et ne se laisse pas abuser.

_____

5. Josselin est encore stupéfait de la réaction de sa responsable.

_____

4   À vous ! **Répondez librement et de manière développée aux questions suivantes.**

1. Fréquentez-vous des personnes qui cherchent à se faire bien voir ? De quelle manière ?

2. De quelle(s) situation(s) avez-vous pu dire « Je n'en reviens pas ! » ?

3. Vous est-il arrivé de tomber de haut après avoir espéré quelque chose ?

4. Une situation particulière vous a-t-elle ouvert les yeux ? Comment ?

26 Manières et moyens

1 Comment s'y prendre ?

Agnès : Tu connais Frank, il fait tout **à la va-vite**, il **fonce* tête baissée** dans son projet, moyennant quoi, il **s'y prend mal**. Pourtant, on peut **mener les choses tambour battant**, sans pour autant **bâcler** le travail.

Gabriel : Dis donc, tu **n'y vas pas par quatre chemins** ! **De quelle manière tu t'y prendrais**, toi, qui as l'air si sûre de toi ?

Agnès : En **procédant par ordre**, **en commençant par** faire une liste des priorités absolues. **D'une manière ou d'une autre**, il faut boucler le projet, mais pas à n'importe quel prix.

Gabriel : Tu **as le chic pour** présenter les choses comme si c'était évident. Tu **sais y faire** !

Agnès : Tu exagères, chacun **fait à sa manière**, bien sûr.

2 Comment procéder ?

Thibaut : Comment comptez-vous procéder pour parvenir à un résultat probant ?

Hélène : Nous allons **opérer méthodiquement**. Nous commencerons par analyser les besoins, **de manière à** cerner les solutions que nous pourrions envisager.

Thibaut : Selon quelles modalités allez-vous mener cette enquête auprès de vos clients ? Votre démarche est-elle **plutôt** qualitative **ou** quantitative ?

Hélène : Les deux, bien entendu, de sorte que nous puissions exploiter **efficacement** les données récoltées. Tout cela doit se faire **avec finesse et précision**.

Thibaut : J'imagine que vous **prendrez au sérieux** les éventuelles critiques.

Hélène : Bien entendu, nous ne traiterons pas ces évaluations **à la légère**, et, **selon le tour que prendront les choses**, nous modifierons en profondeur nos protocoles.

Grammaire

Expression de la manière

- Gérondif : « en procédant »…
- Adverbes (« efficacement »)
- Tournures adverbiales (« à la va vite, à la légère, tête baissée »…)
- Avec + nom (« avec précision »)

Vocabulaire

L'enquête

- Récolter, puis exploiter des données
- Parvenir à un résultat probant
- Mener une enquête (qualitative, quantitative) auprès de…
- Une évaluation
- Une modification des protocoles ; une démarche

Manières de dire

- De quelle manière tu t'y prendrais ? Comment = selon quelles modalités comptez-vous procéder ?
- D'une manière ou d'une autre…
- Il/elle fait à la va-vite = bâcle un travail.
- Chacun fait à sa manière.
- Il/elle s'y prend bien (≠ mal) = sait y faire = a le chic pour…
- Il/elle fonce* tête baissée dans…
- Selon le tour que prendront les choses…
- Il/elle mène un projet tambour battant.
- Il/elle doit opérer méthodiquement / procéder par ordre.
- Il/elle n'y va pas par quatre chemins (= *être direct*).

1 Grammaire et communication. **Complétez librement les phrases suivantes en ajoutant une expression de manière.**

1. Vous prenez cette mission _____

2. Nous allons procéder _____

3. Anaïs travaille _____

4. J'ai déjeuné _____

5. Ils ont analysé _____

2 Vocabulaire et communication. **Complétez par les termes manquants.**

1. Eh bien, vous n'y allez pas par _____

2. Je n'ai pas pris _____ cette demande un peu farfelue.

3. L'entreprise _____ une enquête approfondie sur le sujet.

4. Comment est-ce que vous _____ pour parvenir à un tel résultat ?

5. Selon le _____ que prendront les _____ , nous agirons en conséquence.

6. Cet homme a du tact et de la diplomatie, il sait _____ .

3 Vocabulaire et communication. **Trouvez une autre manière de dire.**

1. Stéphane mène ce projet <u>avec énergie et rapidité</u>. _____

2. Aurélien <u>agit franchement et directement</u>. _____

3. Elsa <u>ne prend pas du tout</u> cette tâche <u>au sérieux</u>. _____

4. Clotilde <u>sait comment se faire accepter</u>. _____

5. Leila fait les choses <u>avec sa propre méthode</u>. _____

6. Quentin <u>se jette dans le travail sans faire attention</u>. _____

4 Communication. **Complétez librement les phrases suivantes.**

1. D'une manière ou d'une autre, _____

2. Selon le tour _____

3. Je compte procéder _____

4. J'ai foncé* _____

5. Nous allons mener _____

6. De quelle manière _____

5 À vous ! **Répondez librement et de manière développée aux questions suivantes.**

1. Vous arrive-t-il de faire les choses à la va-vite ? Dans quel contexte ?

2. Comment vous y prenez-vous pour enrichir votre vocabulaire en français ?

3. Connaissez-vous des personnes qui foncent* tête baissée dans un projet ? Dans quel contexte ?

3 Par quels moyens ? 🎧

Baptiste : Je n'arrive pas à comprendre **par quels moyens** René est parvenu à obtenir ces informations confidentielles.

Aurélie : Je suppose que c'est **avec l'aide de** certains collaborateurs du ministre. **Par l'entremise de** Thomas, René a pu entrer en contact avec des membres du cabinet. Je **l'ai su par** un collègue.

Baptiste : Il n'y a pas moyen* d'en savoir un peu plus ?

Aurélie : Certainement, mais **quel serait le meilleur moyen** d'être informés ?

Baptiste : Nous pourrions prendre contact avec Thomas justement, et nous **ferions d'une pierre deux coups**…

Aurélie : Bonne idée, je vais m'empresser de l'appeler. Tiens, voilà Grégoire. Oh, mais qu'est-ce qui t'est arrivé ? **Comment est-ce que tu as fait ton compte* pour** t'abîmer le poignet ?

Grégoire : Tout bêtement, **en glissant** sur le trottoir.

4 Entre collègues 🎧

Léonard : Comment s'est-elle comportée, finalement ? Elle t'a regardée **d'un œil noir** ?

Mounia : Non, pas du tout, au contraire. Elle **m'a fait signe de la main**, puis elle **m'a saluée de la tête**, comme si de rien n'était. Au fait, tu sais qu'elle a obtenu gain de cause contre ses adversaires ?

Léonard : Ça n'a rien d'étonnant, elle obtient ce qu'elle veut **à coups de** menaces déguisées. Elle **souffle le chaud et le froid**, et ça marche toujours.

Mounia : Changeons de sujet. L'autre jour, j'**ai parlé sans réfléchir** et je me suis trompée. Tu avais raison, le montant de la transaction figure dans le document, c'est **écrit noir sur blanc**. **À l'aide de** notre nouveau logiciel, j'aurai d'ailleurs accès à toutes ces données.

▮ Vocabulaire

Les intermédiaires

- Par l'entremise de qqn
- **Avec** l'aide de **quelqu'un**
- À coups* de (= *au moyen de*)
- À l'aide de **quelque chose**

Manières de dire

- Par quel(s) moyen(s)… ?
- Comment as-tu fait ton compte (pour) ? *(familier)*
- Il m'a salué **de** la tête / Elle m'a remercié **d'**un mot.
- Je ferai d'une pierre deux coups (= *j'obtiendrai deux résultats avec une seule action*).
- C'est écrit noir sur blanc.
- Il n'y a pas moyen de… *(familier)* ? = Comment faire pour… ?
- Quel serait le meilleur moyen de (+ *infinitif*)
- Il/elle a parlé sans réfléchir.

A C T I V I T É S

1 Vocabulaire et communication. **Trouvez une autre manière de dire. Vous devrez parfois restructurer les phrases.**

1. Aude nous a fait connaître le directeur du musée. _____

2. Cynthia alterne la gentillesse et la dureté. _____

3. Il obtiendra deux résultats avec une seule action. _____

4. Comment ont-ils su que la réunion aurait lieu ? _____

5. Gaétan m'a répondu avec un coup d'œil. _____

6. Comment faire pour réparer cet ordinateur ? _____

7. Séverine a obtenu ce qu'elle voulait au moyen de nombreuses lettres. _____

2 Vocabulaire et communication. **Complétez librement les phrases suivantes.**

1. Quel serait le meilleur moyen _____

2. Comment as-tu fait ton compte _____

3. Il n'y a pas moyen _____

4. À l'aide _____

5. Par quel moyen _____

6. C'est à coups* de _____

3 Communication. **Complétez librement les mini-dialogues suivants.**

1. _____
– D'accord, cela nous permettra de faire d'une pierre deux coups.

2. _____
– Par l'intermédiaire d'un ami.

3. _____
– À coups* de subventions !

4. _____
– Mais oui, c'est écrit noir sur blanc !

5. _____
– Oui, avec l'aide de mes parents.

6. _____
– En ratant une marche dans le métro.

4 À vous ! **Répondez librement et de manière développée aux questions suivantes.**

1. Côtoyez-vous des personnes qui soufflent le chaud et le froid ? Comment s'y prennent-elles ?

2. Dans quelle(s) situation(s) avez-vous fait d'une pierre deux coups ?

3. Vous arrive-t-il de parler sans réfléchir ? Dans quel contexte ?

Découragement, frustration, récupération

1 Je n'y arriverai jamais ! 🎧

Adrien : Quand je vois tout ce que j'ai à faire d'ici la fin du mois, **je ne sais pas comment je vais y arriver**. Je **ne sais plus où donner de la tête**. En un mot, on **me demande l'impossible** !

Camille : Il ne faut pas **te mettre martel* en tête. À l'impossible nul n'est tenu** ! Tu **feras ce que tu pourras**.

Adrien : Je ne serai même pas capable d'en faire la moitié ! Tu vois ce rapport à écrire ? **Je n'en vois pas le bout. Je n'y arriverai jamais** !

Camille : Tu ne vas pas **baisser les bras** ? Je comprends que tu **en baves*** en ce moment, mais c'est dommage que tout cela **te mette le moral à zéro**. Tu ne veux pas en parler à Bastien ?

Adrien : À quoi bon ? Il s'en fiche* complètement. En plus, j'**en ai gros sur la patate***, parce que Julien a obtenu un collaborateur de plus, alors que moi, il faut je me débrouille* tout seul. Je **l'ai mauvaise** !

Camille : J'ai été dans la même situation l'année dernière. J'avais un projet si compliqué que je **ne savais même plus par quel bout le prendre**. J'étais certaine de ne jamais pouvoir finir à temps. J'**ai ramé***, je peux te dire… Et puis finalement, j'y suis arrivée, mais ma santé en a pris un coup*.

Adrien : Arrête de **me saper* le moral**, je ne suis pas au bout de mes peines. Je ne sais même pas par où commencer.

▓ Grammaire

Usage idiomatique des pronoms personnels

- J'en ai gros sur le cœur / sur la patate*.
- J'en prends un coup* (= *être affecté*)
- J'en bave* (= *vivre des épreuves difficiles*)
- Je m'en fiche*.
- Je l'ai mauvaise (= *être furieux et amer*)

▓ Vocabulaire

Le découragement

- Baisser les bras
- Mettre le moral à zéro* = saper* le moral à qqn
- Avoir le moral à zéro*
- Ramer* (= *travailler dur et difficilement*)

Manières de dire

- Je ne sais pas comment y arriver. Je n'y arriverai jamais. • À quoi bon ? À quoi bon (+ *infinitif*) ?
- On me demande l'impossible ≠ À l'impossible, nul n'est tenu !
- Je ferai ce que je pourrai = je ne vais pas me mettre martel* en tête.
- Je n'en vois pas le bout = je ne suis pas au bout de mes peines.
- Je ne sais pas par quel bout prendre cette tâche = je ne sais pas par où commencer / je ne sais plus où donner de la tête.

A C T I V I T É S

1   Compréhension. **Les phrases suivantes sont-elles de sens équivalent ?**

1. Il ne va pas se mettre martel* en tête = il a le moral à zéro*.

2. Elle est en train de baisser les bras = elle est sur le point de renoncer.

3. Il l'a mauvaise* = il en a pris un coup*.

4. Je ne suis pas au bout de mes peines = je n'en vois pas le bout.

5. Ils rament* pour obtenir ce résultat = ils ne savent pas par où commencer.

6. Elle fera ce qu'elle pourra = elle en bave*.

2   Grammaire et vocabulaire. **Trouvez une autre manière de dire en employant une expression idiomatique.**

1. La pauvre Barbara vit de dures épreuves, en ce moment. _____

2. Mon ami est furieux et amer, après cet échec. _____

3. Ma collègue est amère et découragée après avoir été critiquée. _____

4. Cet employé ne s'intéresse absolument pas au travail. _____

5. Le vieux monsieur a été affecté par cette perte. _____

3   Vocabulaire. **Complétez par les termes manquants.**

1. Il est stressé, il ne sait plus où _____ de la _____ !

2. Mon fils en a _____ sur la _____ * !

3. À quoi _____ continuer ? Je n'y arriverai jamais !

4. Ma voisine a l'art de nous _____ * le moral, elle est déprimante.

5. C'est vraiment dommage qu'ils _____ les bras, si près du but.

6. Cet échec lui a mis le moral _____ .

4   Vocabulaire et communication. **Complétez les mini-dialogues suivants.**

1. _____   – À quoi bon ? Il ne voudra jamais m'aider.

2. _____   – Je vois que tu en baves*, en ce moment !

3. _____   – Eh oui, je ne suis pas au bout de mes peines !

4. _____   – Vous n'allez pas baisser les bras !

5. _____   – Franchement, à l'impossible nul n'est tenu !

6. _____   – Je vois que tu en as gros sur la patate* !

5   À vous ! **Répondez librement et de manière développée aux questions suivantes.**

1. Qu'est-ce qui peut vous mettre le moral à zéro*, au milieu d'un projet ?

2. Avez-vous tendance à baisser les bras en cas de difficultés pratiques ?

3. Dans quelles circonstances pourriez-vous dire que vous en avez bavé* ?

4. Avez-vous eu parfois l'impression qu'on vous demandait l'impossible ? Dans quel contexte ?

2 Bredouille !

Hortense : Je m'efforce de rassembler tous les éléments, mais personne ne me répond. J'ai tenté d'obtenir des informations de mes sources habituelles, **sans résultats**. Je suis rentrée **bredouille**… J'ai tout de même vu Roland, qui ne m'a pas confié grand-chose. Je **suis restée sur ma faim**.

Sami : Il vous **manque** beaucoup d'éléments à vérifier ?

Hortense : Oui, deux en particulier, ce qui est **frustrant**, car cela constitue **une** importante **lacune** dans cette enquête. Pourriez-vous m'aider à obtenir un entretien avec le directeur ? Je m'évertue à le demander, mais **en pure perte**.

Sami : C'est assez délicat, je **ne suis pas mon propre maître**, hélas. **Je ne fais pas ce que je veux, j'ai les mains liées par** la hiérarchie.

3 Énervement

Tiphaine : Que veux-tu que je te dise ? Je fais tout ce que je peux, mais je **n'y arrive pas**, c'est tout. Et cela va retarder notre départ.

Clémence : Qu'est-ce que tu veux que j'y fasse ! Je **n'y peux rien** !

Tiphaine : Tu pourrais te démener* un peu plus ! **Que tu le veuilles ou non**, on est dans le même bateau !

Clémence : Je commence à en avoir jusque-là* de ces départs en vacances ! Je suis crevée*, je me tue à tout organiser, et en plus, je me suis disputée avec Cyril.

Tiphaine : Et qu'est-ce que tu veux que ça me fasse ?

Vocabulaire

Les efforts

- S'efforcer de < s'évertuer à (+ *infinitif*)
- Tenter de (+ *infinitif*)
- Faire tout ce que l'on peut pour (+ *nom ou infinitif*) = se démener* pour (+ *nom ou infinitif*)
- Se tuer à (+*infinitif*) = se donner un mal fou pour (+ *nom ou infinitif*)

Manières de dire

- Je suis revenu(e) bredouille (= *les mains vides*).
- Je suis resté(e) sur ma faim.
- En pure perte / sans résultats.
- Je commence à en avoir jusque-là* de… (= *j'en ai assez*)
- Je n'y arrive pas.
- Il me/te/lui… manque, c'est frustrant. C'est une lacune.
- Je ne suis pas mon propre maître = je ne fais pas ce que je veux = j'ai les mains liées.
- Qu'est-ce que tu veux que je te dise ?
- Qu'est-ce que tu veux que j'y fasse ? Qu'est-ce que tu veux que ça me fasse ? = Je n'y peux rien.
- Que tu le veuilles ou non…

1 Vocabulaire. **Complétez par les termes manquants.**

1. Merci de votre compassion, mais vous n'y _____ rien !

2. Le professeur _____ de rester patient, mais c'est difficile...

3. Le comptable de l'entreprise a les mains _____ , il n'est pas son _____

4. Augustin n'a obtenu aucune réponse, il est revenu _____.

5. Félix n'est pas satisfait du résultat, il est _____ sur sa _____.

2 Vocabulaire et communication. **Choisissez le ou les commentaire(s) le(s) plus logique(s).**

1. « Impossible de retrouver mes clés, je ne sais pas ce que j'en ai fait. »

a. On ne fait pas ce qu'on veut ! **b.** Qu'est-ce que tu veux que ça me fasse ? **c.** Qu'est-ce que tu veux que je te dise ?

2. « Je suis désolé que mon ami ait cassé ce vase. »

a. Tu n'y peux rien ! **b.** Tu fais tout ce que tu peux. **c.** Tu n'y arrives pas.

3. « Nous n'avons reçu aucune réponse à nos questions ! »

a. C'est frustrant. **b.** Qu'est-ce que vous voulez que j'y fasse ! **c.** Pourtant, vous vous êtes démenés* pour les obtenir.

4. « Je ne suis pas en mesure de prendre la décision, c'est la responsabilité de mon chef. »

a. Vous avez les mains liées ! **b.** Vous restez sur votre faim. **c.** Vous n'êtes pas votre propre maître.

5. « Je me tue à lui demander des explications, mais il fait la sourde oreille. »

a. Il n'y peut rien. **b.** Oui, c'est en pure perte. **c.** Que tu le veuilles ou non, il est comme ça !

3 Communication. **Complétez les mini-dialogues suivants.**

1. _____

– Qu'est-ce que vous voulez que je vous dise ? C'est comme ça !

2. _____

– Qu'est-ce que tu veux que ça me fasse ?

3. _____

– Que tu le veuilles ou non, tu seras bien obligé(e) d'y aller !

4. _____

– Qu'est-ce que vous voulez que j'y fasse ?

5. _____

– Vous savez bien que je ne fais pas ce que je veux !

4 À vous ! **Répondez librement et de manière développée aux questions suivantes.**

1. Y a-t-il une situation dans laquelle vous vous êtes démené(e)* pour obtenir quelque chose ?

2. Vous est-il arrivé de ne pas être votre propre maître ? Dans quel contexte ?

28 Soucis, appréhensions, peurs

1 Je me fais un sang d'encre ! 🎧

Jean-Paul : Je n'ai pas de nouvelles de mon fils, je **me fais du mauvais sang**, je dirais même je **me fais un sang d'encre**. Il est au bout du monde et il y a eu de gros troubles politiques là-bas. Quand nous avons entendu ça à la radio, sa mère et moi **étions dans tous nos états**…

Thérèse : Oui, je suis au courant de ce qui s'est passé, mais je pense qu'il n'y a rien d'**alarmant** pour les touristes. Vous avez toujours eu tendance à **vous faire du souci ! Ne vous en faites pas**, votre fils finira bien par donner de ses nouvelles. **Au pire**, vous pouvez toujours contacter le consulat, non ?

Jean-Paul : Certes, mais je **ne suis pas rassuré** pour autant.

2 Un comportement préoccupant 🎧

Julien : Tu as l'air **soucieux**, **préoccupé**. Qu'est-ce qu'il y a ?

Serge : J'ai **de gros soucis** familiaux, en ce moment, ça m'empoisonne* la vie.

Julien : Qu'est-ce qui te **préoccupe** ?

Serge : Ma fille Chloé file un mauvais coton* en ce moment. Tous les professeurs se plaignent d'elle, elle a des comportements assez inquiétants. Sa mère **n'en dort plus de la nuit** et moi aussi, je commence à **me tourmenter**. Je **ne veux pas me ronger les sangs**, mais tout de même… Si on ne parvient pas à l'aider, elle ira dans le mur*.

Julien : Tu crains qu'elle fiche* en l'air ses études ?

Serge : Ça, **c'est le cadet de mes soucis** ! La seule chose qui me **tracasse***, c'est son état général, sa santé et son bonheur.

▌ Vocabulaire

Comportements inquiétants

- Alarmant = très inquiétant
- Filer un mauvais coton* = avoir un comportement préoccupant = inquiétant
- Empoisonner* la vie
- Aller dans le mur* (= *aller vers un grave échec*)
- Ficher* en l'air = détruire

Manières de dire

- Je n'en dors plus de la nuit = je me tourmente.
- Je me fais du souci = du mauvais sang < un sang d'encre = je me ronge les sangs.
- Je suis dans tous mes états.
- Je ne suis pas rassuré(e) (= *j'ai un peu peur*).
- Je suis soucieux, préoccupé = ça me préoccupe = ça me tracasse* = j'ai de gros soucis.
- Ne t'en fais pas ! Ne vous en faites pas !
- C'est le cadet de mes soucis !
- Au pire,…

Comportements et émotions

A C T I V I T É S

1 Vocabulaire et communication. **Complétez par les termes manquants.**

1. Pour son baptême de l'air, la petite fille n'était pas _____ !

2. Philippe _____ les sangs. Ce qu'il est anxieux !

3. L'annonce de ce licenciement m'a mise dans tous _____.

4. Les résultats médicaux de cet homme sont mauvais et même _____.

5. Cette jeune fille va à l'échec, elle va _____*.

6. Thibaut a de gros _____ , il n'en dort plus _____.

2 Vocabulaire et communication. **Trouvez une autre manière de dire.**

1. Avec ce comportement, elle <u>détruit</u> sa carrière ! _____

2. Sur cette route de montagne, nous <u>avons eu un peu peur</u>… _____

3. Cet adolescent <u>a un comportement assez inquiétant.</u> _____

4. Leur fils est au chômage et les parents <u>sont inquiets et y pensent constamment.</u> _____

5. Pendant l'opération de leur petite fille, les parents <u>sont malades d'inquiétude.</u> _____

6. <u>Ne vous faites pas de souci</u> ! _____

7. Gagner davantage d'argent <u>n'est en aucun cas un souci pour moi</u> ! _____

3 Communication. **Complétez ces mini-dialogues.**

1. _____
— Eh bien, j'ai de gros soucis financiers, en ce moment.

2. _____
— Ne t'en fais pas, ça s'arrangera !

3. _____
— Oui, je n'en dors plus de la nuit.

4. _____
— Ça, c'est le cadet de mes soucis !

5. _____
— Tu as raison, elle va dans le mur* !

6. _____
— Oui, je dois dire que ça m'empoisonne* la vie.

4 À vous ! **Répondez librement et de manière développée aux questions suivantes.**

1. Y a-t-il quelque chose qui vous préoccupe en ce moment ?

2. Que faites-vous quand l'un de vos proches est dans tous ses états ?

3. Qu'est-ce qui est le cadet de vos soucis ?

4. Connaissez-vous des personnes qui filent un mauvais coton* ? De quelle manière ?

5. Quel comportement vous paraîtrait révélateur de quelqu'un qui va dans le mur* ?

3 Un examen redoutable et redouté 🎧

Mathilde : J'ai le trac ! **Rien que de penser à** l'examen, **j'en suis malade** !

Lucas : Moi aussi, **je n'en mène pas large***.

La mère : Ça commence bien ! **Ne vous affolez pas**, les examinateurs ne vous mangeront pas !

Mathilde : Moi, je sais que je **perds facilement mes moyens** devant un jury. Ça **me fait tellement peur que** j'en suis au point où je serais capable de renoncer…

La mère : C'est hors de question, ma chérie ! Que tu **redoutes** l'épreuve c'est une chose, que tu **cèdes à une panique** disproportionnée, c'est autre chose.

Lucas : Vous avez raison, **il ne faut pas se dégonfler***. Moi aussi, j'**ai la trouille***, mais…

La mère : D'ailleurs, surmonter **cette appréhension** fait partie de l'épreuve. Je me souviens très bien de ma propre expérience, quand j'étais jeune. J'étais **dans mes petits souliers***, tellement j'avais le trac. Finalement, c'est ma mère qui m'a aidée à dédramatiser et à me calmer.

4 Une peur bleue

[…] L'autre soir, je rentrais chez moi, quand j'ai croisé un gars à la mine **patibulaire**. Il s'est approché de moi, et je me suis demandé ce qu'il me voulait. Comme tu sais, je suis plutôt **froussarde***. Là, j'étais **morte de peur** parce que j'étais sûre qu'il allait m'agresser. La rue était déserte, **j'ai paniqué** ! Je me suis enfuie en courant, il ne m'a pas poursuivie, mais je **claquais des dents**. Finalement, il était peut-être inoffensif, mais j'**en tremble encore** en t'écrivant. […]

▭ Vocabulaire

La peur

- Avoir le trac *(terme de théâtre)*
- Céder à la panique < paniquer = s'affoler
- Avoir une appréhension = redouter qch ≠ dédramatiser
- Se dégonfler* *(= renoncer par manque de courage)*
- Avoir la trouille* = avoir la frousse* = une peur bleue = être mort de peur
- Être froussard(e)* *(= avoir peur, par caractère).*
- Une mine patibulaire *(= menaçante et effrayante)*

Manières de dire

- Je n'en mène pas large*.
- Je perds mes moyens.
- Je suis dans mes petits souliers*.
- Cela me fait peur.

- Rien que d'y penser, j'en suis malade.
- Je claque des dents (de froid ou de peur).
- J'en tremble encore.

Remarque de vocabulaire. « Ça commence bien ! » *(ironique)* = il y a déjà des problèmes !

1 Vocabulaire et communication. **Complétez par les termes manquants.**

1. L'élève n'en _____ pas _____* devant le jury d'examen...

2. Je _____ des dents tellement j'ai peur !

3. À l'idée d'affronter le directeur, David était dans ses _____.

4. Les plus grands acteurs ont toujours _____ avant d'entrer en scène.

5. Sylvain perd _____ quand il est interrogé.

6. Il ne faut pas _____ à la panique, il faut rester calme.

2 Vocabulaire et communication. **Trouvez une autre manière de dire.**

1. Christophe <u>a une appréhension avant</u> cette réunion délicate. _____

2. Lors d'un incendie, il ne faut surtout pas <u>paniquer</u>. _____

3. <u>Penser à cette situation dramatique la rend malade</u>. _____

4. Hélas, ils <u>ont renoncé par peur</u>, ils ont annulé le rendez-vous. _____

5. Cet homme a l'air <u>menaçant et dangereux</u>. _____

6. Valentine <u>n'était pas du tout à l'aise et avait un peu peur</u>. _____

7. Fabien <u>a toujours peur de tout</u>. _____

3 Communication. **Complétez les mini-dialogues suivants.**

1. _____
— Effectivement, j'ai la trouille* !

2. _____
— Tu sais, j'en suis malade !

3. _____
— Franchement, je n'en mène pas large*...

4. _____
— Oui, car dans ce genre de situation, je me connais, je perds mes moyens.

5. _____
— Ça commence bien !

6. _____
— Oh oui, j'en tremble encore !

4 À vous ! **Répondez librement et de manière développée aux questions suivantes.**

1. Avez-vous le trac quand vous devez vous produire en public ? Que se passe-t-il et comment parvenez-vous à le surmonter ?

2. Vous est-il arrivé de perdre vos moyens ? Dans quelles circonstances ?

3. Avez-vous déjà observé des personnes se dégonfler* ? Dans quel contexte ?

4. Avez-vous déjà eu une peur bleue ? Pouvez-vous en parler ?

29 Exprimer ses sentiments

1 Un personnage fascinant 🎧

Frank : J'**éprouve des sentiments ambivalents à l'égard de** David. D'un côté, il **suscite en moi** une certaine méfiance, d'un autre côté, je ne peux pas m'empêcher de l'admirer.

Adèle : Je **ressens** la même chose. C'est quelqu'un qui m'**inspire** une véritable fascination, **non dénuée de** crainte, d'ailleurs.

Frank : Sa fille me confiait l'autre jour qu'elle ne pouvait pas **lui exprimer** son affection. Elle est obligée de la **dissimuler** et de ruser. Quelle étrange situation ! Constamment **refouler ses sentiment**s est franchement malsain, non ?

Adèle : Que veux-tu, c'est le style de David, il ne peut pas **donner libre cours à** ses émotions, d'autant qu'il a horreur des « **bons sentiments** ».

2 La pitié dangereuse 🎧

Dora : **Ça me fait quelque chose de** voir cet ancien danseur paralysé dans un fauteuil roulant.

Amandine : Certes, mais il est hors de question de lui **manifester de la compassion**, voire de **la pitié**. Il a horreur qu'on **fasse du sentiment** avec lui. Il n'a pas de mots assez durs sur **le sentimentalisme**. Cela accroît la distance qui se crée entre lui et son entourage.

Dora : Aïe, l'autre jour, je **me suis trahie** d'un geste et il **m'a fusillée du regard**. Je **m'en suis voulu de** ne pas avoir su me contrôler.

Amandine : Je ne vois pas comment il **prendrait mal** qu'on lui manifeste notre attachement.

Dora : Oui, mais moi, j'**ai fondu en larmes** en le voyant !

▰▰▰ Vocabulaire

Quelques sentiments

- L'admiration < la fascination
- L'affection, l'attachement
- La compassion < la pitié
- Faire du sentiment = les bons sentiments (*péjoratif*)
- Le sentimentalisme (*péjoratif*)
- La crainte, la méfiance
- Fondre en larmes

▬▬▬ *Manières de dire* ▬▬▬

- J'éprouve des sentiments (forts / ambivalents…) à l'égard de qqn / envers qqn.
- Telle personne suscite en moi un sentiment… = cette personne m'inspire un sentiment…
- …non dénué(e) de (= *non sans*)
- Ça me fait quelque chose (*de* + *infinitif*) / (*que* + *subjonctif*)
- Je me suis trahi(e) = j'ai manifesté / montré / exprimé des sentiments que je voulais cacher / dissimuler.
- Je donne libre cours à mes sentiments, mes émotions ≠ je dois refouler = contenir mes sentiments.
- Je l'ai fusillé(e) du regard.   • Je prends mal (≠ bien) (*que* + *subjonctif*) / (+ *nom*)
- Je m'en veux.

Comportements et émotions

A C T I V I T É S

1 Vocabulaire. **Choisissez la ou les réponse(s) possible(s).**

1. Parfois, on est obligé de ressentir | dissimuler | refouler ses sentiments.

2. Cela me fait | manifeste | dissimule quelque chose de voir mon cousin malade.

3. Léo déteste manifester | faire | dissimuler ses émotions en public, il fait tout pour les cacher.

4. Cette vieille dame nous inspire | éprouve | manifeste des sentiments forts.

5. Daniel s'en fait | veut | suscite d'avoir vexé Laurent.

2 Vocabulaire et communication. **Complétez par les termes manquants.**

1. Maud est susceptible, elle _____ qu'on la taquine.

2. Myriam a tenté de _____ son chagrin pour ne pas affecter ses parents, mais

elle s'est _____ en _____ en larmes.

3. Romain était furieux et nous _____ du regard.

4. Cette avocate _____ en moi une véritable admiration.

5. Blaise ne _____ jamais libre _____ à ses émotions.

6. Vanessa _____ de la pitié _____ cette pauvre femme.

7. Olivier déteste que nous _____ du sentiment, il considère que c'est du

_____ ridicule.

3 Vocabulaire et communication. **Trouvez une autre manière de dire.**

1. Valentine s'est mise soudainement à pleurer en entendant la triste nouvelle. _____

2. Jules ne montre pas ses sentiments envers ses enfants. _____

3. Maëlle se vexe quand on ne l'invite pas à danser. _____

4. Sophie provoque en moi des sentiments ambigus. _____

5. Il est parfois difficile d'extérioriser librement ses émotions. _____

6. J'ai des remords de lui avoir répondu si sèchement. _____

4 À vous ! **Quel(s) sentiment(s) vous inspirent ces personnes ?**

1.

2.

3 Des liens distendus 🎧

Marc : Depuis un certain temps, je **ressens un certain malaise** en présence de Louis. Son attitude a changé et **nos rapports se sont tendus**.

Virginie : Cela ne m'étonne pas. C'est quelqu'un qui ne fonctionne que dans **le rapport de force**. Il doit absolument prouver son excellence. Il **ne supporte pas** d'**être pris en défaut**.

Marc : Oui, mais **cela me met mal à l'aise**, car nous avions entretenu des relations d'estime réciproque. Nous **avions tissé des liens** au cours des années, mais ils **se sont distendus** et ça **me chagrine**.

Virginie : Un incident s'est produit ?

Marc : J'ai dû le **blesser** sans m'en rendre compte. C'est quelqu'un de susceptible qui **se froisse** facilement. Au demeurant, il ne m'en a rien dit. Et moi, je **ne suis pas toujours d'humeur à** faire des efforts…

4 C'est fini ? 🎧

Clément : **Où en es-tu de tes relations avec** Margot ? Tu n'envisages pas sérieusement de la quitter ?

Gaspard : **Je ne sais plus où j'en suis**, je suis **en pleine confusion**. Il est certain que je commence à **m'éloigner d'**elle.

Clément : Tu ne l'aimes plus…

Gaspard : Si, je **l'aime toujours, mais je ne suis plus amoureux**. Nous ne vivons plus de **passion**, il n'y a plus d'**élan**. Quand on nous voit, on dirait un vieux couple, alors que ça fait deux ans qu'on est ensemble !

Clément : Tu ne crois pas qu'elle **s'ennuie de** sa famille ? Pour vivre avec toi, elle a dû les quitter et je me demande si cela ne joue pas un rôle dans votre crise.

▬ Vocabulaire

Les liens

- Tisser des liens ≠ s'éloigner de qqn
- Avoir / créer / développer un rapport, une relation
- Créer / être dans un rapport de force
- Blesser = froisser quelqu'un

- Un élan (= *un mouvement vers qqn*)
- Vivre une passion
- S'ennuyer de qqn

Manières de dire

- Où en es-tu de tes relations avec… ?
- Nos rapports se sont tendus.
- Je ne sais plus où j'en suis = je suis en pleine confusion (des sentiments).
- Je ne supporte pas d'être pris(e) en défaut.
- Cela me met mal à l'aise = je ressens un certain malaise.
- Je l'aime toujours, mais je ne suis plus amoureux(-euse).
- Je (ne) suis (pas) d'humeur à (+ *infinitif*)
- Nos liens se sont distendus.

1 Vocabulaire. **Complétez par les termes manquants.**

1. Avec le temps, les deux collègues _____ des liens d'amitié.

2. Le petit garçon est triste, il _____ de ses parents.

3. Malheureusement, les rapports avec nos voisins _____.

4. Romain n'est pas _____ à plaisanter, aujourd'hui !

5. Je suis désolé, j'ai _____ Maxime en le taquinant.

6. Roland ne sait plus où il _____ dans sa relation avec Jeanne.

2 Vocabulaire et communication. **Quel(s) commentaire(s) pourriez-vous faire sur les situations suivantes ?**

1. Magali croyait qu'elle était amoureuse de Quentin, mais Gautier lui plaît aussi, elle ne sait plus qui choisir ! _____

2. Antoine n'aime pas du tout quand on s'aperçoit qu'il s'est trompé. _____

3. Émilie et Stéphane sont ensemble depuis 15 ans, ils ont toujours de l'affection l'un pour l'autre, mais ce n'est plus comme avant… _____

4. Progressivement, les deux voisins sont devenus plus proches, ils ont commencé à se voir et à se parler davantage. _____

5. Anaïs se sent triste, parce que son frère et sa sœur lui manquent. _____

6. Léo est dans la compétition et veut toujours montrer qu'il est meilleur que les autres. _____
_____

3 Communication. **Complétez librement les mini-dialogues suivants.**

1. Est-ce que vous vous sentez à l'aise avec Céline et Fabien ?

– _____

2. Vos rapports sont-ils faciles ?

– _____

3. Où en est Angélique de sa relation avec Thomas ?

– _____

4. Sébastien s'est rapproché de Jérémie, au cours des années ?

– _____

5. Est-ce que Diane se confie facilement ou cela dépend des jours ?

– _____

4 À vous ! **Répondez librement et de manière développée aux questions suivantes.**

1. Avez-vous tissé de nouveaux liens, récemment ? Comment ?

2. Certaines personnes vous mettent-elles mal à l'aise ? De quelle manière ?

3. Certaines de vos relations se sont-elles distendues avec les années ?

4. Vous ennuyez-vous de quelqu'un, en ce moment ?

1 Choisissez la ou les réponse(s) possible(s).

1. Nous avons tiré | coupé | fait les ponts avec certains membres de notre famille.

2. Il s'y prend bien | à la va-vite | mal.

3. Il ne paye pas de figure | mine | change.

4. Elle est obligée de retenir | contenir | trahir ses émotions en public.

5. Les deux hommes ont créé | tissé | vécu des liens d'amitié.

6. Désormais, ils savent à quoi s'en tenir | prendre | plaindre.

7. Elle en a gros sur le moral | le cœur | la patate*.

8. Je redoute ce rendez-vous, j'en suis dans mes petits souliers* | malade | préoccupé.

9. Il se fait tout un cinéma* | une vue de l'esprit | des illusions.

10. Sous des dehors | apparences | vraisemblances raisonnables, il a beaucoup de fantaisie.

2 Les phrases suivantes sont-elles de sens équivalent ?

1. Tu crois au Père Noël ! = tu rêves !

2. Il s'est dégonflé* ! = il a le trac.

3. Je n'en vois pas le bout = on me demande l'impossible.

4. Ils ont coupé les ponts avec leur entourage = ils ont fait le désert autour d'eux.

5. Il tient à sauver les apparences = il ne paye pas de mine.

6. Il sait y faire = il procède méthodiquement.

7. Ils nous ont donné des coups bas = ils ont avalé des couleuvres*.

8. Elle fait bonne figure = elle donne le change.

9. Il file un mauvais coton* = il se fait un sang d'encre.

10. Qu'est-ce que vous voulez que j'y fasse ? = Je n'y peux rien !

3 Trouvez une autre manière de dire.

1. Je suis très déçue ! Quelle désillusion ! _____

2. Elle n'en voit pas le bout. _____

3. Il nous a fait un mauvais coup. _____

4. Je ne suis pas très rassuré… _____

5. Il faut regarder la réalité en face. _____

6. Ils font tout ce qu'ils peuvent pour finir le travail à temps. _____

7. Son état de santé me préoccupe. _____

8. Il ne faut pas rêver ! _____

9. Cela ne sert à rien de travailler comme un fou, je n'y arriverai jamais. _____

10. Vous prenez vos désirs pour des réalités… _____

4 Complétez par les termes manquants.

1. La situation est difficile et vous n'êtes pas au _____ de vos _____ !
2. Vous rêvez, vous prenez _____ pour des _____
3. Bien sûr qu'ils sont amoureux, cela _____ les yeux !
4. Tu le crois honnête ? _____-toi, c'est un vrai voleur !
5. Nous _____ les ponts avec ces personnes qui se sont mal conduites avec nous.
6. Tu t'es disputé avec lui ? Qu'est-ce que tu _____ que j'y _____ ?
7. Il a de l'expérience, il n'est pas né _____
8. Elle _____ bien avec les enfants, avec fermeté et bienveillance.
9. En invitant Joséphine, je _____ d'une pierre _____
10. Eh bien, ils sont francs, ils n'y vont pas par _____ !

5 Complétez librement les phrases.

1. Malgré les apparences, _____
2. Je ne suis pas près _____
3. À quoi bon _____
4. Ils aspirent _____
5. Selon quelles modalités _____
6. C'est quelqu'un qui a tendance _____
7. Ça crève* les yeux _____
8. Je m'évertue _____
9. Elle se croit _____
10. Ils ont la trouille* _____

6 Quelle(s) expression(s) pourriez-vous employer dans les situations suivantes ?

1. Vous exprimez votre grand étonnement : _____
2. Vous parlez d'une personne qui a traversé des épreuves difficiles : _____
3. Vous exprimez votre découragement : _____
4. Vous parlez de quelqu'un qui est très dur sous des apparences douces : _____
5. Vous parlez de quelqu'un qui ne veut plus jamais parler d'un moment de sa vie : _____
   _____
6. Contrairement à son apparence discrète, Léa est quelqu'un de remarquable : _____
7. Vous parlez d'un couple en instance de divorce, mais qui, en public, fait semblant d'être uni : _____
   _____
8. Vous parlez d'un homme très mal élevé : _____
9. Vous parlez de la manière rapide et efficace dont un collègue a mené un projet : _____
   _____
10. Vous parlez d'une actrice qui a toujours peur d'entrer en scène, malgré son expérience : _____
    _____

30 Nuancer, atténuer, préciser

1 Une adolescente difficile 🎧

Un professeur : J'ai été **quelque peu** surpris de la réaction de cette adolescente. **Pour un peu**, elle nous accuserait de ne pas l'aider assez.

L'autre professeur : Dans une certaine mesure, je la comprends, **ne serait-ce que** parce qu'elle n'a pas eu la vie facile… Avec **un tant soit peu de** sécurité et de bienveillance, elle aurait eu davantage confiance en elle. De plus, l'âge n'arrange rien.

Un professeur : Vous avez raison, il faut **faire la part des choses**. Disons qu'elle cumule plusieurs handicaps.

L'autre professeur : Tout est **relatif** ! Elle ne manque pas d'intelligence, cette gamine*. Pensez à ce tout ce qu'elle a appris, depuis un an ! **Au fond**, il ne lui manque qu'un coup de pouce* ou un déclic pour trouver sa voie. D'ailleurs, **tant bien que mal**, elle s'en sort*.

2 Légèrement trop arrogant ? 🎧

La DRH : Que pensez-vous de Marius ? Le croyez-vous apte à assumer cette fonction ?

Son collègue : Dans la mesure où il connaît parfaitement le sujet, je le vois assez bien à ce poste. Le problème est qu'il est **un tantinet*** trop sûr de lui. Il est parfois **à la limite de** l'arrogance.

La DRH : En l'occurrence, cela ne constitue **pas nécessairement** un désavantage. **Jusqu'à un certain point**, la confiance en soi peut forcer le respect. Combien de personnes aurait-il sous sa responsabilité ?

Son collègue : Une vingtaine, **au bas mot**. **Dans la mesure du possible**, j'aimerais tout de même que vous rencontriez d'autres candidats.

Vocabulaire

Les difficultés (1)

- Ne pas avoir la vie facile
- Ne rien arranger
- Accuser qqn de (+ *nom ou* + *infinitif*)
- Cumuler des handicaps
- Un désavantage = un inconvénient
- Quelque chose manque à quelqu'un.

Manières de dire

- Quelque peu
- Un tantinet* (= un peu)
- Un tant soit peu
- Ne serait-ce que (= *au minimum*)
- Pour un peu
- Au fond
- En l'occurrence
- Dans une certaine mesure / dans la mesure où / dans la mesure du possible…
- Tout est relatif.
- Il faut faire la part des choses.
- À la limite de
- Jusqu'à un certain point / pas nécessairement
- Au bas mot
- Tant bien que mal

A C T I V I T É S

1 Vocabulaire et communication. **Complétez par les termes manquants.**

1. Serge pourrait me téléphoner, _____ que par politesse !

2. Un millier de personnes, _____ mot, se sont réunies.

3. Ils voudraient découvrir ces pays remplis de culture, et _____ la Grèce.

4. Ce dessin humoristique est à _____ de la vulgarité.

5. Dans _____ du possible, ce document doit être finalisé ce soir.

6. Ils sont tant _____ arrivés à destination.

2 Vocabulaire et communication. **Complétez les mini-dialogues suivants.**

1. _____
– Tu as raison, il faut faire la part des choses.

2. _____
– Tout est relatif !

3. _____
– Oui, je l'ai toujours trouvé un tantinet* trop insolent.

4. _____
– On peut accepter ce genre de comportement jusqu'à un certain point seulement.

5. _____
– Oui, au bas mot !

6. _____
– Oui, tant bien que mal...

7. _____
– Oui, ne serait-ce que par simple politesse.

8. _____
– En l'occurrence, ce comportement était tout à fait adapté à la situation.

3 Communication. **Complétez librement les phrases suivantes.**

1. Pour un peu, _____

2. _____ , au bas mot.

3. Dans une certaine mesure, _____

4. Au fond, _____

5. _____ , jusqu'à un certain point.

4 À vous ! **Répondez librement et de manière développée aux questions suivantes.**

1. En général, savez-vous faire la part des choses ?

2. Vous arrive-t-il d'être un tantinet* agressif (-ive) ?

3. Connaissez-vous des personnes qui cumulent les handicaps ?

3 Minutieux ou tatillon ? 🎧

Florian : Il m'a raconté toute la réunion **en long et en large**. Tu le connais, il **ne nous épargne aucun détail**. Il **m'a fait un rapport circonstancié** sur la **moindre** des paroles prononcées…

Vanessa : Je vois ce que tu veux dire. De toute façon, il est comme ça dans tout. Certains disent qu'il est simplement **minutieux**, mais moi, je le trouve assez **tatillon**.

Florian : Tu l'aurais vu l'autre jour ! Il était en train de finir son rapport, il **fignolait* le moindre détail**, soulignant **scrupuleusement** la plus petite faute de frappe…

Vanessa : Oh, je passe du coq à l'âne* : est-ce que tu as une idée du budget alloué pour cette conférence ? Le chiffre qu'on m'a donné est **aux alentours de** 10 000 euros, tout compris.

Florian : Oui, de mémoire, c'est **dans ces eaux-là***, mais il faut que je vérifie. Le document que j'ai reçu ne le **spécifie** pas…

Vanessa : Ne te casse* pas la tête, je peux aussi demander à Christophe.

4 Trop schématique 🎧

Sami : Pour moi, ce document est beaucoup trop **sommaire** ! Ce n'est qu'une présentation **schématique** des dernières découvertes. Je me demande qui a intérêt à faire circuler un texte aussi **vague**.

Apolline : Ne va pas **chercher midi à quatorze heures**, c'est simplement que Chloé n'a pas eu assez de temps pour approfondir.

Sami : C'est possible, mais sans **pinailler*** sur le moindre détail, quand j'ai interrogé Chloé, sa réponse a été **évasive**. Pourtant, il aurait été normal qu'elle **détaille** tous les éléments…

Apolline : Si tu commences à **entrer dans les détails**, on n'est pas sortis de l'auberge* !

▰ Vocabulaire

Précision et imprécision

- Être minutieux (-euse) *(positif)* < tatillon(en) *(négatif)*
- Pinailler* sur (= *s'attacher excessivement aux détails*)
- Être scrupuleux (-euse) à scrupuleusement
- Fignoler* (= *soigner excessivement*)

- Schématique = sommaire
- Évasif (-ive) = vague

Manières de dire

- Il/elle raconte tout en long et en large = il/elle ne m'épargne aucun détail.
- Il/elle spécifie le moindre détail.
- Il/elle fait un rapport circonstancié sur… = il/elle nous détaille…
- Aux alentours de = dans ces eaux-là* = environ
- Il/elle va chercher midi à quatorze heures (= *il/elle complique les choses*).

Remarque de vocabulaire. « Passer du coq à l'âne » = passer sans transition d'un sujet à un autre.

1   Vocabulaire et communication. **Choisissez la ou les réponse(s) possible(s).**

1. Victor se montre toujours très ⟨minutieux⟩ ⟨circonstancié⟩ ⟨tatillon⟩.

2. La présentation de la nouvelle loi était trop ⟨schématique⟩ ⟨sommaire⟩ ⟨scrupuleuse⟩.

3. Rachel ⟨détaille⟩ ⟨spécifie⟩ ⟨pinaille*⟩ tous les éléments prévus.

4. Nous n'allons pas entrer dans ⟨ces eaux-là⟩ ⟨midi à quatorze heures⟩ ⟨les détails⟩.

5. Tu ne nous ⟨détailles⟩ ⟨épargnes⟩ ⟨fignoles*⟩ aucun détail, ma parole !

6. La réponse que nous avons reçue était trop ⟨minutieuse⟩ ⟨vague⟩ ⟨évasive⟩.

2   Vocabulaire et communication. **Trouvez une autre manière de dire.**

1. Samia est une perfectionniste, elle soigne le moindre détail. _____

2. Aubin interprète les choses de manière trop compliquée. _____

3. Dora me raconte tous les détails les plus infimes. _____

4. Mon chef se perd dans les plus petits détails sans importance. _____

5. Ariane a fait un rapport précis et détaillé de son stage. _____

6. Une trentaine d'invités ? — Oui, c'est à peu près ce chiffre. _____

3   Vocabulaire et communication. **Complétez librement les mini-dialogues suivants.**

1. _____
– Tu ne m'épargneras aucun détail, ma parole !

2. _____
– Arrêtez donc de pinailler* !

3. _____
– Je sais, elle est très minutieuse.

4. _____
– Oui, dans ces eaux-là.

5. _____
– C'est ce qui s'appelle une réponse évasive !

6. _____
– C'est typique, il va toujours chercher midi à quatorze heures !

7. _____
– Cela ne m'étonne pas, ils fignolent* tout.

4   À vous ! **Répondez librement et de manière développée aux questions suivantes.**

1. Avez-vous tendance à pinailler* ? Sur quoi ?

2. Allez-vous parfois chercher midi à quatorze heures ? Dans quel contexte ?

3. Lorsque vous réalisez quelque chose, fignolez*-vous le résultat ?

4. Lorsque vous racontez un événement, le faites-vous dans le moindre détail ?

Raisonnement

Expliquer, comprendre, ne pas comprendre

1 Pourquoi ces messages ?

Alain : Je ne comprends pas mes voisins. **Qu'est-ce qu'ils ont**, à m'envoyer ce genre de message ? C'est ridicule !

Maud : Ils sont un peu perturbés, **il ne faut pas chercher à comprendre**.

Alain : D'abord, **comment ça se fait qu**'ils aient mon adresse électronique ? Voilà qui **me plonge dans la perplexité**.

Maud : J'imagine qu'ils l'ont eue par l'intermédiaire de la copropriété.

Alain : Je comprends, **tout s'explique**, alors !

2 Notes de frais suspectes

Thérèse : Permettez-moi de vous **demander des éclaircissements sur** ces notes de frais que je viens d'éplucher*.

Adeline : J'**ai déjà fourni des explications** il y a une semaine, je ne vais pas recommencer.

Thérèse : La hiérarchie a du mal à **trouver une justification à** la plupart de ces déjeuners d'affaires…

Adeline : Je n'ai pas de **comptes à vous rendre** et je n'ai pas à **me justifier sur** ce type de montant. J'invite des clients à déjeuner, c'est tout à fait normal. Je **ne vois pas en quoi** mes notes de frais **vous regardent**.

Thérèse : Désolée de vous contredire, mais elles me concernent au premier chef. Si j'**entends bien ce que vous dites**, vous **vous considérez comme** au-dessus des règles de l'entreprise ?

Vocabulaire

Les explications

- Plonger qqn dans la perplexité
- Fournir des explications
- Demander des éclaircissements = des explications
- Trouver une justification à qch
- Se justifier (sur / quant à)
- Avoir des comptes à rendre

Manières de dire

- Qu'est-ce que tu as, à (+ *infinitif*) = Pourquoi est-ce que tu… ?
- Comment ça se fait que (+ *subjonctif*) = Comment se fait-il que *(plus élégant)*
- Je voudrais des éclaircissements sur / à propos de…
- J'imagine que…
- Il ne faut pas chercher à comprendre *(un peu ironique)*.
- Je ne vois pas en quoi…
- Ça ne vous regarde pas.
- Je me considère comme…
- Tout s'explique !
- J'entends ce que vous dites *(= je comprends)*.

Remarque de vocabulaire. « Éplucher » des comptes = les regarder très attentivement et en détail.

1   Vocabulaire et communication. **Complétez par les termes manquants.**

1. La réaction de cette femme est aberrante, mais il ne faut pas _____.

2. Je n'ai pas de comptes à _____.

3. Cette décision absurde me _____ dans la _____ !

4. Quelle justification _____ à ce comportement ?

5. Ses loisirs et sa vie personnelle ne nous _____.

6. Nous ne comprenons pas ces chiffres, nous allons demander des _____.

2   Vocabulaire et communication. **Trouvez une autre manière de dire en respectant le niveau de langue (familier ou élégant). Vous devrez parfois restructure la phrase.**

1. Pourquoi le ministre a-t-il réagi de cette manière ? _____

2. Il est souvent de mauvaise humeur, personne ne comprend pourquoi._____

3. Mais pourquoi il me suit ? _____

4. Maintenant, tout est clair ! _____

5. Pour quelles raisons est-ce que tu es arrivé tellement en retard ?_____

6. Vous n'avez pas à vous occuper de ma vie privée. _____

7. Je ne comprends pas pourquoi cela devrait influencer ma décision. _____

3   Communication. **Complétez librement ces mini-dialogues.**

1. _____ – Franchement, cela ne vous regarde pas !

2. _____ – D'accord, tout s'explique !

3. _____ – Ne t'en fais pas, il ne faut pas chercher à comprendre…

4. _____ – Je n'ai pas de comptes à vous rendre !

5. _____ – J'ai déjà fourni tous les éclaircissements nécessaires.

4   Communication. **Complétez librement les phrases suivantes.**

1. Je n'ai pas de comptes _____

2. Comment se fait-il que _____

3. Qu'est-ce que tu as, à _____

4. Je ne vois pas en quoi _____

5. Je voudrais des éclaircissements _____

6. Il n'a pas à se justifier _____

5   À vous ! **Répondez librement et de manière développée aux questions suivantes.**

1. Une situation, une réaction, vous ont-elles plongé(e) dans la perplexité, récemment ?

2. Vous arrive-t-il de soupirer : « il ne faut pas chercher à comprendre » ? Dans quel contexte ?

3. De quoi pourriez-vous affirmer que cela ne vous regarde pas ?

Raisonnement

3 Mise au point 🎧

Lionel : J'ai convoqué le stagiaire pour lui **remonter les bretelles***. Il me semblait depuis un certain temps que la situation allait à la dérive, mais quand je l'ai vu à la tâche vendredi dernier, **ça a fait tilt***, et j'ai compris qu'il fallait **remettre les pendules à l'heure***.

Sabine : Vous ne m'étonnez pas. Ce jeune homme se noie dans un verre d'eau. Il faut lui **mâcher*** le travail !

Lionel : J'ai **fait une mise au point**, en lui rappelant ses priorités dans les tâches à accomplir. Cela ne veut pas dire pour autant que les difficultés soient aplanies…

Sabine : Cela en dit long sur le manque de formation des stagiaires. C'est normal qu'ils nagent* un peu, mais nous ne sommes pas censés rabâcher* les mêmes consignes !

Lionel : Bien sûr, mais lui, il **comprend vite mais il faut lui expliquer longtemps**, comme dit l'autre. Au moins, maintenant, **nous savons à quoi nous en tenir**.

Sabine : Quand je pense à Tania, qui **pigeait* tout au quart de tour**… C'était un plaisir de travailler avec elle !

4 Un stagiaire à la dérive !

[…] En ce qui concerne notre stagiaire, je **n'entrerai pas dans les détails**, mais il a fallu **reprendre la situation en main et le recadrer***. Au début, j'ai tenté de lui **faire comprendre** que le relâchement n'était pas de mise, mais finalement, il a fallu lui **mettre les points sur les i**, si vous me permettez l'expression. **Par acquit de conscience**, j'ai contacté un de ses professeurs. J'**en conclus que** tout cela **est à mettre sur le compte du** manque de préparation des stagiaires, hélas.

▬ Vocabulaire

Les difficultés

- Aller à la dérive
- Se noyer dans un verre d'eau = nager* un peu (= *avoir des difficultés excessives*)
- Aplanir les difficultés < mâcher* le travail à qqn (= *le lui faciliter*)
- Donner < rabâcher* (= *répéter sans cesse*) les consignes

▬ Manières de dire ▬

- Ça a fait tilt* (= *un déclic s'est produit et j'ai compris.*)
- J'ai dû remettre les pendules à l'heure* = reprendre la situation en main = mettre les points sur les i = recadrer* qqn
- Il faut que je remonte les bretelles* à qqn (= *réprimande*)
- Cela en dit long sur…
- Je sais à quoi m'en tenir (= *je comprends la situation*).
- J'en conclus que…
- Je n'entre pas dans les détails, mais…
- C'est à mettre sur le compte de… (+ *nom*)
- Il/elle comprend vite, mais il faut lui expliquer longtemps. (*tournure ironique*)
- Il/elle pige* au quart de tour (= *comprend immédiatement*).
- Par acquit de conscience…

A C T I V I T É S

1 Vocabulaire et communication. **Complétez par les termes manquants.**

1. La mère _____ les bretelles* à ses enfants !

2. La direction a décidé de _____ la situation en _____ .

3. Lors de la réunion, le chef n'est pas _____ dans les _____ .

4. Tout va à _____ , il va falloir remettre _____ à l'heure* !

5. Cette vieille dame _____ dans un _____ d'eau, maintenant.

2 Vocabulaire et communication. **Trouvez une autre manière de dire.**

1. Quand j'ai entendu la nouvelle, <u>j'ai subitement compris ce qui se passait</u>. _____

2. Antoine <u>comprend immédiatement</u> ce qu'on lui explique. _____

3. Le directeur a dû <u>reprendre le contrôle de la situation</u>. _____

4. Le retard <u>s'explique par les</u> travaux qui sont en cours. _____

5. Je vais lui téléphoner, <u>juste pour vérifier que je ne me trompe pas</u>. _____

6. Désormais, nous savons <u>quelle est la situation exacte</u>. _____

3 Communication. **Complétez librement ces mini-dialogues.**

1. _____

— Cela en dit long sur l'ambiance dans l'entreprise !

2. _____

— Oui, je le ferai par acquit de conscience.

3. _____

— Oh là là, il se noie dans un verre d'eau !

4. _____

— Il va falloir que je remette les points sur les i.

5. _____

— Au moins, je sais à quoi m'en tenir.

6. _____

— Oui, ça a fait tilt* quand j'ai appris ça.

4 À vous ! **Répondez librement et de manière développée aux questions suivantes.**

1. Vous est-il arrivé de devoir remettre les pendules à l'heure* ? Dans quel contexte ?

2. Avez-vous parfois l'impression de vous noyer dans un verre d'eau ?

3. Avez-vous été obligé(e) de remonter les bretelles* à quelqu'un ? Pourquoi ?

4. Constatez-vous dans votre entourage qu'une situation/une entreprise/une personne va à la dérive ?
De quelle manière ?

5. Fréquentez-vous des personnes qui, en général, pigent* au quart de tour ce qu'on leur explique ?

5 Du flair

Sarah : Sais-tu qu'Angélique est encore partie en Sicile ? À mon avis, **il y a anguille sous roche**. **Fine mouche**, elle prétend que c'est pour ses études d'archéologie, mais **je n'ai pas besoin de te faire un dessin**, j'**ai l'intuition qu**'un bel Italien est dans les parages…

Fanny : Tu crois ? Je reconnais que tu es **intuitive** mais là, j'ai quelques doutes. Elle avait toujours dit qu'elle voulait passer du temps en Italie.

Sarah : Mon flair me dit que ce n'est pas la seule raison. J'ai **toujours eu le nez creux***, comme tu sais.

6 Le cœur a ses raisons…

Clément : Je ne suis pas surpris de la séparation entre Gaspard et Margot. On **le sentait venir**, depuis quelque temps.

Solène : Moi aussi, je m'en doutais. J'**ai** toujours **eu le pressentiment que** leur relation ne durerait pas. Ils sont trop différents, voire incompatibles ! Gaspard **ne voit pas plus loin que le bout de son nez**.

Clément : Margot n'a pas montré davantage de **discernement**, d'ailleurs.

7 Lucidité

[…] Il ne faut pas **sous-estimer** l'ampleur de la tâche. Avec **une certaine lucidité**, Xavier a reconnu qu'il faudrait de longs mois pour réorganiser l'entreprise. Je **ne méconnais pas** non plus les difficultés psychologiques. D'ailleurs, Xavier a fait preuve de **clairvoyance** en commençant par former de nouvelles équipes. […]

Vocabulaire

L'intuition

- Avoir l'intuition / le pressentiment *(pour un événement négatif)* que → être intuitif (-ive)
- Être fine mouche
- Avoir du flair = avoir le nez creux*
- Avoir du discernement = de la clairvoyance (= *de la lucidité*)

Manières de dire

- Il y a anguille sous roche (= *on peut soupçonner quelque chose de secret*)
- Je n'ai pas besoin de faire un dessin à qqn (= *inutile d'expliquer*).
- Je sens venir un problème/une difficulté… = j'ai le pressentiment que…
- Il/elle ne voit pas plus loin que le bout de son nez.
- Il ne faut pas sous-estimer (≠ surestimer)…
- Je ne méconnais pas *(= je mesure)*…

Remarque de vocabulaire. « Voire » = et peut-être même.

1 Vocabulaire et communication. **Complétez par les termes manquants.**

1. Cela fait longtemps que nous _____ ce conflit, il était prévisible.

2. Tu n'as pas _____ de me faire _____ , je comprends tout !

3. Malheureusement, le directeur _____ l'ampleur du travail.

4. Hélas, nous avons eu _____ que cette dispute allait éclater.

5. Mon chéri, tu ne vois pas _____ que _____ de _____

2 Vocabulaire et communication. **Trouvez une autre manière de dire.**

1. Maïté a beaucoup de flair. _____

2. Avec cette décision, François a manqué de lucidité. _____

3. Clémence n'a aucune vision à long terme. _____

4. Il y a quelque chose de louche dans cette histoire ! _____

5. Je sens que ces deux personnes vont bien s'entendre. _____

6. Le supérieur hiérarchique mesure l'importance du surmenage au sein de son équipe. _____

_____

3 Communication. **Complétez librement ces mini-dialogues.**

1. _____

– Elle est fine mouche !

2. _____

– De toute façon, il ne voit pas plus loin que le bout de son nez !

3. _____

– Ils ont toujours eu du flair.

4. _____

– Je le sentais venir depuis quelque temps.

5. _____

– Vous n'avez pas besoin de me faire un dessin !

6. _____

– Décidément, tu as le nez creux* !

4 À vous ! **Répondez librement et de manière développée aux questions suivantes.**

1. Connaissez-vous des personnes qui ne voient pas plus loin que le bout de leur nez ? Comme cela se manifeste-t-il ?

2. De quelle situation avez-vous pu dire « il y a anguille sous roche » ?

3. Considérez-vous que vous avez du discernement, en général ?

4. Y a-t-il des événements dont vous avez eu le pressentiment ?

5. De quelles personnes diriez-vous qu'elles sont fines mouches ? Pourquoi ?

Réfléchir, argumenter

1 Une enquête délicate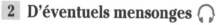

Christophe : Que faire ? Vous **avez une idée de** l'ampleur du scandale éventuel ?

Antoine : Oui, mais **en y réfléchissant bien**, je trouve qu'il y a trop de zones d'ombre dans cette histoire. Je reste prudent et ne veux pas démarrer cette enquête à l'aveuglette.

Christophe : Certes, nous devrons **faire preuve de discernement**, car de nombreux éléments **entrent en ligne de compte**. Nous devons **prendre en considération** des aspects financiers aussi bien que diplomatiques. **Jusqu'à preuve du contraire**, les deux sont liés.

Antoine : Pourquoi ne pas nous adresser à David ? **À la réflexion,** je me demande s'il ne serait pas mieux placé que moi pour enquêter.

Christophe : Je m'étais posé la question, mais **après avoir tout bien pesé**, je persiste à penser que vous **êtes en mesure de** découvrir ce qui se passe dans cet organisme.

Antoine : Il faut y regarder à deux fois. Laissez-moi y réfléchir un peu.

2 D'éventuels mensonges

Juliette : Si je **suis** bien **votre raisonnement**, vous estimez qu'Yvon Pelletier a sciemment menti aux enquêteurs ?

Antoine : En tenant compte des incertitudes et des trous de mémoire, oui, **j'en arrive à la conclusion qu'**il a menti. Sinon, pourquoi **se contredire** comme il le fait ?

Juliette : Pourtant, il a été averti des conséquences de ses déclarations.

Antoine : À ce stade de mes réflexions, j'en déduis que d'autres **pistes** sont **à suivre**.

Grammaire

Infinitif dans la forme interrogative

- Quelle réponse apporter ?
- Que faire ? Que dire ?
- Où s'installer ?
- Pourquoi s'être comporté ainsi ?
- Comment ne pas avoir imaginé les conséquences ?

Vocabulaire

Le raisonnement

- À l'aveuglette
- Une zone d'ombre
- Avoir une idée de (+ *nom*)
- Prendre en considération
- Faire preuve de discernement
- Suivre un raisonnement / une piste
- Se contredire

Manières de dire

- En y réfléchissant bien…
- Un élément entre en ligne de compte.
- À la réflexion = après avoir tout bien pesé…
- À ce stade des réflexions
- En tenant compte de…
- Jusqu'à preuve du contraire…

- Il faut y regarder à deux fois.
- J'en arrive à la conclusion que…
- J'en déduis que…
- Laisse(z)-moi y réfléchir.
- Je suis en mesure de… (+ *infinitif*)

1 Grammaire et communication. **Complétez les questions par un verbe logique à l'infinitif présent ou passé, affirmatif ou négatif, selon le cas.**

1. Pourquoi _____ preuve d'un meilleur discernement ?

2. Comment _____ compte de tous les éléments ?

3. Que _____ , à ce stade de la réflexion ?

4. À qui _____ , pour obtenir des informations ?

5. Quelle réponse _____ à une question si complexe ?

6. Pourquoi _____ cette piste, pourtant évidente ?

2 Vocabulaire et communication. **Complétez par les verbes manquants, à la forme affirmative ou négative selon le cas.**

1. Il faut que vous _____ en considération tous les éléments importants.

2. Je ne comprends pas le raisonnement que tu _____ .

3. Il est regrettable qu'elle _____ compte de cet aspect de la question.

4. Je doute fort que vous _____ à une conclusion définitive.

5. Ils en _____ que cette femme est impliquée dans ce scandale.

6. Hélas, la direction _____ preuve de discernement quant à ses choix stratégiques.

3 Vocabulaire et communication. **Complétez librement les phrases.**

1. À ce stade de mes réflexions, _____

2. En y réfléchissant bien, _____

3. Si je suis bien votre raisonnement, _____

4. J'en arrive à la conclusion que _____

5. Après avoir tout bien pesé, _____

6. En tenant compte de la conjoncture économique, _____

4 Communication. **Répondez librement aux questions (mais de manière logique !).**

1. Vous avez bien réfléchi à la situation ?

– _____

2. Où en êtes-vous de vos réflexions ?

– _____

3. Vous êtes certain(e) que ce projet est viable ?

– _____

4. Êtes-vous arrivé(e) au terme de vos réflexions ?

– _____

5. À quelles conclusions en arrivez-vous ?

– _____

3 Travaux de rénovation 🎧

Christian : Je suis en train de **cogiter***. Je **réfléchis à** une réorganisation de l'appartement. **Après avoir pesé le pour et le contre**, j'ai décidé d'abattre cette cloison et j'envisage d'ouvrir une fenêtre de ce côté-ci.

Renaud : Tu as pensé au coût des travaux ?

Christian : Évidemment ! Tu me prends pour un idiot ? C'est **un projet mûrement réfléchi** !

Renaud : Et Anne, qu'est-ce qu'elle en dit ?

Christian : Sur le principe, elle est d'accord. Elle **se pose** juste **des questions sur** l'emplacement de la fenêtre. Le maçon **nous a prouvé par a + b** qu'elle devrait être ici, mais **réflexion faite**, je me demande si ce ne serait pas mieux de la placer au milieu de ce mur.

4 Un travail argumenté

[…] Cette publication **s'inscrit dans le cadre d'**une recherche approfondie sur l'avenir des zones rurales. Elle **porte** en particulier **sur** l'agriculture et son évolution. **La réflexion s'articule autour du rapport entre** agriculture raisonnée **et** environnement. Le spécialiste **s'interroge sur le bien-fondé** de l'agriculture intensive et **se livre** d'ailleurs **à un plaidoyer en faveur** d'un développement agricole tourné vers le « bio ». Grâce à **un raisonnement solide et argumenté**, l'auteur **fait la démonstration qu'**il s'agit de la meilleure solution pour sauver de larges espaces du territoire rural. Quelles que soient **les objections que soulève** cet article, elles ne **remettent pas en cause son intérêt**, car il **donne matière à réflexion**. […]

Vocabulaire

La réflexion intellectuelle

- Cogiter* = réfléchir
- Un projet mûrement réfléchi
- Une réflexion qui s'articule autour de…
- Un rapport entre qch et autre chose
- Un raisonnement solide et argumenté

- Faire la démonstration que (+ *phrase*) / de (+ *nom*)
- Soulever des objections
- Donner / offrir matière à réflexion
- Remettre en cause qch
- S'interroger sur le bien-fondé (= *la pertinence*) de…

Manières de dire

- Après avoir pesé le pour et le contre…
- Sur le principe…
- Réflexion faite…
- Je me pose des questions sur…
- Je lui ai prouvé par a + b que…

- Je me livre à un plaidoyer en faveur de…
- Cet article porte sur (*un sujet*).
- Cette recherche/Cet article/Cette publication s'inscrit dans le cadre de…

1 Vocabulaire et communication. **Complétez par les termes manquants.**

1. Le travail de cette historienne _____ dans le cadre d'une réflexion qui _____ autour de la place de la femme avant la Révolution.

2. Sur _____ , les députés sont d'accord avec cette loi.

3. _____ faite, nous ne sommes pas sûrs que ce soit une bonne idée.

4. Ce projet _____ de nombreuses objections.

5. Je _____ des questions sur la valeur de ce projet.

6. Notre fille nous _____ par a + b que son choix était le meilleur.

7. Cet article de journal _____ matière à _____ .

2 Vocabulaire et communication. **Complétez librement les phrases suivantes.**

1. Sur le principe, _____

2. Cet ouvrage s'inscrit _____

3. Je m'interroge sur _____

4. Réflexion faite, _____

5. Après avoir pesé le pour et le contre, _____

3 Vocabulaire et communication. **Trouvez une autre manière de dire.**

1. Le sujet de cette publication est l'agriculture raisonnée.

_____

2. Ma fille m'a tenu un raisonnement très rigoureux pour me convaincre qu'il n'y avait aucun danger à partir en vacances avec des copines…

_____

3. Cet ouvrage fait beaucoup réfléchir.

_____

4. La députée a passionnément défendu cette nouvelle loi.

_____

5. Nous avons réfléchi à tous les aspects positifs et négatifs du projet.

_____

6. Cette décision a été longuement et soigneusement pensée.

_____

7. Hélène se pose des questions sur la pertinence de cette décision.

_____

4 À vous ! **Répondez librement et de manière développée aux questions suivantes.**

1. Avez-vous en ce moment un projet mûrement réfléchi ? De quel ordre ?

2. Vous est-il arrivé de vous livrer à un plaidoyer en faveur d'une idée ? Dans quel contexte ?

Établir des comparaisons

Raisonnement

1 Parentés entre les artistes 🎧

Le journaliste : L'exposition dont vous parlez **confronte** deux artistes. Peut-on véritablement **établir un parallèle entre** les deux ?

La conservatrice : Oui, car **l'un comme l'autre** se considèrent avant tout comme des artisans. De plus, leur conception de la peinture, **de même que** leur engagement politique, les **rapprochent**.

Le journaliste : Cela revient-il donc à considérer qu'**au-delà des différences** stylistiques, nous **relevons des convergences** intellectuelles ?

La conservatrice : Sans aller jusque-là, je parlerais d'**analogies** de parcours. D'ailleurs, **fidèles à** la formation qu'ils ont reçue, les deux se consacreront tout d'abord au dessin. Et le premier, **à l'instar des** grands maîtres de la Renaissance, n'hésitera pas à **copier les modèles** antiques. **À ce titre**, nous pouvons le qualifier de classique, et **comme tel**, il a toute sa place dans cette exposition.

2 Cela revient au même ! 🎧

Aziz : Regarde ce paysage ! **Ça ne te rappelle pas la** Corse, **en** un peu **plus** aride ?

Sonia : Si, **on dirait** aussi certains coins de Provence, **en moins** vert. Ça **me fait penser au** village où je passais l'été quand j'étais petite. C'étaient des vacances **de rêve** : on faisait des confitures **dignes de ce nom**, on allait chercher des légumes délicieux dans le potager de Papi, et tout **était à l'avenant**.

Aziz : Maintenant, que tu achètes des légumes ici ou là, **cela revient au même,** c'est le même goût **uniforme**.

Vocabulaire

Modèles et copies

- Confronter
- Établir un parallèle entre... et = rapprocher
- Relever une convergence / une analogie / une parenté
- Des vacances de rêve (= *dignes d'un rêve*)
- Copier un modèle

Manières de dire

- L'un(e) comme l'autre...
- Cela revient à dire que...
- Digne de ce nom (= *véritable et de bonne qualité*)
- Cela ne te/vous rappelle pas... ?
- Cela me fait penser à... = on dirait (+ *nom*)... (en plus/moins) (+ *adjectif*)
- Tout est à l'avenant (= *tout est dans le même style*).
- Au-delà des différences/divergences...
- Cela revient au même (= *cela aboutit au même résultat*).
- Comme tel(le)(s) = à ce titre...
- À l'instar de = de même que

1 **Compréhension. Les phrases suivantes sont-elles de sens équivalent ?**

1. Ce paysage me rappelle l'Irlande = on dirait l'Irlande.
2. Je relève des analogies entre ces deux projets = les deux projets reviennent au même.
3. Le dessinateur a copié un modèle = nous pouvons confronter le dessinateur à son modèle.
4. Ce paysage me fait penser à la Bretagne en moins vert = ce paysage est très aride.
5. Tout est à l'avenant = nous pouvons établir un parallèle.
6. À ce titre, il a une grosse responsabilité = comme tel, il a une importante responsabilité.

2 Vocabulaire. **Complétez par les termes manquants.**

1. Les œuvres de Matisse, _____ de celles de Picasso, valent désormais des fortunes.
2. L'historien _____ un parallèle entre ces deux événements.
3. Les journalistes _____ des convergences entre ces deux programmes politiques.
4. Ce château ne vous _____ pas celui de Courson ?
5. Au-delà des _____ de goût, nous sommes d'accord sur l'essentiel.
6. Cela _____ à dire que ce député ne tient pas ses engagements.

3 Vocabulaire et communication. **Trouvez une autre manière de dire.**

1. Le quartier est pauvre et défavorisé, et en ce qui concerne les maisons, c'est du même ordre.

   _____

2. Nous pouvons faire une comparaison entre ces deux écrivains. En effet, les deux se sont intéressés aux
   mêmes sujets. _____
3. Joëlle a écrit un vrai roman de bonne qualité. _____
4. C'était un paysage qui faisait rêver. _____
5. Cette musique me fait penser à un ballet de Tchaïkovski. _____

4 Communication. **Complétez les mini-dialogues suivants.**

1. _____
– Si, vous avez raison, cela fait penser à un tableau de Monet.
2. _____
– Effectivement, on retrouve des analogies entre ces deux pièces de théâtre.
3. _____
– Je pense que cela revient au même.
4. _____
– Oui, et à ce titre, il a l'autorité nécessaire pour prendre des décisions.

5 À vous ! **Répondez librement et de manière développée aux questions suivantes.**

1. Existe-t-il, dans votre région, un lieu qui vous en rappelle un autre ? Décrivez-le.
2. Comment décririez-vous une vie culturelle « digne de ce nom » ?

3 Une caricature ? 🎧

Fabien : Cet humoriste se contente de **singer** les politiciens, mais cela manque de finesse.

Il **pousse un peu la caricature**, même s'il tente de **suivre l'exemple des** grands humoristes. La seule chose réussie est qu'il parvient à adopter **les tics de langage** du président, par exemple.

Céline : Ça me rappelle un comédien qui était **un sosie** d'un ministre, dont il **mimait** les réactions pendant une séance à l'assemblée. C'était **tout à fait lui**. Le comédien était même capable de **contrefaire** sa voix, c'était **comme si** le vrai ministre s'exprimait !

Fabien : Il n'empêche que ces humoristes qui se croient drôles sont tous **du même acabit**.

4 Ce n'est pas un original ! 🎧

Le client : Pensez-vous que cette lampe soit de Gallé ?

L'antiquaire : Absolument pas ! Ce n'est qu'**une pâle copie d'un original** qui se trouve au musée. L'artisan **a emprunté quelques traits caractéristiques**, mais c'est tout.

Le client : Je craignais bien que ce soit **une contrefaçon**.

L'antiquaire : Je parlerais plutôt d'**imitation**, tout à fait **dans l'esprit de** l'époque. Vous pourriez aussi acheter **une reproduction** faite par le musée, cela **se rapprochera** davantage **de** ce que vous cherchez.

5 Une critique

[…] **Conformément à** ce qui avait été annoncé, cette déclaration **s'apparente à** une sévère critique, et, **en tant que telle**, suscitera des controverses, **au même titre que** le projet soumis la semaine dernière. **Il en va de même pour** les propos du ministre, **comparables en cela à** ceux d'un chroniqueur de presse, **comme pour** alimenter la polémique. […]

Vocabulaire

L'imitation

- Imiter < mimer < contrefaire < singer
- Un tic (de langage)
- Un sosie

- Une contrefaçon = une imitation frauduleuse
- Une reproduction
- Une caricature

Manières de dire

- Il pousse un peu la caricature.
- Il suit l'exemple de…
- Ils sont du même acabit *(péjoratif)* = ils sont pareils
- Il s'agit d'une pâle copie d'un original, dans l'esprit de…
- Il en va de même pour…
- C'est comparable à = cela s'apparente à = cela se rapproche de…
- C'est comme si (+ *imparfait*) / comme pour (+ *infinitif*)

- Il/elle emprunte des traits à…
- C'est tout à fait lui/elle !
- Conformément à…
- En tant que tel(le)(s)
- Au même titre que

Remarque culturelle. Sosie est un personnage d'une pièce de Molière (1622-1673), *Amphitryon*, dans laquelle Jupiter prend l'apparence de ce dernier, et Mercure prend celle du valet Sosie.

1 Vocabulaire et communication. **Complétez par les termes manquants.**

1. Cette œuvre _____ à un tableau de Braque.

2. La bande dessinée est appréciée et analysée _____ que le dessin d'art.

3. _____ au règlement, l'élève a été inscrit dans cette classe.

4. Le jeune homme _____ l'exemple de son grand-père.

5. À la boutique du musée, nous avons acheté _____ d'un tableau de Vermeer.

6. Elles se conduisent _____ tout leur était dû !

7. Ces deux voyous sont du même _____ , ils sont aussi dangereux l'un que l'autre.

2 Vocabulaire et communication. **Trouvez une autre manière de dire.**

1. Thibaut ressemble tellement à Julien qu'on pourrait les confondre. _____

2. Ce film de fiction ressemble un peu à un documentaire. _____

3. L'artiste a pris quelques éléments à Picasso. _____

4. Ce sac à main est une imitation frauduleuse. _____

5. C'est la même chose pour ce spectacle. _____

6. L'acteur exagère un peu son imitation du ministre. _____

7. Il s'agit d'une imitation de faible qualité. _____

3 Communication. **Complétez librement ces mini-dialogues.**

1. _____
– Non, à mon avis, il s'agit d'une contrefaçon.

2. _____
– C'est tout à fait lui !

3. _____
– Non, c'est juste une reproduction.

4. _____
– Oui, elle a toujours su mimer les gestes des autres.

5. _____
– Non, ils sont tous les deux du même acabit !

4 À vous ! **Répondez librement et de manière développée aux questions suivantes.**

1. Existe-t-il, dans votre pays, des humoristes qui imitent des personnages publics ? De quelle manière le font-ils ?

2. Les musées de votre région/pays vendent-ils des reproductions d'œuvres d'art ? Lesquelles ? En avez-vous acquis ?

3. Avez-vous déjà vu le sosie de quelqu'un ? Dans quelles circonstances ?

4. Connaissez-vous des personnes capables de contrefaire leur voix et/ou d'imiter les autres ?

6 Contradictions 🎧

Max : Iris **se démarque** clairement **de** Yann quant au style de management. Elle organise une réunion **réservée à** la haute hiérarchie et au PDG. Du coup*, je ne suis pas convié…

Anaïs : Que veux-tu, **on ne mélange pas les torchons et les serviettes** !

Max : Oui, mais Iris **se contredit** ! Elle avait promis de créer un esprit d'équipe, une solidarité entre les services, et elle aggrave **le clivage** par ce genre d'initiative.

Anaïs : Elle **n'en est plus à une contradiction près**. Avec elle, ça a toujours été **deux poids deux mesures**, **à la différence de** Yann qui recherchait l'équilibre avant tout.

Max : Il est vrai que **le contraste** entre ces deux personnalités est **saisissant**…

7 Il y a fromage et fromage ! 🎧

Bénédicte : J'avoue que je ne **distingue** pas ce fromage au lait cru **de** cet autre au lait pasteurisé. Il paraît que **ça n'a rien à voir**, mais moi, **je ne vois pas de différence**.

Gilles : C'est le jour et la nuit ! **Il n'y a aucun rapport entre** la finesse de l'un **et** le caractère standardisé de l'autre.

Bénédicte : Ah ? **À peu de chose près**, ils sont pareils, pourtant !

Gilles : Désolé de te **contredire**, mais **il y a fromage et fromage** !

8 Les écarts se creusent.

[…] Nous relevons **d'importantes disparités** de revenus dans cette entreprise. **Il n'y a pas de commune mesure entre** le salaire d'une réceptionniste **et** celui des cadres dirigeants. **Le gouffre se creuse** d'ailleurs davantage chaque année, si l'on en croit les études menées. On **s'écarte** de plus en plus **du** modèle social des précédentes décennies […]

Vocabulaire

L'entreprise (2)

- La haute hiérarchie = les cadres dirigeants
- Le PDG (président-directeur général)
- Un(e) réceptionniste
- Le modèle social
- Les revenus

Manières de dire

- Il/elle se démarque de qqn = il/elle se distingue de qqn.
- À peu de chose près,…
- On ne mélange pas les torchons et les serviettes. *(dicton)*
- Je ne vois pas de différence.
- C'est « deux poids, deux mesures ». *(dicton)*
- Il existe un contraste (saisissant) entre… et…
- Il/elle se contredit. Il/elle n'en est plus à une contradiction près.
- Ça n'a rien à voir = c'est le jour et la nuit = il n'y a aucun rapport entre… et… = il n'y a pas de commune mesure entre… et…
- Un écart < des disparités < un clivage < un gouffre.
- Les écarts se creusent.

1 Vocabulaire et communication. **Complétez par les termes manquants.**

1. Il n'y a aucun _____ entre cette œuvre de Velázquez et ce petit tableau !

2. Selon les derniers sondages, _____ se creuse entre les deux candidats.

3. Seuls les spécialistes peuvent _____ un original d'une copie.

4. On ne mélange pas _____ et _____ !

5. Cette réaction n'a _____ à _____ avec de la jalousie.

2 Vocabulaire et communication. **Trouvez une autre manière de dire. Vous devrez parfois restructurer les phrases.**

1. On ne peut pas comparer ce petit roman avec un chef-d'œuvre de Tolstoï !

   _____

2. Il n'y a qu'une très petite différence entre ces deux meubles. _____

3. Gaétan dit quelque chose un jour et le contraire le lendemain. _____

4. Entre ces deux professeurs, la différence est considérable. _____

5. Le contraste entre ces deux enfants est spectaculaire. _____

3 Communication. **Complétez librement ces mini-dialogues.**

1. _____

– Je sais… C'est deux poids, deux mesures, comme souvent !

2. _____

– Tu plaisantes ? C'est le jour et la nuit !

3. _____

– Oui, à peu de chose près, c'est le même manteau.

4. _____

– Je ne suis pas d'accord. Il n'y a pas de commune mesure entre les deux.

5. _____

– Hélas, on ne mélange pas les torchons et les serviettes…

4 À vous ! **Répondez librement et de manière développée aux questions suivantes.**

1. Existe-t-il, dans votre langue, un équivalent du dicton fort courant « on ne mélange pas les torchons et les serviettes » ?

2. Pouvez-vous comparer deux produits de votre pays (à l'instar des fromages dans le dialogue 7) et montrer à quel point ils divergent l'un de l'autre ?

3. Dans votre pays, existe-t-il de fortes disparités de salaires ?

4. Quelles situations pourriez-vous commenter par l'expression « deux poids, deux mesures », pour montrer l'injustice et la différence de traitement entre des personnes de niveau social différent ?

34 Incrédulité et certitudes

Raisonnement

1 Stupéfaction 🎧

Selma : **Quoi ?** L'usine va être délocalisée ? Tu **plaisantes** ! **Comment peut-on** délocaliser des produits alimentaires, **c'est absurde** !

Clément : Oui, cette nouvelle **a fait l'effet d'une bombe**, tout le monde **est encore sous le choc**. Même Damien semblait **tomber des nues**, ce matin.

Selma : **On marche sur la tête*** dans cette entreprise. **Les bras m'en tombent** !

Clément : Il y a peut-être de bonnes raisons que nous ignorons…

Selma : De bonnes raisons ? **Tu parles*** ! **Je n'en crois pas un mot**. Je connais ce raisonnement, **on ne me la fait pas*** ! C'est toujours pour augmenter les profits.

Clément : Calme-toi un peu…

Selma : **Ça par exemple*** ! Tu te désolidarises de nous ? **C'est effarant** !

2 Il y a anguille sous roche… 🎧

Christophe : Quand j'ai interrogé Yves sur ses relations avec Léon, il **a été pris au dépourvu**, et il a bafouillé* une vague réponse. Je **suspecte** qu'il était déstabilisé.

Antoine : Tu ne penses pas que Bertrand aussi est mouillé* dans cette affaire ?

Christophe : **Pas que je sache**, mais **si ça se trouve**, on découvrira bientôt le pot aux roses* ! Je subodore qu'Yves n'a pas encore craché* le morceau.

Antoine : Et son témoignage **est sujet à caution**, car il a toujours nié, **contre toute évidence**, avoir connu la bande. **Il se moque du monde** ! Souviens-toi, il nous avait monté un bateau*, comme quoi il était dans une situation désespérée etc. **Mon œil*** !

Christophe : C'est quelqu'un qui **cache bien son jeu**, mais la conversation que nous avons surprise est tout de même **louche**.

Vocabulaire

1. Surprise

- Faire l'effet d'une bombe
- Être sous le choc
- Être pris(e) au dépourvu

2. Vérités et mensonges

- Découvrir le pot aux roses* (= *découvrir la vérité*)
- Cracher le morceau* (= *avouer*)
- Être sujet à caution (= *provoquer l'incrédulité*), être louche
- Suspecter = subodorer que
- Il y a anguille sous roche. • Cacher son jeu

Manières de dire

- Quoi* ? ! Tu plaisantes ! Vous plaisantez ! On marche sur la tête* ! C'est absurde/effarant !
- Tu parles* ! Mon œil* ! Ça, par exemple* !
- Comment peut-on… ?
- Les bras m'en tombent !
- On ne me la fait pas* ! Je n'en crois pas un mot.
- Il/elle se moque du monde !
- Contre toute évidence…
- Si ça se trouve…
- Pas que je sache.

Remarque de vocabulaire. « Monter un bateau* » = mentir en racontant des histoires.

1 Vocabulaire. **Complétez par les termes manquants.**

1. Nathan n'a pas su répondre à la question, car il a été pris _____.

2. Le suspect a été arrêté et a _____*, il a avoué sa participation au crime.

3. Les enquêteurs ont découvert _____* en visitant cette maison étrange.

4. L'annonce de la démission du ministre a fait l'effet _____.

5. Annabelle a bien caché _____ , personne ne se doutait qu'elle travaillait pour les services secrets.

6. L'opinion de cet homme est _____ à caution, vu son passé.

2 Vocabulaire et communication. **Trouvez une autre manière de dire.**

1. Une enquête a été demandée ? — Je ne pense pas, je ne suis pas au courant. _____

2. Aurélien va divorcer ? Je n'arrive pas à le croire ! _____

3. L'élève prétend qu'il était malade ? Je suis sûre qu'il ment ! _____

4. Il persiste à nier son implication, même si tout l'accuse. _____

5. L'attitude de ces hommes est très suspecte. _____

3 Communication. **Complétez librement les mini-dialogues.**

1. _____
– Vous plaisantez !
2. _____
– Mon œil* !
3. _____
– Je n'en crois pas un mot !
4. _____
– Ce n'est pas possible ! Les bras m'en tombent !
5. _____
– Décidément, on marche sur la tête* en ce moment !
6. _____
– Ça, par exemple* !

4 À vous ! **Répondez librement et de manière développée aux questions suivantes.**

1. Vous est-il arrivé d'être désagréablement pris(e) au dépourvu ? Dans quelles circonstances ?

2. Quelle nouvelle a fait l'effet d'une bombe, récemment ?

3. Êtes-vous capable de bien cacher votre jeu ? Dans quelles situations ?

4. De quelles situations pourriez-vous dire qu'on marche sur la tête* ?

5. Avez-vous parfois été surpris(e) par des personnes qui avaient bien caché leur jeu ?

3 L'enquête piétine 🎧

Christophe : Il semble bien qu'Yves n'ait pas trempé* dans cette histoire. **Tout laisse à penser que** le véritable responsable est quelqu'un de plus haut placé. **Il n'en reste pas moins qu'**il n'est pas blanc comme neige, à mon avis. **Il n'y a qu'à** voir ses hésitations quand il s'agit de parler de son emploi du temps !

Antoine : Quant à Léon, il **prétend** n'avoir jamais vu Yves de sa vie. **Il n'en démord pas**. Et pourtant, je suis certain qu'ils se connaissaient, **ça tombe sous le sens** si on analyse leur entourage et leurs fréquentations.

Christophe : De son côté, David **est convaincu que** nous remonterons la filière. **Il y croit dur comme fer**, ce qui **laisse sceptiques** la plupart de ses collègues.

Antoine : Il y a de quoi ! Nous avons également interrogé Bertrand **sur la foi de** quelques témoignages. **À ma connaissance**, il manque encore beaucoup d'éléments **probants**.

4 Difficile à convaincre 🎧

Antoine : On ne m'enlèvera pas de la tête que Bertrand est impliqué dans cette histoire.

Christophe : Moi, **j'ai encore des doutes**.

Antoine : Pourtant, **ça coule de source** ! Il suffit d'analyser les mouvements de fonds sur son compte pour voir qu'**il y a quelque chose qui cloche**. C'est **flagrant** !

Christophe : Il est acquis que Léon organisait des transferts d'argent vers un paradis fiscal. Nous avons fini par lui **faire entendre raison** et il a avoué. En revanche, pour ce qui est de Bertrand, nous n'avons **aucune preuve**.

■ Vocabulaire

Innocence et culpabilité

- Tremper* dans une histoire (= *être impliqué*)
- Ne pas être blanc comme neige
- Remonter la filière
- Un témoignage

- Prétendre
- Être / laisser sceptique
- Faire entendre raison
- Un élément probant, une preuve

Manières de dire

- Il semble bien que (+ *subjonctif*) = tout laisse à penser que (+ *indicatif*)
- Il n'en reste pas moins que (+ *indicatif*)
- Je n'en démords pas = on ne m'enlèvera pas de la tête que… = je suis convaincu(e) que
- J'y crois dur comme fer. Sur la foi de…
- Ça coule de source. Ça tombe sous le sens. Cela va de soi. C'est flagrant.
- À ma connaissance
- Il n'y a qu'à… (+ *infinitif*)
- Il est acquis que…
- Il y a quelque chose qui cloche.

1 Vocabulaire et communication. **Complétez par les termes manquants.**

1. Tout cela _____ de source.

2. Nous l'avons cru, sur la _____ de témoignage de son cousin.

3. Cela _____ sous le sens que cette décision est absurde.

4. Tout _____ à penser qu'il y a quelque chose qui _____ dans cette étrange affaire.

5. Il _____ bien que cet employé ne soit pas _____ comme neige.

2 Vocabulaire et communication. **Trouvez une autre manière de dire.**

1. Adèle croit <u>fermement</u> aux rêves prémonitoires. _____

2. À mon avis, quelque chose <u>ne va pas</u> dans ce raisonnement. _____

3. Renaud <u>ne change absolument pas d'avis</u>. _____

4. <u>C'est une évidence, c'est logique</u> ! _____

5. <u>Les éléments vont dans le même sens</u> : le criminel s'est enfui à l'étranger. _____

3 Vocabulaire et communication. **Complétez les mini-dialogues suivants.**

1. _____
– Ça tombe sous le sens !

2. _____
– Peut-être, mais j'y crois dur comme fer.

3. _____
– Tout cela me laisse sceptique.

4. _____
– Il n'en reste pas moins qu'elles m'ont raconté des histoires !

5. _____
– Non, à mon avis, il n'en démordra pas.

4 Communication. **Complétez librement les phrases suivantes.**

1. On ne m'enlèvera pas de la tête que _____

2. Il est acquis que _____

3. À ma connaissance, _____

4. Tout laisse à penser que _____

5. Pour résoudre ce problème, il n'y a qu'à _____

5 À vous ! **Répondez librement et de manière développée aux questions suivantes.**

1. Vous arrive-t-il de ne pas démordre de quelque chose ?

2. Y a-t-il des choses auxquelles vous croyez dur comme fer ? Lesquelles ?

3. Existe-t-il, dans votre monde politique, des personnes qui ne sont pas blanches comme neige ? Pourquoi ?

35 Causes, excuses et conséquences

1 Un élément déclencheur

Matthieu : Cet incident a donc été **l'étincelle qui a mis le feu aux poudres** ?

Gilles : Oui, ça a été **l'élément déclencheur**, **dans la mesure où** le licenciement de cet employé ne paraissait pas justifié. **Compte tenu de** la situation de l'entreprise, on ne comprend pas la logique managériale, qui ne peut **être imputée à** de l'incompétence.

Matthieu : Je ne comprends tout de même pas **le pourquoi et le comment de** cette histoire. **Comment se fait-il que** rien n'ait filtré de cette décision ?

Gilles : Tout cela est à **mettre sur le compte de** la médiocre communication qui a cours dans l'entreprise, ce qui a été pointé du doigt, **non sans raison**, par les syndicats. La priorité accordée à la rentabilité **y est** certainement **pour quelque chose**.

Matthieu : Ce facteur a probablement été **déterminant**. On sait **le rôle majeur joué par** nos actionnaires dans les orientations de l'entreprise. Cela dit, la décision me semble étrange.

Gilles : Oui, et il serait intéressant d'en découvrir **les tenants et les aboutissants**.

2 Un faux prétexte ?

Le père : C'est normal qu'elle ne range pas sa chambre, elle est en pleine préparation du bac.

La mère : Tu **lui trouves toujours des excuses** ! Les examens **ont bon dos***. Je te ferai remarquer qu'elle ne range pas davantage sa chambre en vacances. **Tous les prétextes sont bons pour** ne rien faire.

Le père : Ce n'est pas **une fausse excuse**, je ne suis pas dupe, bien sûr. **À sa décharge**, je dirais que nous lui avons demandé de se concentrer sur les maths.

La mère : C'est la faute des maths ! Franchement, chéri, **à force de** tout lui passer, elle ne fera plus rien. **À quoi bon** chercher à l'éduquer, alors ?

Vocabulaire

Causes et excuses

- Le pourquoi et le comment = les tenants et les aboutissants
- Mettre sur le compte de = être imputé(e) à
- Trouver des excuses
- Jouer un rôle (majeur) dans = y être pour quelque chose
- Un facteur déterminant

- Être la faute de
- Une fausse (≠ bonne) excuse
- Avoir bon dos* (= être une excuse commode)

Manières de dire

- C'est l'étincelle qui a mis le feu aux poudres = c'est l'élément déclencheur.
- Compte tenu de (+ *nom*) / que (+ *indicatif*) = dans la mesure où…
- Tous les prétextes sont bons.
- Comment se fait-il que (+ *subjonctif*)
- À la décharge de qqn… (= *pour excuser qqn*)

- Non sans raison
- À quoi bon (+ *nom ou* + *infinitif*)
- À force de (+ *nom ou* + *infinitif*)

A C T I V I T É S

1 Compréhension. **Les phrases suivantes sont-elles de sens équivalent ?**

1. Le stress a bon dos* = le stress est un facteur déterminant.

2. Comment se fait-il que l'ordinateur ne marche pas ? = À quoi bon le réparer ?

3. Je n'en connais pas les tenants et les aboutissants = je n'en connais pas le pourquoi et le comment.

4. Cet incident a été l'étincelle qui a mis le feu aux poudres = ça a été l'élément déclencheur.

5. Cet échec est à mettre sur le compte de la conjoncture = la conjoncture a joué un rôle majeur dans cet échec.

6. Le manque de temps y est pour quelque chose = le manque de temps est une fausse excuse.

2 Vocabulaire. **Complétez par les termes manquants.**

1. Laurent a protesté, et non sans _____ , contre cette décision.

2. À mon avis, les embouteillages ont bon _____* pour expliquer son retard !

3. À leur _____ , je dirais qu'ils ont été surmenés ces derniers temps.

4. Compte _____ de la conjoncture économique, tout cela s'explique aisément.

5. L'annonce du ministre a été un élément _____ de la grogne des syndicats.

6. À quoi pouvons-nous _____ ce changement radical d'opinion ?

3 Communication. **Imaginez une situation qui conduise au commentaire proposé.**

1. _____

– La crise économique a bon dos !

2. _____

– Tous les prétextes sont bons.

3. _____

– Il serait effectivement intéressant d'en connaître les tenants et les aboutissants.

4. _____

– À quoi bon ?

5. _____

– Effectivement, cela joue un rôle majeur dans la situation.

4 À vous ! **Répondez librement et de manière développée aux questions suivantes.**

1. Vous arrive-t-il de trouver des excuses à quelqu'un ?

2. De quelle(s) situation(s) diriez-vous que c'est l'étincelle qui a mis le feu aux poudres ?

3. Quand vous apprenez une nouvelle étonnante, tentez-vous d'en connaître les tenants et les aboutissants ?

4. Dans votre situation actuelle, qu'est-ce qui a bon dos* et dont vous pourriez vous servir comme excuse ou prétexte ?

3 Un faux pas du ministre 🎧

Séverine : Cette décision **a valu au ministre des critiques** dans son propre camp, et **s'est soldée par** un désaveu de la part de certains de ses collègues.

Yasmina : Cela **a** également **provoqué** un tollé dans l'opposition et **a donné lieu à** des échanges particulièrement houleux à l'Assemblée nationale.

Séverine : Une telle déclaration **entraînera** certainement des remous dans l'opinion publique. Jusqu'à présent, ses opinions à l'emporte-pièce **ne prêtaient pas à conséquence**, mais cette fois-ci, **de fil en aiguille**, on **en est arrivé à** douter de sa compétence. **Moyennant quoi***, il perd une partie de sa crédibilité.

Yasmina : Oui, c'est **l'effet boule de neige**. **Voilà ce que c'est** de parler étourdiment, ce qui est assez étonnant chez un vieux loup de la politique.

Séverine : Comme quoi*, le plus chevronné n'est pas à l'abri d'une bourde*…

Yasmina : Du coup*, certains en viennent à demander sa démission. On se demande quelles seront **les retombées** de cette histoire sur sa carrière.

4 Un cercle vicieux

[…] Malheureusement, les difficultés **s'enchaînent** et nous en **mesurons les répercussions sur** notre entreprise. Nous vivons **le contrecoup** de la baisse de l'activité. De plus, la faillite de notre principal partenaire a bien entendu laissé **des séquelles**, par **un** inévitable **effet domino**. Nous faisons tout ce qui est en notre pouvoir pour **briser ce cercle vicieux**. Nous espérons que les négociations que nous menons actuellement **aboutiront** favorablement et **contribueront au** redressement de notre petite structure. D'ores et déjà, les réformes que nous avons conduites **portent leurs fruits**.

▰▰▰ **Vocabulaire**

Conséquences

- Valoir des critiques à qqn
- Se solder par
- Provoquer un tollé
- Aboutir à

- Donner lieu à
- S'enchaîner
- Porter ses fruits
- Contribuer à

- Les séquelles
- Les répercussions
- Les retombées
- Le contrecoup

▬▬ *Manières de dire* ▬▬

- Moyennant quoi* = du coup* = donc = voilà ce que c'est…
- De fil en aiguille…
- Cela ne prête pas à conséquence.
- C'est l'effet boule de neige / un effet domino.

- Comme quoi* (= *c'est bien la preuve que*)
- On en arrive à…
- Il faut briser le cercle vicieux.

> **Remarques. 1.** Le désaveu = le fait de condamner une action au lieu de la soutenir.
> **2.** « Un tollé » = une vive protestation. **3.** « À l'emporte-pièce » = avec une brutale franchise.

1   Vocabulaire et communication. **Complétez par les termes manquants.**

1. Philippe est malade. _____* , il n'a pas pu finir le travail.

2. Cet aspect du projet _____ à une discussion animée.

3. Je ne pense pas que cet incident _____ à conséquence.

4. Les fouilles menées _____ à la découverte d'un site archéologique.

5. La maladie a laissé des _____ sur le visage de la jeune femme.

6. De _____ en _____ , les choses se sont aggravées.

7. Ces longues négociations _____ par un échec.

2   Vocabulaire et communication. **Trouvez une autre manière de dire.**

1. Ils se sont levés trop tard. <u>Donc</u>, ils ont raté leur avion ! _____

2. La fermeture de l'usine aura de graves <u>conséquences</u> sur la région. _____

3. <u>Progressivement et insensiblement</u>, ils en sont arrivés à parler de cinéma. _____

4. L'athlète s'est cassé la jambe. <u>C'est bien la preuve que</u> tout le monde peut tomber ! _____

5. On <u>a fini par</u> remettre en cause ce projet. _____

6. Cette réforme commence à <u>avoir des conséquences bénéfiques</u>. _____

7. Cette phrase a provoqué <u>une bruyante protestation</u> parmi les agriculteurs. _____

3   Communication. **Complétez librement les mini-dialogues suivants.**

1. _____   – Oui, et du coup*, je suis resté(e) chez moi.

2. _____   – Oui, elle souffre encore de diverses séquelles.

3. _____   – Oui, par un effet domino tout à fait prévisible.

4. _____   – Comme quoi*, tout arrive !

5. _____   – C'est un cercle vicieux.

4   Communication. **Complétez librement les phrases suivantes.**

1. Cette décision entraînera _____

2. Les retombées _____

3. Les pourparlers de paix ont abouti _____

4. Voilà ce que c'est _____

5. De fil en aiguille _____

5   À vous ! **Répondez librement et de manière développée aux questions suivantes.**

1. Quelle décision politique ou économique a provoqué un tollé dans votre pays ?

2. Pouvez-vous donner un exemple d'effet boule de neige ?

3. Existe-t-il un cercle vicieux que vous aimeriez briser ?

4. L'ouverture ou la fermeture d'une entreprise ont-elles eu des répercussions sur votre région ?

36 Conditions, hypothèses, probabilités

1 Jour de « grand départ » 🎧

Aurore : **Pour un peu***, j'aurais oublié les clés ! Ah, quelle matinée, c'est la loi des séries... Tu as vu la circulation ? **Pour peu qu'**il se mette à neiger encore plus fort, ça va être la galère* sur l'autoroute. C'est un jour de grand départ, ça va être gai...

Bastien : On devrait emporter de quoi manger, **au cas où***.

Aurore : Tu as raison. Je vais prendre des provisions, **des fois* qu'**on serait bloqués pendant des heures dans les embouteillages.

Bastien : À tout hasard, je prends aussi une couverture...

Aurore : ... **si jamais** on passait la nuit dans la voiture ? Tu es optimiste, je vois.

Bastien : On ne sait jamais, mieux vaut être prévoyant.

Aurore : Du moment que ça te sécurise, je n'y vois pas d'inconvénient.

Bastien : Quitte à partir le même jour que tout le monde, **autant** se prémunir contre les aléas de ce genre d'aventure ! **À tout prendre**, je préférerais encore dormir dans la voiture plutôt que de remettre notre voyage !

Aurore : Effectivement, **il n'est pas exclu que** nous passions une nuit un peu mouvementée, ne serait-ce qu'à cause du monde qu'il y aura. **Au pire**, on arrivera un jour plus tard.

▮ Grammaire

La condition (1)

- Pour peu que (+ *subjonctif*)
- Du moment que (+ *indicatif*)
- Quitte à (+ *infinitif*)..., autant... (+ *infinitif*)
- Au cas où (+ *conditionnel*)
- Pour un peu (+ *conditionnel*)
- Des fois* que (+ *conditionnel*)

▮ Vocabulaire

La circulation

- C'est la galère* !
- Un jour de grand départ. (= *premier jour de grandes vacances*)
- Être bloqué(e) sur la route/l'autoroute
- La circulation < un embouteillage

Manières de dire

- Pour un peu, j'aurais oublié mes clés ! (= *j'ai failli oublier*)
- À tout prendre (= *somme toute*)
- Pour peu qu'il ne puisse pas venir...
- Il n'est pas exclu que (+ *subjonctif*)
- Au cas où je ne serais pas là...
- Des fois* que je ne saurais pas quoi répondre...
- Au pire...
- À tout hasard,... = on ne sait jamais

1 Grammaire. **Complétez les phrases de manière logique.**

1. Je te prête ma clé, au cas où _____

2. Pour un peu, mes amis _____

3. Appelle les voisins, des fois* que _____

4. Elle viendra à la fête, pour peu que _____

5. Nous t'aiderons bien volontiers, du moment que _____

6. Quitte à prendre des vacances, autant _____

2 Vocabulaire et communication. **Complétez par les termes manquants.**

1. _____ à organiser une fête, _____ la faire dans le jardin.

2. Partons cette nuit ! _____ , nous nous arrêterons plus souvent pour nous reposer.

3. _____ , elle ne m'aurait pas reconnue ! C'est incroyable !

4. Avec la grève de métro et la pluie, c'est _____* pour les Parisiens !

5. Nous sommes samedi, premier jour des vacances, c'est un jour de _____

6. Tu vas mettre beaucoup de temps, pour peu que tu _____ sur l'autoroute.

3 Vocabulaire et communication. **Trouvez une autre manière de dire.**

1. Elle a failli se perdre dans le quartier. _____

2. La réunion sera houleuse, si Roxane est de mauvaise humeur. _____

3. Ils emportent des provisions, on ne sait jamais. _____

4. Il est possible que nos amis nous rejoignent à la montagne. _____

5. Somme toute, j'aimerais mieux qu'elle sache la vérité. _____

6. Par prudence, ils emportent des médicaments. _____

4 Communication. **Complétez librement les phrases suivantes.**

1. Des fois* que _____

2. Du moment que _____

3. À tout hasard, _____

4. Il n'est pas exclu que _____

5. Quitte à _____

6. Au pire, _____

5 À vous ! **Répondez librement et de manière développée aux questions suivantes.**

1. Si jamais vous deviez quitter votre région, où vous installeriez-vous ?

2. Dans quelles situations employez-vous l'expression « à tout hasard » ?

3. Existe-t-il, dans votre pays, la notion de « jour de grand départ », qui implique des kilomètres d'embouteillages sur les autoroutes ?

2 Les enjeux sont de taille ! 🎧

Nadia : La réunion se passera bien, **si tant est que** le grand chef soit d'accord avec nous sur le budget. **Pour autant que je sache**, ce n'est pas gagné… **Sans** le soutien de Véronique, il n'y a guère de chance que nous obtenions gain de cause.

Julien : Elle te soutiendra, **à condition qu'**elle comprenne les enjeux de la négociation, qui sont de taille.

Nadia : **Encore faudrait-il qu'**elle vienne dans de bonnes dispositions et qu'elle prenne le temps de nous écouter. Rien n'est moins sûr.

Julien : **Le cas échéant**, je pourrais toujours prendre la parole. **Autant que je puisse en juger**, Véronique nous respecte, toi et moi. **En présentant** clairement les points litigieux, je ne désespère pas d'arriver à un résultat !

Nadia : Même **en admettant qu'**elle tienne compte de nos arguments, elle ne sera pas forcément convaincue du bien-fondé de ton raisonnement.

Julien : Restons zen* ! **Suivant ce qui se passera**, nous aviserons. **À défaut d'**un accord aujourd'hui, nous aurons au moins des pistes de travail. **Sauf à** baisser les bras, il faut bien rester combatifs !

3 Peu de choix…

[…] **Suivant** ce que lui demandera son patron, Timothée ne pourra pas refuser de travailler de nuit, **à moins d'**avoir d'autres perspectives professionnelles. **Dans la mesure où** rien ne se profile à l'horizon, je ne vois pas quelles pourraient être ses marges de manœuvre. **N'était** sa crainte du chômage, Timothée quitterait cet emploi précaire, cela va de soi.

Grammaire

L'hypothèse / la condition (2)

- Si tant est que (+ *subjonctif*)
- Encore faudrait-il que (+ *subjonctif*)
- (Pour) autant que (+ *subjonctif*)
- En admettant que (+ *subjonctif*)
- À défaut de *(+ nom ou infinitif)*
- À moins de (+ *nom ou infinitif*) = sauf à (+ *infinitif*)
- Suivant ce qui / ce que / ce dont (+ *futur*)
- N'était (+ *nom*)

Vocabulaire

Élaboration d'un projet

- Être d'accord avec qqn sur qch
- Soutenir qqn = apporter son soutien
- Tenir compte de
- Le bien-fondé de
- Une piste de travail
- Une marge de manœuvre
- Aviser (= *réfléchir*)

Manières de dire

- Si tant est que ce soit possible.
- Pour autant que je sache,…
- Encore faudrait-il que ce soit possible.
- Rien n'est moins sûr ! = Ce n'est pas gagné.

- Le cas échéant,…
- Autant que je puisse en juger,…
- Dans la mesure où…

1 Grammaire. **Complétez librement les phrases suivantes.**

1. Il aura son bac, si tant est que _____

2. Ils ne viendront pas, à moins de _____

3. Même en admettant que _____

4. Le travail sera terminé. Encore faudrait-il que _____

5. À défaut de _____

6. Sauf à remettre la réunion, _____

7. Suivant ce que _____

2 Vocabulaire et communication. **Complétez par les termes manquants.**

1. Mes collègues ne sont pas convaincus du _____ de cette décision.

2. Pour autant que je sache, nous avons une certaine marge de _____.

3. Le cas échéant, elle _____ son soutien à sa collègue.

4. Cette réunion nous permettra de nous mettre d'accord sur des _____ de travail.

5. Cela se passera bien, si tant est que vous _____ compte des délais trop brefs.

6. Suivant ce que répondront les actionnaires, nous _____.

3 Vocabulaire et communication. **Trouvez une autre manière de dire.**

1. Si je suis bien au courant, la situation ne s'est pas améliorée. _____

2. Parvenir à un accord d'ici la fin du mois ? Ce n'est pas certain du tout ! _____

3. Sauf si un miracle se produit, l'entreprise fera faillite. _____

4. Selon ce qui se passera, je réfléchirai à ma décision. _____

5. Ils visiteront ce château s'il est ouvert, ce qui n'est pas sûr. _____

6. Elle arrivera à l'heure ? — Franchement, c'est peu probable ! _____

4 Communication. **Complétez librement les phrases suivantes.**

1. Notre marge de manœuvre _____

2. Ils (ne) tiennent (aucun) compte _____

3. Le cas échéant, _____

4. Êtes-vous d'accord _____

5. Quelle piste de travail _____

5 À vous ! **Répondez librement et de manière développée aux questions suivantes.**

1. Dans quelle(s) situation(s) apporteriez-vous votre soutien à une personne en difficulté ?

2. Pour autant que vous sachiez, votre région a-t-elle des projets de développement économique ?

3. Dans votre vie professionnelle, avez-vous l'impression d'avoir une certaine marge de manœuvre ?

1 Choisissez la ou les réponse(s) possible(s).

1. En analysant la situation, le ministre a montré sa clairvoyance | son discernement | son intuition .
2. Cet accident est à mettre sur le compte | la faute | le prétexte d'une erreur humaine.
3. La réunion s'est soldée par | a provoqué | a donné lieu à un échec.
4. De l'attitude de mon chef, j'en conclus | réfléchis | déduis que mon projet ne le convainc pas.
5. Qu'est-ce qu'elle veut | a | est , à me parler sur ce ton ?
6. Le professeur n'est pas dupe, on ne la lui prend | fait* | suit pas !
7. Nous relevons des parentés | contrefaçons | divergences entre ces deux écrivains.
8. Ce jeune mathématicien se démarque | distingue | contredit de ses glorieux prédécesseurs.
9. Cette action est à la limite | mesure | part de la légalité.
10. Nous subissons encore les séquelles | le contrecoup | le cercle vicieux de cette crise.

2 Complétez par ces expressions imagées par les termes manquants.

1. Je passe du coq _____
2. Le directeur nous a remonté _____
3. À mon avis, il y a anguille _____
4. Hélas, ici, c'est deux poids _____
5. Tu ne vois pas plus loin que _____
6. On ne mélange pas les _____
7. C'est l'étincelle qui _____
8. La pauvre, elle se noie _____
9. Nous devons _____ les pendules _____
10. Elle va toujours chercher midi _____

3 Les phrases suivantes sont-elles de sens équivalent ?

1. La crise économique a bon dos* = la crise économique joue un rôle majeur.
2. Ce ministre se démarque de ses collègues = il n'en démord pas.
3. Il est très tatillon = il passe tout le temps du coq à l'âne.
4. Il nous a raconté l'histoire en long et en large = il ne nous a épargné aucun détail.
5. Rien n'est moins sûr ! = ce n'est pas gagné !
6. Elle pinaille* sur tout = elle se noie dans un verre d'eau.
7. Tu parles* ! = mon œil* !
8. Tout est à l'avenant ! = tout est dans le même esprit !
9. Elle nous mâche le travail = elle rabâche les mêmes choses.
10. Il faut faire la part des choses = il ne faut pas chercher à comprendre !

4 Trouvez une autre manière de dire. Vous emploierez parfois un langage familier.

1. Il souffre encore des <u>conséquences</u> de son accident. _____

2. Ces jeunes gens sont <u>un tout petit peu</u> insolents. _____

3. Cette œuvre <u>présente des analogies avec</u> une pièce de Ionesco. _____

4. <u>C'est radicalement différent</u> ! _____

5. <u>Pourquoi ne s'est-elle pas</u> révoltée ? _____

6. Ils emportent un parapluie, <u>on ne sait jamais</u>. _____

7. Nous avons dû <u>mettre les points sur les i</u>. _____

8. Lui téléphoner ou lui envoyer un mail, <u>ce sera le même résultat</u>. _____

9. Cette enfant très intelligente <u>comprend très vite</u>. _____

10. <u>En y réfléchissant bien</u>, ce projet ne me semble pas viable. _____

5 Quelle(s) expression(s) pourriez-vous employer dans les situations suivantes ?

1. Vous entendez un témoignage sur lequel vous avez des doutes : _____

2. Vous êtes choqué(e) par une question indiscrète : _____

3. Vous n'êtes pas étonné(e) par la réaction de votre ami, c'est typique de lui : _____

_____

4. Vous demandez des explications sur une situation peu claire : _____

5. Vous commentez un enchaînement de conséquences désagréables : _____

_____

6. Fataliste, vous observez que la justice n'est pas la même pour tous : _____

7. Un petit indice vous permet de suspecter quelque chose de louche : _____

8. Vous exprimez le fait qu'on ne vous trompe pas facilement : _____

9. Vous êtes absolument convaincu que votre opinion est la bonne : _____

10. Un de vos voisins a eu une attitude étrange et vous vous interrogez sur les causes : _____

_____

6 Complétez par les termes manquants.

1. Il est important de _____ la part des _____.

2. À quoi _____ lui expliquer ma situation, puisqu'il s'en fiche* ?

3. Sa réaction en dit _____ sur son incompétence !

4. À tout _____ , je préférerais habiter dans ce quartier.

5. Nous en _____ à la conclusion que les chiffres sont faux.

6. Pour _____ , j'aurais oublié ma clé ! Heureusement que je m'en suis souvenue !

7. Heureusement, cette erreur ne _____ pas à conséquence.

8. Plusieurs éléments _____ en ligne de _____ dans cette affaire.

9. Sa mauvaise humeur est à _____ sur le _____ de la fatigue.

10. De fil en _____ , nous en sommes arrivés à parler de cinéma.

Risques, dangers, nécessités

1 Un projet périlleux 🎧

Jérémie : Avant de nous lancer dans ce projet, nous devons tout d'abord **évaluer les risques encourus**…

Audrey : …et **prendre toutes les précautions nécessaires** afin de mener à bien cette tâche. Certes ! D'ailleurs, **courons-nous** vraiment **le risque de** perdre de l'argent ?

Jérémie : Il n'est pas exclu d'**y laisser des plumes***, mais j'ai bon espoir que nous obtenions des fonds de plusieurs sponsors. Cela nous permettrait de **parer à toute éventualité**.

Audrey : Oui, beaucoup **misent sur** l'investissement de l'entreprise Bémol, qui semble intéressée. Vous **avez tâté le terrain** auprès de leurs représentants ?

Jérémie : Oui, mais j'y suis allé **sur la pointe des pieds**, en jouant sur la solidarité et le prestige… J'ai tenté de les convaincre que **le jeu en valait la chandelle**.

2 Des tensions 🎧

Roland : Je m'attends à **une forte hostilité de la part de** monsieur Frémaud… Ça ne va pas être triste d'organiser une réunion de copropriétaires dans de telles conditions !

Zohra : Vous avez raison, s'il **se met en travers du chemin**, **ça risque de mal tourner**. Il nous racontera tous **ses déboires** avec la plomberie et ne pourra pas s'empêcher de s'en prendre à monsieur Vannier. Ça va **être la croix et la bannière de** parvenir à calmer le jeu !

Roland : Depuis le début, cet homme nous **donne du fil à retordre**. À chaque réunion, on **parie sur** le fait qu'il sera absent, et il est toujours présent…

Vocabulaire

Expressions imagées

- Tâter le terrain.
- Y aller sur la pointe des pieds.
- Le jeu en vaut la chandelle.
- Y laisser des plumes.
- Donner du fil à retordre.
- Être la croix et la bannière (= *difficile, compliqué*).

Manières de dire

- Nous devons évaluer les risques encourus.
- J'ai eu quelques déboires (= *difficultés*).
- Il faut que nous prenions toutes les précautions nécessaires.
- Je dois parer à toute éventualité (= *penser aux risques et se protéger*).
- Je mise = parie sur un contrat à venir.
- Je m'attends à une (certaine < forte) hostilité de la part de…

Remarque de vocabulaire. « Jouer sur » *(familier)* = utiliser un argument pour convaincre.

1 Compréhension. **Les phrases suivantes sont-elles de sens équivalent ?**

1. Louise doit parer à toute éventualité = elle est prête à courir le risque.

2. Je mise sur la bonne volonté des participants = je m'attends à ce que les participants coopèrent.

3. Il faut que l'entreprise évalue les risques encourus = le jeu en vaut la chandelle.

4. Nous avons eu des déboires avec nos voisins = nos voisins nous ont donné du fil à retordre.

5. Sylvain se met toujours en travers du chemin = il tâte le terrain.

6. J'y vais sur la pointe des pieds = je risque d'y laisser des plumes.

7. Mon collègue s'est mis en travers du chemin = il veut nous empêcher d'agir.

2 Vocabulaire et communication. **Trouvez une autre manière de dire.**

1. Prendre la route de Paris à Montpellier un 31 juillet, jour noir de « grand départ », va être extrêmement difficile et pénible !

_____

2. Cet enfant à la personnalité rebelle donne des difficultés à ses professeurs.

_____

3. Gaspard a rompu avec Margot, et il n'en est pas sorti indemne.

_____

4. Je ne sais pas si mon oncle serait d'accord pour inviter toute la famille. Je vais lui en parler à mots couverts pour voir dans quel état d'esprit il se trouve.

_____

5. Je suis certain que Roland va créer des obstacles pour freiner notre action.

_____

6. Cela vaut la peine de prendre ce risque.

_____

7. Manon aimerait demander une augmentation à son patron, mais elle va le faire avec prudence et délicatesse…

_____

3 À vous ! **Répondez librement et de manière développée aux questions suivantes.**

1. De quelle(s) situation(s) risquée(s) avez-vous pensé que le jeu en valait la chandelle ?

2. Quelque chose ou quelqu'un vous a-t-il donné du fil à retordre, récemment ? De quelle manière ?

3. Qu'est-ce qui, pour vous, est ou a été la croix et la bannière ?

4. Vous est-il arrivé de vous mettre en travers du chemin de quelqu'un, pour une bonne raison ? Dans quelles circonstances ?

5. Dans quelle(s) situation(s) y allez-vous sur la pointe des pieds ?

3 Une épreuve de force 🎧

Fabrice : De toute façon, nous devons **en passer par là**.

Lucas : Oui, nous **ne ferons pas l'économie d'**une réorganisation de l'équipe. **De gré ou de force, il faudra bien que** nos collègues l'acceptent, car, à mon avis, c'est **inéluctable**. J'espère seulement que la direction ne nous **infligera** pas de plus gros changements.

Colombe : Je sais bien que **nous n'y couperons*** pas et nous **ne sommes pas au bout de nos peines** ! Nous serons certainement **amenés à** modifier toutes les descriptions de poste.

Fabrice : Oui, mais il s'agit d'**un cas de force majeure**.

Lucas : La direction veut **coûte que coûte** avancer dans le projet, ce qui requiert de nouvelles compétences et une nouvelle approche technique.

Colombe : Je crois que ce sera **une épreuve de force entre** la direction **et** les responsables de service. Espérons que **les obstacles** diplomatiques ne soient pas **insurmontables** !

Lucas : Franchement, **je crains que cela ne finisse mal**…

Fabrice : Moi, au contraire, je ne suis pas pessimiste. Bien sûr, **il ne faut pas vendre la peau de l'ours avant de l'avoir tué**, mais j'ai bon espoir que tout se passe bien. Si jamais tu passes par des moments de découragement, tu **n'as qu'à** venir me voir, je te remonterai le moral.

4 Le secret professionnel 🎧

Gaétan : Êtes-vous tenu au secret professionnel ?

Salomé : Oui, bien sûr, mais **par la force des choses, il arrive que** des informations filtrent, ce qui est regrettable. Parfois, je suis sollicitée pour me prononcer sur tel ou tel cas en public. Cela reste limité et je cherche **par tous les moyens** à éviter ces situations.

Gaétan : Cependant, certains veulent **à toute force** que vous vous exprimiez davantage !

Vocabulaire

La nécessité

- De gré ou de force = par la force des choses
- Coûte que coûte = à toute force = par tous les moyens
- C'est inéluctable.
- Une difficulté / un obstacle insurmontable

- Une épreuve de force (entre… et)
- Un cas de force majeure
- Infliger qch à qqn

Manières de dire

- Je dois en passer par là = je ne ferai pas l'économie de cette action = je n'y couperai* pas.
- Il faudra bien que… (+ *subjonctif*)
- Je ne suis pas au bout de mes peines !
- Je serai amené(e) à (= *obligé(e) de*)
- Il ne faut pas vendre la peau de l'ours avant de l'avoir tué.
- Je n'ai qu'à (+ *infinitif*) (= *la seule solution, c'est…*)

- Je suis tenu à (+ *nom*) (= *je dois respecter*)
- Je crains que cela ne finisse mal.
- Il arrive que… (+ *subjonctif*)

1   Compréhension. **Les phrases suivantes sont-elles de sens équivalent ?**

1. Il s'agit d'un cas de force majeure = c'est une épreuve de force.

2. Il veut coûte que coûte inviter cet ami = il le veut à toute force.

3. Par la force des choses, il voyagera = de gré ou de force, il voyagera.

4. Vous n'avez qu'à m'envoyer un mail = vous serez amené à m'envoyer un mail.

5. Je dois en passer par là = je n'y couperai* pas.

2   Vocabulaire et communication. **Complétez par les termes manquants.**

1. Les étudiants ne sont pas au bout de _____ !

2. De _____ ou de _____ , vous devrez assister à cette réunion, c'est un cas de force _____ !

3. _____ que _____ , nous devons trouver de nouveaux clients.

4. Notre fils veut à _____ faire des études d'astrophysique.

5. Je ne ferai pas _____ de plusieurs réunions préparatoires.

6. Les jurés _____ une dure condamnation au coupable.

7. L'avocat _____ au secret professionnel.

3   Vocabulaire et communication. **Faites un commentaire sur les situations suivantes.**

1. Maïté s'était déjà vantée de ce qu'elle ferait après avoir réussi son examen, mais malheureusement, elle ne l'a pas eu ! _____

2. Les travaux dans notre appartement ne font que commencer, cela va être pénible pendant plusieurs semaines. _____

3. Je sais bien que se lever plusieurs fois par nuit pour s'occuper du bébé est épuisant, mais on n'a pas le choix, il faut le faire. _____

4. Je ne vois pas comment tu pourrais éviter de travailler tous les week-ends si tu veux finir ce projet dans les temps impartis. _____

5. Dans cette profession, on ne doit jamais révéler les secrets de ses clients. _____
_____

6. Il y a trop de difficultés d'organisation et de problèmes financiers, nous n'y arriverons jamais. _____
_____

7. Léonard a dû annuler la réunion, car il vient de se casser la jambe. _____
_____

4   À vous ! **Répondez librement et de manière développée aux questions suivantes.**

1. Avez-vous parfois vécu une épreuve de force ? Racontez.

2. Vous est-il arrivé de vendre la peau de l'ours avant de l'avoir tué ? Sinon, connaissez-vous des personnes qui ont tendance à le faire ?

3. Dans quelle(s) situation(s) avez-vous pensé que vous n'étiez pas au bout de vos peines ?

5 Ouf ! 🎧

Arthur : Alors, comment ça s'est passé ? Serez-vous contraint de déposer votre bilan ?

Jean-Paul : Non, j'ai réussi à **sauver les meubles***, mais j'**ai frôlé la catastrophe**. *In extremis*, j'ai décroché* un contrat qui va me permettre de renflouer mon affaire.

Arthur : Je vous félicite d'avoir **surmonté cette épreuve** ! Et qu'en est-il du contrôle fiscal en cours ?

Jean-Paul : Je **suis passé au travers***, je ne sais pas par quel miracle !

6 On l'a échappé belle ! 🎧

Roxane : Ouh là là, **heureusement que** le pneu n'a pas explosé pendant que je doublais… On **l'a échappé belle**, on a **failli y passer*** !

Valentine : Oui, **on a eu chaud***, **il s'en est fallu de peu** ! Une minute de plus et on partait dans le décor… J'**en tremble encore**.

Roxane : On **n'a rien eu**, c'est le principal. **On en est quittes pour** la peur.

7 […] Finalement, il y a eu **plus de peur que de mal**. Les jeunes gens, sains et saufs, ont pu regagner leur hôtel **sans encombre**. Ils **doivent une fière chandelle aux** pompiers qui les **ont sortis de ce mauvais pas**. […]

Grammaire

Emploi idiomatique et familier de l'imparfait

- Une minute de plus et on **partait**…
- Un peu plus et elle **allait** oublier ses clés !
- À quelques minutes près, je **ratais** le train !

Vocabulaire

L'entreprise (3)

- Renflouer (= *mettre de l'argent dans une affaire et donc la sauver*)
- Décrocher* un contrat
- Déposer son bilan < faire faillite
- (Subir) un contrôle fiscal

Manières de dire

- Je suis passé(e) au travers* = je n'ai rien eu (= *je n'ai eu aucune blessure*).
- J'ai réussi à sauver les meubles*.
- Il s'en est fallu de peu = j'ai frôlé la catastrophe = j'ai eu chaud* = je l'ai échappé belle.
- J'ai failli y passer* (= *mourir*).
- J'en tremble encore (= *j'ai eu très peur*).
- J'en suis quitte pour la peur = il y a eu plus de peur que de mal.
- Je suis rentré(e) chez moi sans encombre = sans problème.
- Je dois une fière chandelle à qqn = j'ai une dette morale envers qqn.
- Les pompiers ont sorti qqn d'un mauvais pas = ils ont sauvé cette personne.
- Heureusement que (+ *indicatif*)…
- J'ai surmonté une épreuve.

Remarque de vocabulaire. « Partir dans le décor* » = pour un véhicule, se retrouver à l'extérieur de la route à la suite d'un accident.

1 Grammaire. **Transformez les phrases suivantes en employant l'imparfait.**

1. Octave a failli oublier l'anniversaire de sa grand-mère, il s'en est souvenu juste un jour avant. _____

_____

2. Il s'en est fallu de quelques centimètres pour que l'accident se produise.

_____

3. Clémence a failli renverser un vieux monsieur en voiture. Elle a freiné quelques secondes à temps !

_____

4. Amélie a failli se trouver nez à nez avec son ex-mari ! _____

2 Vocabulaire. **Trouvez une autre manière de dire.**

1. Le jeune homme <u>a obtenu</u> son premier travail à temps complet. _____

2. L'entreprise <u>a complètement fermé</u> après avoir perdu de l'argent. _____

3. Heureusement, nous avons pu <u>mettre de l'argent dans</u> cette société. _____

4. Cet homme politique corrompu a <u>vu les autorités vérifier ses impôts</u>. _____

3 Vocabulaire et communication. **Complétez par les termes manquants.**

1. Le pilote de Formule 1 _____ la catastrophe, il _____ chaud !

2. Tu l'as _____ , tu es rentré à la maison juste avant que l'orage ne se déchaîne !

3. Les parents de Lina l'ont sortie d'_____.

4. Malgré les embouteillages, David est arrivé à destination sans _____.

5. J'ai eu une de ces peurs ! J'en _____ encore !

4 Vocabulaire et communication. **Complétez les phrases de manière logique.**

1. Arthur est tombé en faisant du ski, mais heureusement, il _____

2. Emma a failli avoir un grave accident, elle _____

3. Alex a sauvé la vie de Francis, Francis lui doit _____

4. Maeva a aidé sa petite sœur qui était menacée par des voyous, Maeva _____

_____

5. Iannis a fait ce qu'il a pu pour préserver un minimum d'affaires personnelles. _____

_____

6. L'ouragan a tout emporté sur son passage, et nous avons failli _____. Heureusement,

nos enfants sont passés _____.

5 À vous ! **Répondez librement et de manière développée aux questions suivantes.**

1. Quelqu'un vous a-t-il sorti(e) d'un mauvais pas ?

2. L'avez-vous échappé belle, une fois dans votre vie ? Dans quelles circonstances ?

3. Devez-vous une fière chandelle à quelqu'un ? Pourquoi ?

4. Vous est-il arrivé d'en être quitte pour la peur ? Dans quelles circonstances ?

38

Action et inaction

1 Une lubie ?

Hélène : Tu sais que mon fils **s'est mis en tête de** partir en mission humanitaire à l'étranger ? Il n'**a** plus que **cette idée en tête**.

Barbara : C'est plutôt un beau projet, non ? Quand j'étais jeune, c'était aussi ce que je voulais faire. Je **me suis acharnée à** convaincre mes parents, ils n'ont jamais rien voulu savoir... Ils ont toujours pensé que c'était **une lubie** d'adolescente. Finalement, je **me suis rabattue* sur** la médecine sociale. Mais j'aurai toujours un regret.

Hélène : Bien sûr, j'admirerai mon fils s'il **saute le pas,** mais je ne peux pas m'empêcher de me faire du souci pour lui. Cela dit, je **ne me hasarderais pas à** l'en dissuader.

Barbara : *(ironique)* En gros, tu **te résignes à ce qu'**il vive sa vie ?

2 De l'énergie !

Sandrine : Maintenant que je **suis au pied du mur**, il va falloir que je **me jette à l'eau**. Oh là là ! Mon patron m'a demandé de prendre en main tout le projet et de **m'y investir** à fond, mais j'avoue être dans mes petits souliers*.

Vincent : Eh bien, tu vas **déployer toute ton énergie** et je suis convaincu que cela sera couronné de succès. Mais pourquoi cette décision ?

Sandrine : L'entreprise a décidé de **mettre le paquet* sur** ce projet. L'équipe va **travailler d'arrache-pied*** pour présenter un résultat d'ici le 31 octobre. Et ce sera à moi de tout gérer, en plus du reste. Le problème, c'est que je **ne peux pas être au four et au moulin*** !

Vincent : C'est certain, tu **ne peux pas être partout**, mais, te connaissant, tu vas **t'atteler à la tâche** et **redoubler d'**efforts.

Sandrine : Je sais : **quand il faut y aller, il faut y aller** !

Vocabulaire

Les efforts

- S'acharner à
- Redoubler d'efforts
- Se rabattre* sur (= *choisir par défaut*)
- S'investir (dans)

- Travailler d'arrache-pied*
- S'atteler à (+ *nom*)
- Se résigner à qch / à ce que (+ *subjonctif*)
- Déployer toute son énergie pour... = mettre le paquet sur *(familier)*

Manières de dire

- Je me suis mis en tête de... = je n'ai qu'une idée en tête, c'est...
- Je suis au pied du mur, puis je me jette à l'eau = je saute le pas.
- Je ne me hasarderais pas à = je ne me risquerais pas à
- Je ne peux pas être au four et au moulin* = je ne peux pas être partout !
- Quand il faut y aller, il faut y aller (= *on ne doit pas hésiter*).

Remarque de vocabulaire. « Une lubie » = une envie étrange, déraisonnable.

1 Vocabulaire et communication. **Complétez par les termes manquants.**

1. L'étudiant a travaillé _____ pour finir son mémoire à temps.

2. Il faudra que l'athlète _____ toute son énergie pour battre le record du monde.

3. Comme il pleuvait, impossible d'aller à la plage. Je _____* sur la salle de gym.

4. Avec tristesse, la vieille dame _____ à quitter son appartement pour s'installer dans une maison de retraite.

5. Le professeur _____ dans la préparation soignée de ses cours.

2 Communication. **Trouvez une autre manière de dire.**

1. Sacha ne peut plus reculer, il doit prendre une décision. _____

2. Henri ne peut pas faire dix choses importantes à la fois ! _____

3. Flavie a décidé, malgré l'opposition de ses parents, de partir deux mois en Nouvelle-Zélande. _____

_____

4. Après avoir longuement hésité, Corentin a accepté de prendre en charge cette mission humanitaire.

_____

5. La mairie du village a décidé de consacrer un gros budget à la culture. _____

_____

3 Communication. **Complétez les mini-dialogues suivants.**

1. _____
– Impossible ! Je ne peux pas être au four et au moulin* !

2. _____
– Eh oui, elle n'a plus que cette idée en tête.

3. _____
– Oui, il va falloir que nous mettions le paquet* pour y arriver !

4. _____
– Donc, maintenant, vous êtes au pied du mur.

5. _____
– Il faut se jeter à l'eau, tu n'as pas le choix.

6. _____
– Je sais, vous avez travaillé d'arrache-pied* pour y arriver.

4 À vous ! **Répondez librement et de manière développée aux questions.**

1. Dans quelle(s) occasion(s) avez-vous eu l'impression de devoir être au four et au moulin* ?

2. Vous est-il arrivé de vous « jeter à l'eau », alors qu'il existait des risques importants ?

3. Vous êtes-vous déjà mis en tête un projet qui a suscité l'étonnement, l'incompréhension ou au contraire l'admiration dans votre entourage ?

3 Un rapport bâclé* 🎧

Agnès : J'ai lu le rapport de Jules, qui **ne s'est pas foulé*** ! C'est toujours la même chose : de belles idées, de grandes théories, mais quand il s'agit de rédiger un texte bien structuré, **il n'y a plus personne***…

Lionel : J'ai déjà remarqué qu'il **ne se cassait pas la tête***. C'est dommage, je persiste à penser qu'il ne manque pas d'intelligence, mais quel **feignant*** ! Quand il y a un document important à rédiger, il **traîne des pieds***. Il **a un poil dans la main***, je ne te dis pas…

Agnès : Donc, c'est sur moi que cela retombe et il faudra que j'élabore un nouveau texte. Franchement, **je m'en passerais, j'ai d'autres chats à fouetter*** en ce moment !

Lionel : Tu sais ce qu'il y a de drôle ? Stéphanie avait en tête de lui confier un nouveau projet, mais elle **a fait machine arrière***, en se rendant compte de ce qui se passait. Sur ce, tout **reste en suspens**, et elle **ne s'est** même **pas donné la peine de** proposer un autre nom…

4 La flemme* 🎧

Fabien : Il faudrait que j'appelle Valérie pour l'aider à déménager mais **j'ai la flemme***.

Dorothée : Évidemment, tu préfères **te la couler douce***, mais à force de ne pas tenir parole, ça va te jouer de mauvais tours. Valérie risque de mal le prendre, à moins que tu ne décides de **faire une croix sur** son amitié.

Fabien : Tu peux **te dispenser de** faire ce genre de commentaires… J'ai seulement dit que je n'avais pas très envie de l'appeler. Je suis crevé*, d'ailleurs.

Dorothée : En d'autres termes, tu **te dégonfles***…

Fabien : Merci ! La prochaine fois, je **m'abstiendrai de** te confier mes humeurs !

Vocabulaire

La réflexion

- Persister à penser que…
- Avoir en tête de
- Tenir parole
- Faire des commentaires
- Rédiger un texte
- Élaborer / structurer un texte

Manières de dire

- Il/elle ne se foule* pas = il/elle ne se casse pas la tête*.
- Il/elle ne se donne pas la peine de (+ *infinitif*) = il n'y a plus personne ! *(familier)*
- Il/elle traîne des pieds* < il/elle a la flemme* de (+ *infinitif*)
- Il/elle est feignant(e)* < il a un poil dans la main* = il/elle se la coule douce*.
- Il/elle s'en passerait (= *ce serait mieux que ce soit différent*).
- Il/elle a d'autres chats à fouetter* (= *des choses plus importantes à faire*).
- Il/elle fait machine arrière* (= *renoncer à agir*) = il/elle se dégonfle*
- Il/elle fait une croix sur (+ *nom*) (= *renoncer à quelque chose, peut-être à contrecœur*)
- Tout reste en suspens.
- Il/elle s'abstient de (+ *infinitif*) = il/elle se dispense de (+ *infinitif*)

ACTIVITÉS

1 Vocabulaire et communication. **Complétez par les termes manquants.**

1. Cécile n'est pas fiable, elle a du mal à _____ parole.

2. Je _____ à penser que vous avez tort de vous lancer dans ce projet.

3. Mon chef n'a pas fait de _____ sur la situation, mais je me demande ce qu'il a

   _____. Personne ne devine ses pensées profondes.

4. Anaïs a l'esprit clair, elle sait _____ un texte.

5. L'étudiant n'a pas fini de _____ sa thèse, il lui reste deux chapitres à écrire.

2 Vocabulaire et communication. **Trouvez une autre manière de dire.**

1. L'étudiant n'a vraiment pas fait beaucoup d'efforts ! _____

2. Franchement, je préférerais ne pas aller à cette fête de famille... _____

3. Ce garçon est d'une paresse inimaginable ! _____

4. Le ministre a autre chose à faire que de répondre à cette lettre. _____

5. Mes amis ont complètement renoncé à leur projet de voyage. _____

6. L'adolescent ne montre pas d'enthousiasme particulier à l'idée de ranger sa chambre..._____

   _____

7. Sandra ne s'est pas donné grand mal pour faire ce dîner. _____

3 Communication. **Complétez les mini-dialogues.**

1. _____

– Non, j'ai d'autres chats à fouetter* !

2. _____

– Eh bien, la prochaine fois, je m'abstiendrai !

3. _____

– Pas aujourd'hui, j'ai la flemme* !

4. _____

– Franchement, je ne me suis pas cassé la tête*.

5. _____

– Cela m'étonnerait. Elle traîne toujours des pieds*.

6. _____

– Honnêtement, je m'en passerais bien volontiers !

4 À vous ! **Répondez librement et de manière développée aux questions.**

1. Dans quelle(s) circonstance(s) avez-vous été amené(e) à faire machine arrière* ?

2. Vous arrive-t-il de ne pas vous casser* la tête pour quelque chose ? Comment ?

3. Qu'avez-vous la flemme* de faire, cette semaine ?

4. Êtes-vous obligé(e) de faire des choses dont vous vous passeriez ?

Réussites et échecs

1 Un ballet hors du commun 🎧

Rémi : L'enjeu était de taille, mais il est indéniable que le chorégraphe **a réussi son coup***. Malgré les difficultés, il **a mené son projet à bien** et est parvenu à **faire l'unanimité** pour ce spectacle très original et rempli d'inventivité.

Léa : Pourtant, **ce n'était pas gagné**, si j'en crois les rumeurs. Il y avait, dit-on, des résistances, des conflits et le chorégraphe a dû batailler dur pour **obtenir gain de cause**.

Rémi : Les danseurs **réalisent de véritables prouesses** techniques, mais **la maîtrise** de leur art est telle qu'ils **viennent à bout de** toutes les difficultés. Certaines figures sont en effet des **tours de force**.

Léa : Le public a d'ailleurs **fait un triomphe à** toute la troupe, qui a été **ovationnée**.

Rémi : Cela prouve que l'audace **l'a emporté**, encore une fois… Le talent est **couronné de succès**, ce qui est rassurant quant au discernement des spectateurs. De plus, à cette occasion, un jeune danseur **a percé** et j'ai bon espoir de le voir **mener une carrière à la hauteur de** son talent.

2 Un triomphe

[…] Tu sais que le spectacle **a fait un malheur*** ? Tout s'est bien passé et la troupe a **réussi du premier coup à** gagner le public. Comme quoi, cela valait la peine d'**aller jusqu'au bout**. Je suis en négociation pour une tournée à l'étranger. Il ne faut pas **triompher**, mais c'est **en bonne voie** et j'espère que cela **se concrétisera**.

■ Vocabulaire

La carrière

- Batailler dur, puis l'emporter / obtenir gain de cause (= *gagner*) = venir à bout d'une difficulté
- Réaliser une prouesse = un tour de force *(par sa maîtrise technique)*
- Percer, mener une carrière à la hauteur de…
- Un spectacle / un texte / un film rempli d'inventivité.

Manières de dire

- L'enjeu était de taille.
- Ce n'est pas gagné (= *le succès n'est pas assuré*), mais c'est en bonne voie.
- J'ai réussi mon coup* *(familier)* / du premier coup.
- J'ai mené qch à bien = je suis allé(e) jusqu'au bout.
- Le public a fait un triomphe à qqn = il a ovationné qqn.
- Le spectacle / l'artiste a triomphé = a fait un malheur* = a obtenu un triomphe = a été ovationné(e)
- La mission / le spectacle a été couronné(e) de succès = a fait l'unanimité.
- Il ne faut pas triompher, mais j'espère que tout se concrétisera.

ACTIVITÉS

1 Vocabulaire et communication. **Choisissez la ou les réponse(s) possible(s).**

1. Le spectacle a fait un triomphe | l'unanimité | un malheur* .

2. La troupe est venue à la hauteur | à bout | du premier coup des difficultés.

3. L'athlète a réalisé une prouesse | un tour de force | une maîtrise .

4. Nous avons réussi jusqu'au bout | notre coup* | du premier coup .

5. L'artiste a obtenu gain de cause | une carrière | un enjeu .

2 Vocabulaire et communication. **Complétez par les termes manquants.**

1. Le maire de la ville _____ dur pour _____ son projet à bien.

2. Le public _____ un triomphe aux athlètes.

3. Je suis sûr que nous _____ à bout de toutes les difficultés.

4. Cette jeune pianiste commence à _____ , elle se fait connaître.

5. Le projet est en _____ , nous souhaitons qu'il se concrétise au plus vite.

3 Vocabulaire et communication. **Trouvez une autre manière de dire.**

1. Lors du tournoi de tennis, c'est le champion en titre qui a gagné. _____

2. Le ministre a dû se battre énergiquement pour convaincre les députés. _____

3. L'acrobate a fait un véritable exploit qui a provoqué l'admiration du public. _____
_____

4. Cette actrice fait une carrière digne de son talent. _____

5. Tout le monde est d'accord pour dire que cette pièce de théâtre est remarquable. _____
_____

6. Nous avons surmonté toutes les difficultés, mais nous avions des doutes sur le sujet. _____
_____

4 Communication. **Complétez librement les phrases suivantes.**

1. _____ a fait un malheur !

2. J'ai bataillé dur _____

3. _____ a fait l'unanimité.

4. _____ a réalisé une véritable prouesse technique.

5. _____ , mais c'est en bonne voie.

5 À vous ! **Répondez librement et de manière développée aux questions suivantes.**

1. Un spectacle a-t-il récemment fait un malheur*, dans votre pays ?

2. Avez-vous dû parfois batailler dur pour obtenir gain de cause ? Dans quelle(s) circonstance(s) ?

3. Y a-t-il des projets que vous avez menés à bien du premier coup ?

3 Collé* à l'examen 🎧

Gabriel : Tu sais que Kevin **a raté** son examen ? Il **s'est planté*** à l'oral. Il a eu un sujet particulièrement difficile et il **s'est cassé le nez*** dessus.

Flore : Cela ne m'étonne qu'à moitié. Il **partait vaincu**, donc c'était **mal barré***.

Agathe : Tout n'est pas **fichu***, il va peut-être se ressaisir et réussir la prochaine fois.

Flore : J'en doute, il **va d'échec en échec**. Il **avait déjà été collé*** à l'écrit la dernière fois.

4 En mauvaise voie 🎧

Adam : Si nous continuons comme ça, tous nos projets vont **capoter*** les uns après les autres.

Nabil : Autrement dit, on **va dans le mur*** ?

Adam : Cela me paraît évident ! On dirait que Bernard cherche à **torpiller** nos efforts, c'est **du** véritable **sabotage**. Quant au contrat envisagé avec notre partenaire, il **est** évidemment **tombé à l'eau***. De toute façon, l'ensemble du projet était **mal ficelé***.

Nabil : C'est **un** vrai **fiasco**, ma parole…

5 Déboires

[…] L'équipe managériale **joue de malchance**. Les erreurs tactiques du directeur ont **fait échouer** le projet de fusion avec l'entreprise Dièze, ce qui constitue **une déconvenue** pour les actionnaires. Ce n'est d'ailleurs pas **le premier revers que subit** le groupe. Il est à craindre qu'il **coure à la catastrophe** si la situation ne s'améliore pas au plus vite. Les marchés ne lui pardonneront pas d'avoir **essuyé un échec** aussi **cuisant**. Selon de nombreux observateurs, il s'agit de **la faillite** d'un système de gestion.

▒ Vocabulaire

Les échecs

- Rater un examen = être collé(e)* à un examen (≠ *réussir*)
- Essuyer un échec cuisant (= *humiliant*) = subir un revers
- Aller d'échec en échec
- Faire échouer = faire capoter* = torpiller = saboter = faire du sabotage
- Une déconvenue = un revers
- Des déboires (= *des difficultés*)
- Une faillite, un fiasco

Manières de dire

- Je me suis planté(e)* = je me suis cassé le nez* = j'ai échoué.
- Je pars vaincu(e).
- C'est mal barré* = c'est mal parti = c'est en mauvaise voie (= *c'est un mauvais départ*).
- C'est fichu* = c'est raté !
- C'est mal ficelé* *(= mal préparé, mal fait)*.
- Je cours à la catastrophe = je vais dans le mur*.
- C'est tombé à l'eau* (= *c'est annulé*)
- Je joue de malchance.

A C T I V I T É S

1 Compréhension. **Les phrases suivantes sont-elles de sens équivalent ?**

1. Richard a fait capoter* les négociations = il a subi un revers.

2. Antonin s'est planté* à l'examen = il a été collé* à l'examen.

3. Le voyage en Irlande est tombé à l'eau* = il est mal barré*.

4. Caroline part vaincue = elle joue de malchance.

5. J'ai eu des déboires = je vais dans le mur*.

2 Vocabulaire et communication. **Complétez par les termes manquants.**

1. Cet homme politique va _____ en _____ , en ce moment !

2. Cet article n'est pas bien structuré, il est mal _____ .

3. Si tu continues ainsi, tu _____ dans le _____ !

4. Le ministre a subi un _____ , car la loi a été rejetée, ce qui constitue une
_____ pour le gouvernement.

5. Je me _____ le nez* sur ce problème de physique.

3 Communication. **Complétez librement ces mini-dialogues.**

1. _____
– Si elle continue comme ça, elle ira dans le mur* !

2. _____
– Oui, c'est dommage, mais c'est tombé à l'eau*.

3. _____
– En fait, elle s'est plantée* à l'épreuve de mathématiques.

4. _____
– Dans ce cas, tout n'est pas fichu* !

5. _____
– Si je comprends bien, tu as eu beaucoup de déboires !

6. _____
– Vous croyez vraiment que ça va capoter* ?

7. _____
– De toute façon, c'était mal barré*.

4 À vous ! **Répondez librement et de manière développée aux questions suivantes.**

1. Vous est-il arrivé d'essuyer un échec cuisant ? Dans quelle(s) circonstance(s) ?

2. Vous êtes-vous parfois planté(e)* à un examen ? Que s'est-il passé ?

3. De quelle(s) situation(s) (politique, financière, sociale, stratégique) pourriez-vous dire qu'on va dans le mur* ?

4. Qu'est-ce qui est tombé à l'eau*, récemment ?

40 Connaissances et compétences

1 Un cadre polyvalent 🎧

Le DRH : Vous travaillerez en étroite collaboration avec Fanny, dont **la force est de savoir** négocier dans des situations parfois conflictuelles.

Paul : Oui, je l'ai déjà rencontrée, elle semble **dotée d'un vrai sens de** l'équipe, allié à une grande autorité.

Le DRH : C'est certainement quelqu'un qui **ira loin**… Mais revenons à vous. Dans ce genre de poste, on doit être **polyvalent**.

Paul : Ça tombe bien, j'**ai plusieurs cordes à mon arc**, puisque j'ai **une double compétence** juridique et scientifique. J'aurai peut-être à **approfondir mes connaissances dans** certains domaines, mais ça ne me fait pas peur.

Le DRH : Tant mieux, mais j'insiste sur le fait qu'il faut **maîtriser les subtilités** du droit et ne pas se contenter du **B.A.BA**. Par ailleurs, **la maîtrise** d'autres langues que l'anglais constituerait **un atout**.

Paul : Oui, je parle assez bien allemand. Et j'ai **de bonnes notions** d'arabe et des **rudiments** d'espagnol.

2 Un puits de science 🎧

Léo : Je suis admiratif devant **l'étendue des connaissances** d'Étienne. Cet homme est **un puits de science*** !

Sandrine : Oui, il a **un savoir encyclopédique**. L'autre jour, je lui ai posé une question sur la botanique, et même là, il est **incollable***.

Léo : Il **en connaît** aussi **un rayon* sur** l'art et la philosophie. Il **sait tout**, ma parole.

Sandrine : Cela s'explique. Il vient d'une famille **cultivée**. Ses parents avaient **un bon bagage universitaire**, et ils ont donné à leurs enfants **une solide culture générale**.

Vocabulaire

Les connaissances

- Le B.A.BA = des rudiments de = des notions élémentaires de
- Une (double) compétence en
- Un bagage universitaire
- L'étendue des connaissances
- Les subtilités du droit
- La culture générale
- Un savoir encyclopédique
- Un atout (= *une bonne carte*)

Manières de dire

- Il/elle est doté(e) d'un grand sens du management.
- Il/elle ira loin = il/elle aura une belle carrière.
- Elle a le sens des affaires.
- La maîtrise d'une langue constitue un atout.
- J'ai plusieurs cordes à mon arc (= *plusieurs compétences*) = je suis polyvalent(e).
- Il en connaît un rayon* sur… = il est incollable* sur < il est un puits de science*.
- Il/elle doit approfondir ses connaissances.
- C'est une personne cultivée.
- Sa force est de (+ *infinitif*)

Remarque. « DRH » : directeur (-trice) des ressources humaines.

A C T I V I T É S

1 Vocabulaire et communication. **Complétez par les termes manquants.**

1. Adèle _____ loin, car elle a _____ à son _____.

2. Lire, écrire et compter, c'est le _____ de l'instruction !

3. Parler parfaitement l'espagnol est un _____ pour cette mission.

4. Il faudra que vous _____ vos connaissances, qui sont trop superficielles.

5. Cet homme n'est pas spécialiste de chimie, il n'a que des _____.

6. Tu en connais _____ sur ce sujet !

2 Vocabulaire et communication. **Trouvez une autre manière de dire.**

1. Adrien sait faire plusieurs choses. _____

2. Michel connaît énormément de choses sur la musique. _____

3. Le point fort d'Axelle, c'est de bien connaître le terrain. _____

4. Fadel sait gérer une équipe, sans l'avoir appris. _____

5. Iris sait tout sur tout. _____

6. Aurélie doit apprendre les notions élémentaires de comptabilité. _____

7. Farida a fait de bonnes études universitaires. _____

3 Communication. **Complétez les mini-dialogues suivants.**

1. _____
– Tu es incollable* sur le sujet, ma parole !

2. _____
– C'est normal, c'est un puits de science* !

3. _____
– Décidément, vous avez plusieurs cordes à votre arc !

4. _____
– Oui, j'en connais un rayon* sur ce genre d'activité.

5. _____
– Non, je n'en ai que quelques rudiments.

4 À vous ! **Répondez librement et de manière développée aux questions suivantes.**

1. Connaissez-vous des personnes que vous pouvez qualifier de « puits de science* » ?

2. Êtes-vous incollable* sur un sujet ? Dans quel(s) domaine(s), au contraire, souhaiteriez-vous approfondir vos connaissances ?

3. Avez-vous plusieurs cordes à votre arc ? Lesquelles ?

4. Dans quel(s) domaine(s) n'avez-vous que des rudiments ?

5. Qu'est-ce qui, dans votre pays, constitue « un bon bagage universitaire » ?

6. Existe-t-il, dans votre pays, la notion de « culture générale », si chère aux Français ?

3 Je n'y connais rien 🎧

Constance : Je suis **inculte en** histoire, je **n'y connais rien** !
J'ai de vagues notions d'histoire de France, mais je **sèche***
facilement !

Alex : Moi aussi, je suis **nul*** dans ce domaine, mais cela ne
peut pas être pire que Patrice. **À mon insu**, je l'**ai coincé***, il
ne savait même pas qui était Chopin ! Il **n'était pas capable
de** citer le nom d'un seul compositeur.

Constance : Oui, mais Patrice **est d'une ignorance crasse*** !
Comment **un** pareil **ignare** en est-il arrivé là ? **Mystère** !

Alex : Tu es dure. On a le droit d'être **profane** en musique. Tout
le monde a des **lacunes** dans un domaine ou un autre.

Constance : Il y a une différence entre ne pas être spécialiste et
ne rien savoir. **L'inculture** de Patrice me stupéfiera toujours.

4 Des bribes 🎧

Amélie : Tu **pourrais** réciter un poème de Rimbaud en entier ?

Mathieu : J'en serais incapable. J'**en connais juste des bribes**…
Il est vrai qu'on n'apprend plus beaucoup par cœur. Je
manque de pratique.

Amélie : En quelle année *Une saison en enfer* a été publiée ?

Mathieu : Je **n'en ai pas la moindre idée** !

5 Pas à la hauteur ?

[…] Après avoir vu cette candidate, je la considère **inapte à** ce genre de poste. Elle **était
dans l'incapacité de** décrire convenablement son poste précédent. Tout est **resté dans
le vague** et ce **flou artistique** ne me dit rien qui vaille. Il me semble inutile d'embaucher
quelqu'un qui **n'est pas à la hauteur** ou du moins qui montre **une telle inexpérience**.

▰ Vocabulaire

L'ignorance

- Être inculte < être nul(le)* en/dans
- Être ignorant(e) < d'une ignorance crasse* = être ignare
- Sécher* (= *ne pas savoir répondre*)

- Être profane ≠ être spécialiste
- Ne pas être à la hauteur de
- L'inculture, l'ignorance,
  l'inexpérience

Manières de dire

- Je n'y connais rien ! Je ne sais même pas…
- Je ne suis pas capable de < je suis incapable de = je suis dans l'incapacité de
- J'ai de vagues notions / quelques notions de…
- Mystère ! = Je n'en ai pas la moindre idée !
- Il/elle est resté(e) dans le vague. C'est le flou artistique *(expression ironique)*.
- Je manque de pratique.
- À mon insu (= *sans le savoir*)

Remarques. 1. « Coincer* qqn » = lui poser une question qui révélera son ignorance. **2.** « Cela
ne me dit rien qui vaille » = cela ne présage rien de bon.

A C T I V I T É S

1 Compréhension. **Les phrases suivantes sont-elles de sens équivalent ?**

1. Il est d'une ignorance crasse* sur ce sujet = il a de vagues notions sur ce sujet.

2. Juliette a coincé* Carine avec cette question = Carine a séché*.

3. Nous sommes restés dans le vague = nous manquons de pratique.

4. Agnès n'est pas à la hauteur = elle est nulle*.

5. Renaud ne connaît rien en art = Renaud est inculte en art.

2 Vocabulaire et communication. **Complétez par les termes manquants.**

1. Joël a de _____ notions de mathématiques, mais guère plus.

2. Impossible d'obtenir des précisions, c'est _____ artistique !

3. L'employé a été dans _____ de répondre à ma question, pourtant simple !

4. Florian est resté dans _____ , il n'a pas répondu clairement.

5. Ce maire n'est pas à _____ de ses responsabilités, hélas.

3 Vocabulaire. **Trouvez une autre manière de dire.**

1. Pourquoi Antoine n'est-il pas venu ? <u>Je n'en sais absolument rien</u> ! _____

2. Eustache <u>n'a pas su répondre à une question</u> sur la botanique. _____

3. Myriam <u>n'est pas spécialiste de</u> danse classique. _____

4. Ludovic <u>n'a pas été capable</u> de trouver une solution. _____

5. Nathan a impressionné ses collègues, <u>sans le savoir</u>. _____

4 Communication. **Complétez les mini-dialogues suivants.**

1. _____
– Je n'en ai pas la moindre idée !

2. _____
– Je crois que j'en serais incapable !

3. _____
– Franchement, je n'y connais rien.

4. _____
– J'avoue être d'une ignorance crasse* dans ce domaine…

5. _____
– Non, je n'en connais que des bribes.

5 À vous ! **Répondez librement et de manière développée aux questions suivantes.**

1. Y a-t-il des domaines dans lesquels vous vous sentez ignare ? Lesquels ?

2. Vous est-il arrivé de coincer* quelqu'un, éventuellement à votre insu ?

3. Qu'est-ce qui pour vous révélerait « une ignorance crasse* » ?

L'emploi

1 Un premier emploi 🎧

Le père : Mon garçon, il est temps que tu **gagnes ta vie** et que tu **décroches* un emploi**. Nous n'allons pas éternellement **subvenir à tes besoins**…

Le fils : Sur Internet, je n'ai rien trouvé. Vous savez bien ce qu'est **le chômage** des jeunes !

La mère : Tu **as prospecté dans la région** ? Tu **as posé ta candidature à des postes** ?

Le fils : Oui, mais ça n'a rien donné. **Il n'y a pas de boulot***, dans cette région.

La mère : Tu pourrais envoyer **des lettres de candidature spontanée**. Avec tes diplômes, tu **obtiendrais** au moins **un entretien d'embauche**.

Le fils : Je ne sais pas faire de **lettres de motivation** ! Et je n'ai pas grand-chose à mettre sur **mon CV**. Il n'y a que **le piston*** qui marche. Si on n'est pas **recommandé par** un tel ou une telle, on ne vous répond même pas.

Le père : Tout de même, tu **as fait** plusieurs **stages rémunérés**, ce qui n'est pas négligeable à ton âge. Et puis, quand tu **as fait du bénévolat** pour la ville, tu **étais chargé de** la logistique. Cela compte **comme expérience professionnelle**, crois-moi. Enfin, à défaut, tu peux toujours essayer de **faire de l'intérim**.

La mère : Ce qui me chagrine, moi, c'est que tu ne **t'investisses** pas davantage dans cette **recherche d'emploi**, alors que tu as pas mal d'**atouts** !

Le fils : Oui, mais ce que je cherche, c'est un vrai travail.

Le père : C'est sûr que tu ne vas pas devenir **cadre supérieur** du jour au lendemain !

▬ Vocabulaire

La recherche d'emploi

- Prospecter = chercher du travail
- S'investir dans une recherche d'emploi
- Poser sa candidature à un poste
- Envoyer une lettre de candidature spontanée / une lettre de motivation / un C[urriculum] V[itae]
- Décrocher* (= *obtenir*) un emploi/un entretien d'embauche

▬ *Manières de dire* ▬

- Je ne peux pas subvenir à tes besoins.
- Il n'y a pas de boulot* ! = il y a du chômage.
- Il faut du piston* = il faut être recommandé par qqn.
- J'ai fait du bénévolat / un stage rémunéré (payé) de… / de l'intérim.
- Je suis chargé(e) de (= je suis responsable de)
- J'ai de l'expérience professionnelle.

- Je dois gagner ma vie.
- J'ai des atouts.
- Je suis cadre supérieur.

Travail, société

1   Vocabulaire et communication. **Complétez par les termes manquants.**

1. Est-ce que vous _____ votre candidature à ce poste ?

2. La région souffre d'un _____ très important, hélas, et il est très difficile de
_____* un emploi.

3. Laure est _____ de la communication dans cette entreprise.

4. La directrice des ressources humaines a le statut de _____ supérieur.

5. Le service du personnel a reçu de très nombreux _____ , mais ils ne sont pas
toujours intéressants, car les candidats manquent d'_____ professionnelle.

2   Vocabulaire et communication. **Trouvez une autre manière de dire.**

1. L'étudiante voudrait <u>être payée pour son stage</u>. _____

2. Il est difficile d'entrer dans cette entreprise sans <u>une recommandation</u>. _____

3. Simon est en train <u>d'étudier les possibilités d'emploi</u> dans la région. _____

4. Adeline a enfin trouvé <u>un emploi</u>. _____

5. Florian <u>remplace des salariés malades</u>. _____

6. Arthur a <u>obtenu un rendez-vous pour un futur emploi</u>. _____

7. Ses parents insistent pour que Sarah <u>soit indépendante financièrement</u>. _____

3   Communication. **Complétez librement ces mini-dialogues.**

1. Est-ce que vous avez prospecté uniquement dans votre région ?

– _____

2. Avez-vous déjà fait des stages ?

– _____

3. Quels sont vos principaux atouts pour ce poste ?

– _____

4. De quoi étiez-vous chargé(e) dans votre dernier emploi ?

– _____

5. Vous avez envoyé une lettre de candidature spontanée ?

– _____

4   À vous ! **Répondez librement et de manière développée aux questions suivantes.**

1. Avez-vous déjà fait du bénévolat ? Pourquoi ?

2. Vous est-il arrivé de recommander quelqu'un ou d'être recommandé ? Dans quel contexte ?

3. Vous est-il arrivé d'envoyer une lettre de candidature spontanée ? Pourquoi ?

4. Avez-vous déjà fait de l'intérim ? Dans quel contexte ?

5. Pouvez-vous parler de votre expérience professionnelle ?

2 Rumeurs dans l'entreprise 🎧

Samuel : Tu sais ce que j'ai appris ? Alors que Sacha vient juste de **terminer sa période d'essai** et qu'il **est embauché en CDI**, on parle de **licenciements massifs**, d'un véritable **dégraissage*** ! C'est absurde !

Lou : Dans cette boîte*, les rumeurs de **plans sociaux** n'arrêtent pas. Et finalement, il ne se passe rien. Tu dois savoir que Paul, qui a été nommé aux ressources humaines, est **un jeune loup aux dents longues***. Je pense que cela fait partie de sa stratégie : **carriériste** comme il est, il veut montrer son pouvoir.

Samuel : Jolie mentalité ! Certains sont prêts à tout pour **faire leur chemin**, ils sont **dévorés d'ambition**. Rien d'autre ne compte que **leur carrière**. Le bon fonctionnement de l'entreprise, ils s'en fichent* comme de leur première chemise.

Lou : Il y a toujours eu des **arrivistes**, cela ne changera jamais.

4 Différents candidats

[…] Malgré **son profil** intéressant, le candidat n'a pas **les qualifications requises** pour **le poste à pourvoir**. En revanche, **par mon réseau**, j'ai eu connaissance d'une personne qui **est en poste** actuellement, mais qui souhaite **évoluer**. Or, elle n'a apparemment pas de **perspectives de carrière** dans **l'entreprise** où elle travaille. Je vais essayer de la voir au plus vite.

Enfin, j'aimerais avoir votre opinion sur Pierre, **notre nouvelle recrue**, qui suscite quelques interrogations au sein de son équipe. **Son CDD** court jusqu'à fin décembre. […]

▬ Vocabulaire ▬

Le recrutement

- Être nommé(e) à un poste
- Les ressources humaines
- La stratégie
- Être carriériste = ne penser qu'à sa carrière = être dévoré(e) d'ambition = être arriviste = être « un jeune loup aux dents longues ».
- Le réseau (= *l'ensemble des personnes utiles que l'on connaît*)
- Une boîte* = une entreprise

- Le profil d'un(e) candidat(e)
- Le poste à pourvoir
- L'entretien

Manières de dire

- Un plan social = des licenciements massifs = un dégraissage*
- Je commence ≠ termine ma période d'essai.
- Je suis en poste actuellement (= *j'ai un travail*), mais je souhaite évoluer (= *changer*).
- Je suis embauché(e) en CDI (= *contrat à durée indéterminée*) / en CDD (= *contrat à durée déterminée*).
- Cette jeune femme fera son chemin = une belle carrière.
- Quelles sont mes perspectives de carrière ?
- J'ai les qualifications requises.
- Je vous présente une nouvelle recrue. (→ *Attention, toujours féminin*)

1   Vocabulaire et communication. **Complétez par les termes manquants.**

1. C'est grâce à son _____ que Grégoire a pu entrer dans cette entreprise.

2. À la suite d'un _____ , une cinquantaine de salariés ont été licenciés.

3. Le jeune homme en train de faire sa période _____ , au terme de laquelle il

   sera probablement _____ , si tout se passe bien.

4. Élodie n'a malheureusement pas les _____ requises pour ce poste.

5. Clémence est _____ d'ambition, elle est _____

   et ne cherche qu'à faire évoluer _____ à n'importe quel prix.

6. Quelles sont mes _____ de carrière ?

2   Vocabulaire et communication. **Trouvez une autre manière de dire.**

1. Je sais qu'il y a <u>un nouveau salarié</u> depuis ce matin. _____

2. Jean <u>aura une brillante activité professionnelle</u>. _____

3. Dominique a <u>des éléments psychologiques et intellectuels</u> qui intéressent le recruteur.

   _____

4. Damien <u>a un travail actuellement</u> et il étudie <u>les possibilités éventuelles pour sa</u> carrière.

   _____

5. Justin est <u>très ambitieux et dénué de scrupules</u>. _____

6. <u>Cette entreprise</u> en difficulté va <u>licencier un très grand nombre de salariés</u>. _____

   _____

3   Vocabulaire et communication. **Complétez librement les mini-dialogues suivants.**

1. _____

– Non, apparemment, il n'y a pas de plan social prévu.

2. _____

– Cela ne m'étonne pas, c'est une arriviste !

3. _____

– Oui, mais en CDD seulement.

4. _____

– Pas encore, il est encore en période d'essai.

4   À vous ! **Répondez librement et de manière développée aux questions suivantes.**

1. Y a-t-il eu des licenciements massifs dans votre région/pays, récemment ? Pourquoi ?

2. Connaissez-vous des jeunes loups aux dents longues* ? De quelle manière le sont-ils ?

3. Quel est votre profil professionnel ?

4. Connaissez-vous des personnes encore jeunes dont vous pensez qu'elles feront leur chemin ? Pourquoi et

   de quelle manière ?

L'argent

Travail, société

1 Des contrastes de prix

Julien : Simon m'a invité dans un restaurant trois étoiles qui **coûte les yeux de la tête*** ! Remarque, **on en a pour son argent**, c'est absolument délicieux.

Vincent : Oui, on m'a dit que **ça coûtait la peau des fesses***. Tiens, je passe du coq à l'âne : où est-ce tu as trouvé ces verres ?

Julien : Oh, je les ai achetés **pour trois fois rien** dans une brocante.

Vincent : Pourtant, le cristal, **ce n'est pas donné** !

Julien : Oui, mais le marchand **bradait** son stock.

2 Une acquisition

Renaud : J'**ai fait l'acquisition de** cet appartement **pour une bouchée de pain**.

Jocelyne : Il est vrai que dans ce quartier, qui à l'origine était défavorisé mais qui a été réhabilité, l'immobilier reste **abordable**. Les prix ont d'ailleurs eu tendance à baisser, cette année. On trouve de beaux logements **à des prix modiques**.

Renaud : J'ai fait une offre basse, puisque l'appartement était mis en vente à 250 000 euros. J'ai tout de suite dit que je n'irais pas au-delà de 210 000 euros.

Jocelyne : Vous **avez fait une bonne affaire** ! Vous l'aurez eu à **un prix défiant toute concurrence**. Et vous comptez y habiter ou bien il s'agit d'un investissement ?

Renaud : C'est pour mes enfants. De toute façon, il y a des travaux à réaliser, qui seront assez **onéreux**, mais je ne vais pas **lésiner**, puisque j'ai la chance d'en **avoir les moyens**.

▨▨▨ **Vocabulaire**

L'immobilier

- Faire l'acquisition de = acquérir (= *acheter*)
- Faire une offre (= *proposer un prix*) / ne pas aller au-delà de
- Réhabiliter (= *rénover*) un quartier / un bâtiment
- Mettre en vente (= *vendre*) un bien immobilier

- L'immobilier
- Un logement
- Un investissement
- Un quartier défavorisé

▬▬▬ *Manières de dire* ▬▬▬

- Ça coûte les yeux de la tête* = ça coûte la peau des fesses* *(très familier)*
- J'en ai eu pour mon argent.
- Je l'ai acheté pour trois fois rien = pour une bouchée de pain = à un prix défiant toute concurrence.
- C'est un prix modique / abordable ≠ ce n'est pas donné = c'est onéreux.
- J'ai fait une bonne affaire.
- Je ne vais pas lésiner sur… (= *économiser sur*)
- Le vendeur brade le produit (= *vend à un prix très bas*).
- J'ai (≠ je n'ai pas) les moyens de… (= *assez d'argent pour*)

1 Vocabulaire et communication. **Complétez par les termes manquants.**

1. On ne _____ pas sur la qualité de la cuisine, dans cette cantine scolaire, c'est bien.

2. Nous avons acheté cette voiture pour trois _____ et nous avons fait une

   _____.

3. Ce spectacle était réussi, nous _____ pour notre argent.

4. Le marchand _____ ces vieux meubles, car il n'arrive pas à les vendre.

5. On m'a vendu ce vieux vélo pour une _____ de pain.

6. Hélas, ce retraité n'a plus _____ d'entretenir sa maison, cela lui revient trop cher.

2 Vocabulaire et communication. **Trouvez une autre manière de dire.**

1. Ce repas <u>coûte assez cher</u>. _____

2. J'ai acheté ce piano <u>à un prix incroyablement bas</u>. _____

3. Nous allons <u>vendre</u> notre maison. _____

4. Frédéric n'a pas <u>assez d'argent pour</u> partir en vacances. _____

5. Il s'agit d'un prix <u>raisonnable</u>. _____

6. Ludovic <u>a acheté</u> une vieille ferme à <u>rénover</u>. _____

3 Communication. **Complétez librement les mini-dialogues suivants.**

1. _____

– Oui, mais ça m'a coûté la peau des fesses* !

2. _____

– Ce n'est pas donné !

3. _____

– Malheureusement, je n'en ai pas les moyens.

4. _____

– Oui, et je l'ai eue pour une bouchée de pain.

5. _____

– Oui, ils ne lésinent pas sur la qualité des produits.

6. _____

– Eh bien, tu as fait une bonne affaire !

4 À vous ! **Répondez librement et de manière développée aux questions suivantes.**

1. Avez-vous fait une bonne affaire, récemment ? Laquelle ?

2. Dans votre pays, qu'est-ce qui coûte les yeux de la tête* ?

3. Un quartier défavorisé a-t-il été réhabilité, dans votre ville/région ? De quelle manière ?

4. Avez-vous fait une acquisition, récemment ? De quoi s'agit-il ?

5. Sur quoi ne lésinez-vous pas, en général ?

3 Une héritière 🎧

Daphné : Amélie **a hérité de** cette maison, n'est-ce pas ?

Ludovic : Oui, elle **a fait un bel héritage**. Son oncle, qui avait refait **son testament** juste avant son décès, **lui a légué sa fortune**. Comme en plus, elle **a une bonne situation**, qu'elle **gagne très bien sa vie**, je peux te dire que maintenant elle est **multimillionnaire**.

Daphné : Sa famille avait déjà **un fric* fou**. Certains ne sont pas à plaindre…

Ludovic : Oui, mais « **l'argent ne fait pas le bonheur** »…

Daphné : … mais il y contribue ! Cela dit, je reconnais qu'ils n'ont jamais été **radins***, mais plutôt généreux au contraire, ce qui n'est pas toujours le cas des gens **aisés**.

4 Dépensier ! 🎧

Adama : Je me demande comment François va **gérer sa fortune**.

Eustache : Panier percé* comme il est, je te parie qu'il va **dilapider son patrimoine** en deux temps trois mouvements ! Déjà, quand il **ne roulait pas sur l'or***, il n'a jamais pu **mettre de l'argent de côté**. À plus forte raison maintenant qu'il **a touché ce pactole*** !

Adama : À l'époque, je me souviens qu'il attendait toujours « **une rentrée d'argent** ». Il nous expliquait que c'étaient juste « de petits **problèmes de trésorerie** ». Tu parles*, il **claquait*** tout son argent en quelques heures…

Eustache : Évidemment, il jouait !

Adama : Il va donc continuer à **jeter l'argent par les fenêtres***.

Vocabulaire

L'héritage

- Faire un héritage = hériter de
- Être héritier(-ière)
- Faire son testament
- Léguer ses biens, sa fortune à qqn
- Gérer un patrimoine / son argent / une fortune

Manières de dire

- Il/elle a une bonne situation = il/elle gagne bien sa vie.
- Il/elle roule sur l'or *(familier)* = il/elle a un fric* fou *(familier)*.
- Il/elle est millionnaire < multimillionnaire < milliardaire.
- Il/elle est aisé(e).
- Il/elle claque* de l'argent = est panier percé* = il/elle dilapide (= *dépense déraisonnablement*) = il/elle jette l'argent par les fenêtres* ≠ il/elle met de l'argent de côté.
- Il/elle est radin(e)* *(= avare)*.
- Il/elle a des problèmes de trésorerie.
- Il/elle attend une rentrée d'argent.
- Il/elle a touché un pactole* *(= une fortune)*.
- « L'argent ne fait pas le bonheur. » *(dicton)*

Remarques. 1. « En deux temps trois mouvements » = très vite. **2.** « Jouer » (sans précision) = jouer son argent, au casino, par exemple.

1 Compréhension. **Les phrases suivantes sont-elles de sens équivalent ?**

1. Il a des problèmes de trésorerie = il roule sur l'or*.

2. Il a touché un pactole* = il a eu une très grosse rentrée d'argent.

3. Elle jette l'argent par les fenêtres = elle est panier percé*.

4. Ils ont fait un bel héritage = ils ont fait leur testament.

5. Elle claque* son argent = elle met de l'argent de côté.

2 Vocabulaire et communication. **Complétez par les termes manquants.**

1. La vieille dame a rédigé son _____ , elle _____ ses biens à sa petite-fille.

2. Ce monsieur possède un appartement, il a donc un _____, mais il a tout de même des problèmes de _____ , car il manque d'argent disponible.

3. Maintenant que tu _____ bien ta vie, qu'est-ce que tu vas pouvoir faire ?

4. Ces gens-là ont _____ fou !

5. Quand on a plusieurs biens immobiliers, il faut _____ son patrimoine.

3 Vocabulaire et communication. **Trouvez une autre manière de dire.**

1. Berthe est très avare. _____

2. Pauline a un bon métier et un bon salaire. _____

3. Christian dépense de manière déraisonnable. _____

4. Octave a reçu la maison de ses parents quand ils sont morts. _____

5. Justine a énormément d'argent. _____

4 Communication. **Complétez librement les mini-dialogues suivants.**

1. _____
– Évidemment, ils sont tellement radins* !

2. _____
– À mon avis, il a une très bonne situation !

3. _____
– Elle a probablement touché un pactole*.

4. _____
– Oui, mais pour le faire, ils ont dû mettre de l'argent de côté depuis des années.

5. _____
– Je crois qu'il joue.

5 À vous ! **Répondez librement et de manière développée aux questions suivantes.**

1. Avez-vous ou avez-vous eu, dans votre entourage, des personnes roulant sur l'or* ? Pouvez-vous expliquer ce qu'ils avaient les moyens de faire ?

2. Avez-vous tendance à claquer* de l'argent sans compter ?

5 Un niveau de vie modeste 🎧

Serge : Gaston a arrêté son activité, qui n'était pas **rentable**. Cela ne **lui rapportait** presque rien, il était **endetté**. Comme il ne pouvait pas continuer, il a pris sa retraite.

Farida : Et maintenant, comment fait-il ? Il touche **une** petite **pension** ? **Ça ne doit pas aller chercher bien loin**…

Serge : Oui, il **a des revenus modestes**, **ce n'est pas le Pérou***.

Farida : Je l'ai toujours vu **tirer le diable par la queue***.

Serge : Oui, et ses parents déjà **n'avaient pas un sou***. Paradoxalement, il **s'en sort*** plutôt mieux maintenant, alors qu'à un certain moment, il était **criblé de dettes**.

Farida : Tu crois qu'il a pu **les rembourser** ?

6 Fauché* ! 🎧

Aurélie : Ce matin, j'ai donné quelques sous à un SDF qui **faisait la manche***. Ça m'a fait mal au cœur, c'était un pauvre vieux, l'air **misérable**…

Benoît : Et moi qui me plains que **mes fins de mois sont difficiles**… Tout est relatif.

Aurélie : Tu **as** tout de même **du mal à joindre les deux bouts** !

Benoît : Je suis assez souvent **fauché***, c'est vrai. J'assume, puisque je ne voulais plus **vivre aux crochets de** mes

parents, qui **se sont ruinés pour moi** et qui étaient obligés de **faire des économies de bouts de chandelles** pour m'aider.

Aurélie : Bon, on va dîner quelque part ?

Benoît : Euh, non. À vrai dire, je **n'ai plus un rond***…

Vocabulaire

L'argent

- Une activité rentable = qui rapporte de l'argent
- Être endetté(e) < être criblé(e) de dettes
- Rembourser ses dettes.
- Se ruiner pour qqn
- Vivre aux crochets de qqn (= *être entretenu(e) par qqn*)

- Être SDF (**s**ans **d**omicile **f**ixe)
- Faire la manche* (= *mendier*)
- Être misérable (= *extrêmement pauvre*)
- Toucher une (petite) pension.

Manières de dire

- Ça ne doit pas aller chercher bien loin (= *cela ne représente pas beaucoup d'argent*).
- Ce n'est pas le Pérou* (= *ce n'est pas luxueux*).
- Il/elle tire le diable par la queue* = les fins de mois sont difficiles = il/elle a du mal à joindre les deux bouts.
- Il/elle n'a pas un sou* = il/elle n'a pas un rond* = il/elle est fauché(e)* ≠ il/elle s'en sort*.
- Il/elle fait des économies de bouts de chandelles (= *des économies minuscules et ridicules*).

1 Compréhension. **Les phrases suivantes sont-elles de sens équivalent ?**

1. Mathieu n'a plus un rond* = il fait la manche*.
2. Anatole vit aux crochets de ses parents = il fait des économies de bouts de chandelles.
3. Elle a du mal à joindre les deux bouts = les fins de mois sont difficiles.
4. Tanguy n'a pas un sou* = il est fauché*.
5. Apolline touche un salaire modeste = cela ne doit pas aller chercher bien loin.

2 Vocabulaire et communication. **Complétez par les termes manquants.**

1. Nous avons du mal à _____ les deux _____.
2. Ce produit n'est pas très _____ , il ne _____ pas beaucoup d'argent à l'entreprise.
3. Le pauvre homme en est réduit à faire _____* dans la rue…
4. Les retraités touchent leur _____ chaque mois.
5. Ce salaire n'est pas _____ , mais au moins, on peut vivre.

3 Vocabulaire et communication. **Trouvez une autre manière de dire.**

1. Hippolyte a beaucoup de dettes, car il a acheté son logement. _____
2. Cette ligne de produits fait gagner de l'argent à son vendeur. _____
3. Cette famille de réfugiés est extrêmement pauvre. _____
4. Régine a tout dépensé, elle n'a plus d'argent. _____
5. Les fins de mois de Ronan sont difficiles. _____

4 Communication. **Complétez librement les mini-dialogues suivants.**

1. _____
– Oui, et je me demande quand il pourra les rembourser !
2. _____
– Certes, ce n'est pas le Pérou*, mais c'est mieux que rien.
3. _____
– Impossible, ils n'ont pas un rond* !
4. _____
– Franchement, ce sont des économies de bouts de chandelles !
5. _____
– Oui, je ne veux plus vivre aux crochets de mes parents !

5 À vous ! **Répondez librement et de manière développée aux questions suivantes.**

1. De quelle manière de vivre diriez-vous que « ce n'est pas le Pérou* » ?
2. Avez-vous déjà tiré le diable par la queue* ? De quelle manière ?
3. De quoi diriez-vous que ce sont des économies de bouts de chandelles ?
4. Comment traite-t-on les SDF, dans votre région/pays ? Vous-même, qu'en pensez-vous ?

1   Choisissez la ou les réponse(s) possible(s).

1. Il n'a que des notions | rudiments | lacunes de grec, il ne le parle pas très bien.

2. Ils se sont mis en tête | au pied du mur | d'arrache-pied de s'installer à la campagne.

3. Nous l'avons acheté pour trois fois rien | une bouchée de pain | notre argent.

4. Elle se met toujours en travers du chemin | terrain | moyen.

5. L'entreprise mise | parie | risque sur une reprise économique.

6. Nous devons tâter | parer | prendre à toute éventualité.

7. Obtenir ce visa, c'est la croix et le fil | la chandelle | la bannière.

8. Leur maison a failli être détruite, ils ont sauté le pas | ont eu chaud* | l'ont échappé belle.

9. Elle en tremble encore | est quitte pour la peur | sauve les meubles.

10. Ils n'ont plus un sou* | bout | rond*.

2   Les phrases suivantes sont-elles de sens équivalent ?

1. Ils ne vont pas lésiner sur la qualité du produit = ils vont brader le produit.

2. Tu peux te dispenser d'aller à cette réunion = tu peux t'abstenir d'y aller.

3. Coûte que coûte, elle doit arriver à destination = c'est un cas de force majeure.

4. Ils en ont eu pour leur argent = ils attendent une rentrée d'argent.

5. Il s'en est fallu de peu = nous l'avons échappé belle.

6. Maintenant, elle est au pied du mur = elle traîne des pieds*.

7. Elle vit à mes crochets = elle fait la manche*.

8. Elle en connaît un rayon* sur le sujet = elle est incollable* sur le sujet.

9. C'est une véritable prouesse = c'est un tour de force.

10. Ce chanteur a fait un malheur* avec son concert = il a obtenu un triomphe.

3   Complétez par ces expressions imagées par les termes manquants.

1. Je ne peux pas être au four _____

2. Ce bijou coûte les yeux _____

3. Ils sont riches, ils roulent _____

4. À mon avis, le jeu en vaut _____

5. Cet enfant difficile me donne du fil _____

6. Ils jettent l'argent _____

7. Le président a d'autres chats _____

8. Parvenir à contacter le directeur, c'était la croix et _____

9. Elle tire le diable _____

10. Il ne faut pas vendre _____

(4) **Trouvez une autre manière de dire. Vous emploierez parfois un langage familier.**

1. Les étudiants <u>ont échoué</u> à l'examen. _____

2. Les ouvriers ont travaillé <u>très dur</u> pour finir le chantier. _____

3. Pour obtenir ce travail, il faut <u>une recommandation</u>. _____

4. <u>Qu'est-ce qu'ils sont paresseux !</u> _____

5. Notre voyage <u>est annulé</u>. _____

6. Tu <u>devras en passer par là</u>. _____

7. La joueuse <u>a gagné le match</u>. _____

8. Elle est polyvalente, elle a plusieurs <u>compétences</u>. _____

9. <u>Ouf, j'en suis quitte pour la peur !</u> _____

10. Cette dame <u>connaît parfaitement ce domaine</u>. _____

(5) **Quelle(s) expression(s) pourriez-vous employer dans les situations suivantes ?**

1. Savoir se servir d'un ordinateur est un minimum absolument nécessaire : _____

2. Vous protestez car on vous demande d'être partout à la fois :_____

3. Vous économisez sur tout, et ce n'est pas toujours justifié : _____

4. Le ministre n'a pas réagi avec assez de compétence et de rapidité : _____

5. Vous commentez le travail d'un élève qui a fait le minimum : _____

6. Vous expliquez que ce garçon a plusieurs compétences : _____

7. Cette personne fera une belle carrière : _____

8. Vous commentez l'énorme succès d'un spectacle : _____

9. Ces amis ont de gros problèmes financiers : _____

10. Vous expliquez familièrement que vous vous êtes trompé(e) : _____

(6) **Complétez par les termes manquants.**

1. Nous devrons _____ à bien ce projet difficile.

2. Si elle veut boucler* son projet avant la fin du mois, elle n'est pas _____ de ses peines !

3. Ils devront participer à la réunion, de _____ ou de force.

4. Nous _____ à la catastrophe !

5. Ce bijou a coûté les _____ de la _____*.

6. Je dois une _____ chandelle à cet ami.

7. Les parents doivent _____ aux besoins de leurs enfants.

8. Mes voisins ne sont pas riches, ils ont du mal à _____ les deux _____.

9. Il va _____ sa candidature à ce poste.

10. C'est ridicule, l'entreprise fait des _____ de bouts de _____.

43 Le temps qui passe

1 Un peu de stress 🎧

Jules : Il va falloir que j'apprenne à mieux **gérer mon emploi du temps. Je ne vois pas le temps passer.** J'ai l'impression de **courir après les minutes.** Je **passe ma vie à essayer de rattraper** le travail en retard…

Salomé : Moi, au contraire, cela fait belle lurette que je pratique plutôt le *carpe diem* ! J'ai la chance d'avoir un travail où je peux **prendre mon temps.** Il m'arrive de **remettre** les corvées **à plus tard** ou au contraire d'y **consacrer beaucoup** trop **de temps.**

Jules : Moi, je fais tout **sur les chapeaux de roue***. D'ailleurs, on me reproche souvent de bâcler* mes rapports, car je fais tout **à la va-vite.** Que veux-tu, il faut tout le temps **parer au plus pressé.**

Salomé : Quand je pense à ma grand-mère qui répétait tout le temps : « **À chaque jour suffit sa peine** »…

Jules : Bon, je file*. Avec les embouteillages, je vais **en avoir pour** une heure **avant** d'arriver à la gare ! Je risque d'avoir mon train **de justesse.**

Salomé *(ironique)* **: Il n'y a pas de temps à perdre !** Ne **te mets pas en retard** !

2 Des contretemps

[…] Nous **avons pris du retard** au cours de cette conférence. Du fait du nombre de **retardataires**, nous avons même été contraints d'**ajourner** certaines discussions et de modifier l'ordre du jour… Il est regrettable que nous n'ayons pas **anticipé** ce genre de **contretemps**. […]

▬▬ Vocabulaire

La gestion du temps

- Anticiper (un contretemps, une difficulté)
- Se mettre en retard, prendre du retard ≠ rattraper le retard
- Un(e) retardataire (= *une personne en retard*)
- De justesse (= *sans grande marge*)
- Remettre = ajourner
- En avoir pour (+ *expression de temps*)
- Consacrer du temps à
- Gérer un emploi du temps

Manières de dire ▬▬

- Je ne vois pas le temps passer.
- Je cours après les minutes.
- Je fais tout sur les chapeaux de roue* = à toute vitesse.
- Je fais les choses à la va-vite *(= vite et mal)*.
- Je pare au plus pressé *(= je ne fais que le plus important)*.
- Il n'y a pas de temps à perdre.
- À chaque jour suffit sa peine. *(dicton)*

Remarques. 1. Ça fait belle lurette = ça fait longtemps. **2.** « *Carpe diem* » (« cueille le jour » en latin) = on doit profiter du jour présent sans trop se soucier du lendemain.

A C T I V I T É S

1   Vocabulaire et communication. **Complétez par les termes manquants.**

1. J'ai fini de préparer mon exposé _____ , quelques minutes avant la réunion !

2. Il sera difficile de _____ le retard que nous avons pris, hélas.

3. En ce moment, je ne _____ pas le temps _____ !

4. Vous _____ pour combien de temps ? — Une heure environ.

5. Elle a dû _____ au plus _____.

2   Vocabulaire et communication. **Trouvez une autre manière de dire.**

1. Charlotte a dû partir à toute vitesse pour ne pas être en retard. _____

2. Il me faudra deux heures pour arriver à destination. _____

3. J'ai l'impression de ne jamais avoir assez de temps pour faire les choses. _____

4. Maxence a beaucoup de mal à organiser son temps. _____

5. Nous avons eu plusieurs complications qui ont retardé l'avancement du projet. _____

6. Ils font tout vite et mal. _____

3   Communication. **Complétez librement les phrases suivantes.**

1. _____ sur les chapeaux de roue*.

2. Je pare _____

3. Il consacre _____

4. J'en ai pour _____

5. Ne vous mettez pas _____

4   Communication. **Complétez librement les mini-dialogues.**

1. _____
– Vous avez bien raison, à chaque jour suffit sa peine !

2. _____
– C'est vrai, on ne voit pas le temps passer.

3. _____
– Il n'y a pas de temps à perdre !

4. _____
– Pour moi aussi, il est pénible de toujours parer au plus pressé.

5. _____
– Décidément, tu fais tout sur les chapeaux de roue* !

5   À vous ! **Répondez librement et de manière développée aux questions.**

1. Quel genre de choses pouvez-vous faire à la va-vite ?

2. De quelle manière gérez-vous votre emploi du temps ?

3. Pratiquez-vous le *carpe diem* ?

3 Plaintes 🎧

Oscar : Que Clotilde est pénible ! Elle m'interrompt **à tout bout de champ***, elle me dérange **pour un oui ou pour un non***, et c'est comme ça **à longueur de journée**.

Naïma : J'ai entendu dire qu'elle serait mutée **sous peu** dans un autre service.

Oscar : En attendant, il faut que je la supporte. **D'ici qu**'on lui trouve un ou une remplaçante, **de l'eau coulera sous les ponts**, je connais la chanson.

Naïma : Souviens-toi de la réunion d'il y a trois semaines. **D'emblée,** le chef t'avait prévenu que cela prendrait du temps de réorganiser le service.

Oscar : Oui, mais ça fait des années qu'on me répète la même chose et chaque fois, c'est pire. Cette fois-ci, **rebelote***, il va falloir que je change encore les procédures. Ça n'en finit pas !

Naïma : Et **c'est reparti*** ! **Ce n'est pas bientôt fini** ? Tu ne pourrais pas arrêter de râler* ?

4 Emménagement 🎧

Élise : On range les livres **au fur et à mesure que** les cartons arrivent ?

Gaétan : Oui, et **tant qu'on y est**, on pourrait déballer ce coffre et trier les papiers. **Après coup**, ce sera plus difficile.

Élise : Pendant que j'y suis, je vais essayer de caser* les dossiers en bas de l'étagère.

Gaétan : Ce n'est pas facile de tout **mener de front** : rangement et rénovation.

Élise : Je ne te le fais pas dire ! Et **à mesure qu**'on range, on a l'impression que le volume des cartons augmente. Déménager, c'est toujours crevant*.

Vocabulaire

Le déménagement

- Ranger qch = faire du rangement
- Trier des objets
- Caser* (= *trouver une place avec difficulté*)
- Déballer (≠ emballer)
- (Ré)organiser

- Un emménagement (≠ un déménagement)
- Emménager (≠ déménager)
- La rénovation d'un logement
- Un carton < un coffre

Manières de dire

- À tout bout de champ* = pour un oui ou pour un non* (= *constamment*)
- À longueur de journée / de soirée
- De l'eau coulera sous les ponts.
- Rebelote* ! = Et c'est reparti* (= *ça recommence*)
- Ce n'est pas bientôt fini ? (*expression de l'impatience*)
- En attendant = d'ici là = d'ici que (+ *phrase*)
- À mesure que = au fur et à mesure…
- Je mène de front… (= *je fais simultanément*)
- Pendant que j'y suis = tant que j'y suis… ≠ après coup.
- D'emblée (= *aussitôt, du premier coup*)

Remarque de vocabulaire. « Ranger » est pratique ; « organiser » est plutôt intellectuel.

1 Vocabulaire et communication. **Complétez par les termes manquants.**

1. Anne a trop à faire, elle _____ trois projets d'ampleur.

2. De l'eau _____ sous les _____ avant que nous trouvions une solution !

3. _____* ! Je dois encore une fois repartir à Metz pour une réunion !

4. Adama trie les papiers _____ qu'elle les reçoit.

5. Ce bébé crie _____ de journée !

2 Vocabulaire et communication. **Trouvez une autre manière de dire.**

1. Kevin m'interrompt <u>constamment</u>, c'est pénible. _____

2. <u>D'entrée de jeu</u>, nous l'avons trouvé antipathique. _____

3. Amélie nous téléphone <u>souvent et sans raison</u>. _____

4. Il est difficile de changer d'avis <u>après avoir pris la décision</u>. _____

5. Cyprien se plaint <u>toute la journée, sans arrêt</u>. _____

3 Communication. **Complétez librement les phrases suivantes.**

1. Ils mènent de front _____

2. Il faut que je case* _____

3. _____ à tout bout de champ*.

4. D'ici là, _____

5. Tant que tu y es, _____

4 Communication. **Complétez librement les mini-dialogues suivants.**

1. _____

– Rebelote* !

2. _____

– Ce n'est pas bientôt fini ?

3. _____

– À tout bout de champ* !

4. _____

– D'ici là, de l'eau coulera sous les ponts !

5. _____

– Oui, au fur et à mesure.

5 À vous ! **Répondez librement et de manière développée aux questions suivantes.**

1. Vous est-il arrivé d'appeler quelqu'un pour un oui ou pour un non* ? Dans quelles circonstances ?

2. Avez-vous déjà mené de front des tâches très différentes ? Expliquez.

3. Avez-vous tendance à ranger au fur et à mesure ou plutôt à laisser s'accumuler les choses ?

44 Mémoire, oubli, regrets

1 Les aléas de la mémoire 🎧

Marcel : Je **ne retrouve plus** le nom de ce grand écrivain aventurier… **Son nom m'échappe**.

Romane : **Ça te reviendra**, papi.

Marcel : **J'ai le nom sur le bout de la langue**. Ah, que c'est agaçant ! J'ai de plus en plus souvent **des trous de mémoire**.

Romane : Ça arrive à tout le monde. Tu vois, je ne **retiens** pas toutes les dates que je dois connaître **par cœur** pour le cours d'histoire. Par exemple, je n'arrive pas à **me mettre dans le crâne*** les dates des batailles de Louis XIV.

Marcel : Tu es mignonne de me dire ça… **Dans ma jeunesse**, j'**avais une mémoire d'éléphant**. À l'époque, je **connaissais** un nombre considérable de poèmes **sur le bout des doigts** par exemple. Tout cela est bien loin… et je dois admettre que je **perds la mémoire**… Ah, **ça me revient**, maintenant ! C'est Kessel, Joseph Kessel, bien sûr.

2 N'en parlons plus ! 🎧

Rémi : Je devais téléphoner à Carole, mais **ça m'est complètement sorti de l'esprit**. D'ailleurs, je **ne sais plus** quel jour est son anniversaire. C'est le 11 ou le 12 ? Il faudrait que je le lui demande.

Zoé : C'est le 12. Je vais **te rafraîchir la mémoire** : c'est le même jour que mon anniversaire, mon cher Rémi…

Rémi : Oh, j'ai **la tête comme une passoire***, ma parole. Tu me l'as dit cent fois mais…

Zoé : … **ça entre par une oreille et ça sort par l'autre**. N'en parlons plus…

Rémi : Je t'assure que **dans le temps,** ma mémoire était plus fiable.

Zoé : Ne commence pas avec tes « **de mon temps** », « **autrefois** »…

▌ Grammaire

Doubles pronoms personnels

Elle (ne) **me le/la/les** donne (pas), elle (ne) **te le/la/les** donne (pas)

Elle (ne) **le/la/les lui** donne (pas)

Elle (ne) **nous le/la/les** donne (pas), elle (ne) **vous le/la/les** donne (pas)

Elle (ne) **le/la/les leur** donne (pas)

▌ Vocabulaire

Le passé

- Dans ma jeunesse = de mon temps
- Dans le temps = autrefois = à l'époque

Manières de dire

- Le nom m'échappe, mais je l'ai sur le bout de la langue.
- Je retiens = je me mets dans le crâne* / la tête ≠ je ne sais plus, je ne retrouve plus…
- J'ai une mémoire d'éléphant ≠ je perds la mémoire / j'ai la tête comme une passoire*.
- Je sais / connais qch sur le bout des doigts = par cœur.
- Je vais vous rafraîchir la mémoire.
- Ça m'est sorti de l'esprit ≠ ça va me revenir.
- Ça entre par une oreille et ça sort par l'autre.

A C T I V I T É S

1 Compréhension. **Les phrases suivantes sont-elles de sens équivalent ?**

1. Djamila connaît son rôle sur le bout des doigts = elle l'a sur le bout de la langue.

2. Le nom de cet acteur m'échappe = il me reviendra.

3. Dans le temps, il n'avait pas de trous de mémoire = à l'époque, il avait une meilleure mémoire.

4. Ça entre par une oreille et ça sort par l'autre = ça lui sort de l'esprit.

5. Ils ne savent plus l'adresse de leur ami = ils ne retrouvent plus cette adresse.

6. Elle n'arrive pas à se mettre ces formules dans le crâne* = elle a du mal à les retenir.

2 Grammaire. **Répondez en employant les doubles pronoms personnels.**

1. Ils leur expliquent le projet ? — Oui, _____

2. Vous m'avez envoyé les messages ? — Non, _____

3. Tu me passes Sonia ? — Oui, _____

4. Elle leur a prêté sa voiture ? — Oui, _____

5. Tu lui demanderas son adresse ? — Oui, _____

6. Je t'ai rendu tes clés ? — Non, _____

3 Vocabulaire et communication. **Trouvez une autre manière de dire.**

1. La pianiste connaît <u>parfaitement</u> cette partition. _____

2. Un acteur doit avoir <u>une excellente mémoire</u>. _____

3. Il a du mal à <u>mémoriser</u> la chronologie des rois d'Angleterre. _____

4. Cette adolescente n'est pas attentive, <u>elle n'écoute rien de ce qu'on lui dit</u>. _____

5. Je vais <u>l'aider à retrouver ce nom</u>. _____

6. Il est fatigué, <u>son cerveau et sa mémoire ne fonctionnent pas bien</u>. _____

4 Communication. **Complétez librement les phrases suivantes.**

1. _____ sur le bout de la langue.

2. Il sait _____ sur le bout des doigts.

3. _____ me reviendra, j'en suis sûr(e).

4. _____ lui échappe.

5. _____ leur est sorti de l'esprit.

6. Dans le temps, _____

5 À vous ! **Répondez librement et de manière détaillée aux questions suivantes.**

1. Avez-vous une mémoire d'éléphant ?

2. Que connaissez-vous sur le bout des doigts ?

3. Y a-t-il quelque chose que vous deviez faire et qui vous est sorti de l'esprit, récemment ?

4. Qu'avez-vous parfois du mal à vous mettre dans le crâne* ?

3 Je m'en veux ! 🎧

Louise : Mais pourquoi est-ce que j'ai dit à Benoît que Gabriel était un imbécile ? **Je m'en veux,** je **n'aurais jamais dû,** ils sont amis tous les deux ! C'est terrible, j'ai blessé Benoît et il **m'en voudra à mort.**

Mathilde : Inutile de te lamenter, on ne refait pas l'histoire ! Tu parviendras bien à rattraper le coup*.

Louise : Oui, bien sûr, mais j'**ai des remords.** En plus, j'**ai fait la bêtise d'**en parler à Axelle. Je **m'en mords les doigts***, car elle s'est empressée de le répéter à ses copines*.

Mathilde : Tu **t'es excusée auprès de** Benoît ?

Louise : Oui, bien sûr, j'**ai fait amende honorable,** mais…

Mathilde : Et quelle a été sa réaction ?

Louise : Il a dit en riant qu'il ne me le **pardonnerait** jamais. À vrai dire, je ne sais pas si c'était du lard ou du cochon*…

4 Tu ne regrettes rien ? 🎧

Frank : Tu hésitais entre des études scientifiques et littéraires. Finalement, tu as renoncé à la littérature au profit des sciences. Tu **ne le regrettes pas** ?

Alexis : Non, c'était le bon choix. **Mon seul regret, c'est** d'avoir dû sacrifier mes cours de théâtre. **Il aurait fallu que** j'y consacre du temps que je n'avais pas.

Frank : Tu aurais pu t'arranger pour ne pas tout laisser tomber, non ?

Alexis : Oui, mais je ne serais pas arrivé à tout mener de front.

Grammaire

Conditionnel passé

- **J'aurais pu** m'en douter !
- Tu **n'aurais jamais dû** y répondre.
- Il **ne me serait jamais venu** à l'esprit de le faire.
- Il **aurait fallu** que tu saches comment faire.

Vocabulaire

Décisions difficiles

- Faire une bêtise
- Renoncer à qch au profit de
- Faire le bon choix
- Sacrifier qch
- Laisser tomber*

Manières de dire

- Je m'en veux = j'ai des remords.
- J'en veux (à mort) à qqn = j'ai une (terrible) rancune envers qqn.
- Je m'en mords les doigts* = je regrette amèrement = je n'aurais jamais dû…
- Il est inutile de se lamenter ! On ne refait pas l'histoire.
- Je me suis excusé(e) auprès de = j'ai fait amende honorable (= *j'ai reconnu mes torts*).
- J'ai pardonné à qqn (d'avoir fait qch).
- Mon seul regret, c'est… = j'aurais pu…

> **Remarque de vocabulaire.** « Je ne sais pas si c'est du lard ou du cochon* » = je ne sais pas si c'est sérieux ou non.

1 Grammaire et communication. **Exprimez des regrets ou des remords en employant le conditionnel passé.**

1. J'ai complètement oublié l'anniversaire de mon ami(e) !

_____

2. Nous sommes partis en vacances un 31 juillet, jour classé « noir » sur les routes !

_____

3. Blandine a voulu continuer ses études, tout en travaillant et en faisant du sport, moyennant quoi, elle a tout raté ! _____

4. Zut, je n'ai pas réservé de table au restaurant et il risque d'être complet ! _____

_____

5. Vous ne m'avez pas prévenu de votre arrivée et je n'ai rien pu préparer. _____

_____

6. Antoine n'a pas corrigé ce texte qui était rempli de coquilles ! _____

_____

7. Je ne me suis pas rendu compte de l'importance de ce projet ! _____

_____

2 Vocabulaire et communication. **Trouvez une autre manière de dire.**

1. Raphaël a refusé cette mission à l'étranger, il le regrette amèrement. _____

2. C'était vraiment une mauvaise idée d'acheter ce meuble. _____

3. Romain a humblement reconnu ses torts. _____

4. Cela ne sert à rien de pleurer ! _____

5. On ne peut pas changer ce qui s'est passé. _____

3 Communication. **Complétez librement les phrases suivantes.**

1. Mon seul regret, c'est _____

2. Je n'aurais jamais dû _____

3. J'ai fait la bêtise de _____

4. Je m'en veux, parce que _____

5. _____ , je m'en mords les doigts.

6. Je ne regrette pas _____

7. Il aurait fallu que je _____

4 À vous ! **Répondez librement et de manière détaillée aux questions suivantes.**

1. Y a-t-il des décisions que vous avez prises, dont vous vous mordez les doigts* ?

2. En voulez-vous à quelqu'un ? Pouvez-vous en parler ?

3. Vous est-il arrivé de devoir faire amende honorable ?

4. Y a-t-il des activités que vous auriez aimé faire et auxquelles vous avez renoncé ?

5. Dans quel contexte pensez-vous avoir fait le bon choix ?

5 Rancune tenace 🎧

Cédric : Il faut **passer à autre chose**. Tu ne vas pas **ressasser** toujours **les** mêmes **griefs**.

Fabrice : Facile à dire… Moi, je **n'oublierai jamais** ! **Ça m'obsède, ça me hante** même. J'ai encore en mémoire ses paroles insultantes, et je **ne suis pas près de les oublier**.

Cédric : Je comprends que tu **aies une dent* contre** elle, mais il faut **passer sur** ce genre de choses, sinon, on se rend malade. **Tourne la page** !

Fabrice : Je suis désolé, **ça me reste en travers de la gorge***. Je ne peux pas faire **comme si rien ne s'était passé** et déclarer : « Tout est pardonné ! »

Cédric : Oui, tu ne peux pas faire **comme si de rien n'était**, mais je pense qu'il serait sain de **passer l'éponge***, et de te dire « **on efface tout et on recommence** ».

Fabrice : Je ne crois pas, d'autant plus que **ça a rouvert de vieilles blessures**… Je ne suis pas près d'en sortir.

Cédric : Ce que tu es **rancunier** ! Tu **lui en veux à mort**, ma parole… Bon, passons… Si nous parlions de la cérémonie **d'hommage** à Véronique, **sans oublier que** c'est à nous de préparer le discours ?

6 Une vraie rancœur

[…] Fabrice **lui tient encore rancune**. Il **remâche*** constamment ce qui est arrivé, **c'est une véritable obsession**. J'ai l'impression que cette situation **a réveillé de très mauvais souvenirs**. Il est clair que **certaines plaies n'étaient pas refermées**, ce qui expliquerait l'ampleur de **son ressentiment**, voire de **sa rancœur**.

Vocabulaire

La rancune

- Ressasser = remâcher* (= *se répéter constamment et désagréablement*)
- Avoir des griefs envers qqn = en vouloir (à mort) à qqn = avoir une dent* contre qqn
- Être rancunier(-ière) = tenir facilement rancune à qqn = éprouver du ressentiment envers qqn
  < éprouver de la rancœur (rancune + amertume)

Manières de dire

- Il faut passer à autre chose = il faut tourner la page = on efface tout et on recommence.
- Je ne suis pas près d'oublier = cela me reste en travers de la gorge *(familier)*.
- Cela m'obsède < cela me hante = c'est une véritable obsession.
- Il faut passer sur qch = il faut passer l'éponge *(familier)* = il faut pardonner qch.
- Je ne peux pas faire comme si de rien n'était = comme si rien ne s'était passé.
- Cela a rouvert de vieilles blessures = certaines plaies ne sont pas refermées = cela a réveillé de mauvais souvenirs.
- Nous allons rendre hommage à cette personne (= *la célébrer*).
- Sans oublier (*que + phrase*)

ACTIVITÉS

1 Vocabulaire et communication. **Complétez par les termes manquants.**

1. Adeline a _____* contre sa collègue qui l'a vexée.
2. Malgré sa _____ envers Sébastien, Élodie est parvenue à faire comme si _____ , histoire de garder la face.
3. Cette dispute a _____ de _____ blessures.
4. Les parents sont prêts à passer _____* et à tout pardonner à leurs enfants.
5. Il est temps, désormais, de _____ la page et de _____ à autre chose.
6. Cette triste musique _____ de mauvais souvenirs.

2 Vocabulaire et communication. **Trouvez une autre manière de dire. Vous devrez parfois entièrement restructurer la phrase.**

1. Frédéric éprouve une très forte rancune envers Léon. _____
2. Julien ne peut pas oublier qu'il n'a pas obtenu la promotion qu'il désirait. _____ _____
3. L'attitude de Franck m'a obligée à penser à des souvenirs désagréables que j'avais oubliés. _____ _____
4. Clément n'arrête pas de se remémorer ces moments désagréables. _____
5. Nous allons oublier nos griefs et aller de l'avant. _____

3 Communication. **Complétez librement ces mini-dialogues.**

1. _____ – Oui, je ne suis pas près d'oublier ça !
2. _____ – Tourne donc la page !
3. _____ – Cela te reste vraiment en travers de la gorge* !
4. _____ – C'est une véritable obsession !

4 Communication. **Complétez librement les phrases suivantes.**

1. Je ne suis pas près d'oublier _____
2. Elle ressasse _____
3. _____ a rouvert de vieilles blessures.
4. _____ m'obsède.
5. _____ lui reste en travers de la gorge*.

5 À vous ! **Répondez librement et de manière détaillée aux questions suivantes.**

1. Êtes-vous capable, parfois, de faire comme si de rien n'était ? Dans quelles situations ?
2. Connaissez-vous des personnes rancunières ? De quelle manière le sont-elles ?
3. Vous est-il arrivé de passer l'éponge* sur quelque chose ? Pouvez-vous en parler ?
4. Une cérémonie d'hommage a-t-elle eu lieu récemment dans votre région/pays ? Pourquoi ?
5. Dans quelles circonstances estimez-vous qu'il faut tourner la page ?

45

Hasards, fatalisme et opportunités

1 Heureux hasards 🎧

Mathieu : Comment se fait-il que tu connaisses Violaine ?

Adila : Eh bien, **il se trouve que** mon ex est originaire de Bayonne aussi. Or, **il s'est avéré que** Violaine était une cousine éloignée de la belle-sœur de mon ex. C'est un peu compliqué, mais la rencontre était **fortuite**. **Par le plus grand des hasards**, ils se sont retrouvés dans le même congrès, figure-toi… C'est d'ailleurs grâce à Violaine que j'ai eu ce poste.

Mathieu : Décidément, **le hasard fait bien les choses**. Moi aussi, c'est **par un** amusant **concours de circonstances** que j'ai fait la connaissance de Tristan, qui m'a mis en contact avec l'entreprise. Tiens, Agnès ! **Justement**, tu **tombes à point nommé**.

Agnès : Mathieu, **ça tombe* bien que** je te voie, j'ai une question à te poser. **Selon toute probabilité**, Sébastien ne pourra pas assister à la réunion demain. Or, il faut **mettre toutes les chances de notre côté**. Est-ce que, **par chance**, tu serais libre pour le remplacer ?

Mathieu : Étant donné **la conjoncture**, je ne vois pas comment je pourrais m'y soustraire.

2 C'est comme ça ! 🎧

Auriane : Quel dommage que tu n'aies pas pu partir à cause de ta jambe cassée !

Léo : Que veux-tu, c'est comme ça ! J'en prends mon parti, je passe mes journées à bouquiner*.

Auriane : Tu as l'art de **prendre les choses comme elles viennent**.

Léo : Tu veux dire que **je me résigne** trop facilement ? De toute façon, **à quoi bon** s'énerver ? C'est **la fatalité** qui m'a fait tomber !

Tant pis pour les vacances, ce sera pour une autre fois. Tu vois, je suis **philosophe**…

▬ Vocabulaire

Le hasard

- Un hasard = un concours de circonstances
- Tomber à point nommé = bien tomber*.
- Justement
- La conjoncture (économique, politique…)
- Être fortuit(e) = par hasard

══ Manières de dire ══

- Il se trouve que = le hasard fait que = il s'avère que
- Par le plus grand des hasards… / par chance.
- Que veux-tu ? C'est comme ça ! (= *c'est la vie*)
- Il faut mettre toutes les chances de notre côté.
- À quoi bon ?
- « Le hasard fait bien les choses. »
- Ça tombe bien* (≠ mal) que (+ *subjonctif*)
- Tant pis (pour)
- Selon toute probabilité
- C'est la fatalité !
- J'en prends mon parti = je me résigne = je prends les choses comme elles viennent = je suis philosophe.

1 Vocabulaire et communication. **Complétez par les termes manquants.**

1. Virginie doit _____ toutes les _____ de son côté.

2. Quentin est résigné, il en _____ son _____.

3. Thibaut _____ à point _____ quand il est entré.

4. Antoine va venir ? Ça _____* très bien !

5. Je n'ai pas vraiment cherché ce livre, c'était une découverte _____.

6. Nous nous sommes retrouvés par le plus _____.

7. Il a obtenu ce travail par un _____ de circonstances.

2 Vocabulaire et communication. **Trouvez une autre manière de dire.**

1. Mes voisins sont arrivés au bon moment. _____

2. Je dois faire tout ce que je peux pour que ça marche. _____

3. Benoît se résigne à sa situation. _____

4. Nous avons découvert ce quartier sans le faire exprès. _____

5. Il est probable que le spectacle sera annulé. _____

6. Le hasard fait qu'elles sont voisines de palier. _____

3 Communication. **Complétez librement les mini-dialogues.**

1. _____

– Que voulez-vous, c'est comme ça !

2. _____

– Ça s'est fait par le plus grand des hasards.

3. _____

– À quoi bon ?

4. _____

– Tant pis pour lui, je l'inviterai une autre fois.

5. _____

– Au contraire, tu tombes à point nommé !

6. _____

– Eh oui, le hasard fait bien les choses !

4 À vous ! **Répondez librement et de manière développée aux questions suivantes.**

1. Avez-vous parfois été favorisé(e) par un heureux concours de circonstances ? Lequel ?

2. Avez-vous tendance à en prendre votre parti ? De quelle manière ?

3. Quelqu'un est-il arrivé à point nommé, récemment ?

3 **Superstition ?** 🎧

Emma : Tiens, il est amusant, ce pendentif.

Morgane : C'est ma grand-mère qui me l'a donné, c'est **un porte-bonheur**.

Emma : Tu es **superstitieuse**, toi ?

Morgane : Non, pas vraiment, même s'il est vrai que je **suis née sous une bonne étoile**…

Emma : Il est vrai que tu as toujours eu énormément de chance.

Morgane : Jusqu'à présent oui, **je touche du bois** !

4 **Quelle déveine* !** 🎧

Fanny : Nous voilà bien* ! Regarde, on annonce une grève de train pour demain. **Il ne manquait plus que ça !** Juste le jour où il faut absolument que nous soyons à Dijon pour le rendez-vous ! **Quelle poisse* !**

Maxime : Quelle tuile* ! Il est vrai que c'est le genre de **contretemps** que nous aurions dû **prévoir. Il fallait s'y attendre**…

Fanny : Oui, il y a toujours **des imprévus**, mais cette fois-ci, on **joue de malchance** : déjà Sébastien qui est malade, la photocopieuse qui vient de tomber en panne…

Maxime : C'est la loi des séries ! À tout hasard, je vais voir avec Guillaume si nous pouvons remettre la réunion à la semaine prochaine. **On ne sait jamais**…

Fanny : Au point où on en est, on devrait proposer que cela se passe ici, ça nous éviterait de nous déplacer.

Maxime : Et ce serait aux autres de faire le trajet ? **On peut toujours rêver**, mais je doute qu'ils acceptent…

▩ **Vocabulaire**

Chance et malchance

- Un porte-bonheur
- Être superstitieux (-euse)

- La malchance = la déveine* = la poisse* = la tuile*
- Jouer de malchance
- Un contretemps = un imprévu

Manières de dire

- Je suis né(e) sous une bonne étoile.
- « Je touche du bois » *(par superstition)*.
- Me voilà bien* ! *(ironique = quelle malchance !)*
- Il ne manquait plus que ça !
- Il fallait s'y attendre !
- C'est la loi des séries.
- À tout hasard… = on ne sait jamais.
- On peut toujours rêver.
- Au point où on en est…

A C T I V I T É S

1 Vocabulaire. **Complétez par les termes manquants.**

1. Je n'ai jamais eu d'accident de ma vie, je _____ !

2. La défection d'Éric est un fâcheux _____ , cela va nous retarder.

3. Adèle porte toujours cette bague, c'est un _____ que lui a donné sa mère.

4. Encore un contretemps ? Quelle _____ !

5. À tout _____ , nous essayerons de joindre Chantal.

6. Elle n'est pas _____ , mais elle ne veut pas que nous soyons treize à table…

2 Vocabulaire et communication. **Trouvez une autre manière de dire.**

1. Quelle <u>malchance</u> ! _____

2. <u>J'étais sûr que ça allait arriver</u> ! _____

3. Ils <u>n'ont vraiment pas de chance</u> ! _____

4. Elle <u>a toujours eu de la chance dans sa vie.</u> _____

5. Encore un problème ? <u>Il s'ajoute aux autres</u> ! _____

6. On peut toujours <u>imaginer que ça va s'arranger</u>… _____

3 Communication. **Complétez librement les mini-dialogues.**

1. _____
– Ça, c'est une tuile* !

2. _____
– Il ne manquait plus que ça !

3. _____
– De toute façon, il fallait s'y attendre…

4. _____
– Vous avez raison, on peut toujours rêver…

5. _____
– Jamais ! Je touche du bois…

6. _____
– Nous voilà bien* !

7. _____
– Pourquoi pas ? Au point où on en est…

4 À vous ! **Répondez librement et de manière développée aux questions suivantes.**

1. Connaissez-vous des personnes nées sous une bonne étoile ? Pourquoi ?

2. Dans votre langue, existe-t-il une expression analogue à « Je touche du bois » ?

3. Quelles sont les superstitions les plus courantes, dans votre culture/pays ? Vous-même, avez-vous tendance à être superstitieux (-euse) ?

5 La « langue de bois » 🎧

La journaliste : Cette visite diplomatique est-elle **opportune** ? Les électeurs peuvent se demander s'**il y a lieu**, dans les circonstances actuelles, **de** resserrer les liens avec ce pays.

Le ministre : Votre question me **donne l'occasion de** réitérer le désir du gouvernement de développer une coopération constructive.

La journaliste : Pourtant, jusqu'à présent, **les circonstances n'étaient guère propices à** un rapprochement !

Le ministre : Certes, **la conjoncture** n'était pas **favorable**, mais cette fois-ci, nous ne voulons pas **laisser échapper l'occasion de** signer des contrats qui engendreront un développement économique. Vous conviendrez que **ce n'est vraiment pas le moment de** faire la fine bouche.

La journaliste : Est-il pour autant **justifié de** dérouler le tapis rouge ?

Le ministre : Il n'y a rien d'**incongru** dans le fait de recevoir un partenaire commercial.

La journaliste : Aborderez-vous les sujets sensibles, **à un moment donné** ?

Le ministre : **Le cas échéant**, bien entendu, si la situation **s'y prête**.

6 Une occasion ratée 🎧

Arthur : Serge a-t-il **saisi la perche* que tu lui as tendue** ?

Stéphane : Non, encore une fois, il est **passé à côté** ! Il n'a pas **saisi l'occasion**. C'est vraiment dommage, car **c'était l'occasion ou jamais** de faire une expérience à l'étranger. Ça le desservira dans la vie.

Arthur : Moi, au contraire, j'aurais **sauté* sur l'occasion** ! Tiens, **pendant que tu y es**, peux-tu me donner les coordonnées de Léa ? **À l'occasion**, j'aimerais bien l'inviter à déjeuner pour lui proposer, **éventuellement**, de participer au projet.

Stéphane : Tu as raison, il faut **battre le fer pendant qu'il est chaud**.

▮▮▮ Vocabulaire

L'occasion

- Être opportun(e) = justifié(e) (≠ incongru(e)) = se prêter à
- Tendre la perche à quelqu'un
- Saisir la perche* qu'on tend = sauter* sur l'occasion = saisir l'occasion
  ≠ laisser échapper/laisser passer une occasion = passer à côté
- Il faut battre le fer pendant qu'il est chaud = c'est l'occasion ou jamais.

══════ *Manières de dire* ══════

- Il y a lieu de (+ *infinitif*) = c'est le moment de…
- Cela me donne l'occasion de (+ *infinitif*)
- Les circonstances, la conjoncture ne sont pas / guère propices = favorables à…
- À un moment donné (= *à un certain moment*)
- À l'occasion = le cas échéant = éventuellement
- Pendant que j'y suis…

Remarque de vocabulaire. « Faire la fine bouche » = faire le/la difficile, au mauvais moment.

A C T I V I T É S

1 Vocabulaire. **Complétez par les termes manquants.**

1. La situation ne se _____ pas à l'optimisme !

2. Le cas _____ , pourriez-vous m'envoyer un duplicata du document ?

3. Je ne comprends pas pourquoi il fait la _____ , au moment où il est au chômage !

4. C'est toujours comme ça, elle ne saisit pas la _____ qu'on lui _____ .

5. Pendant que vous y _____ , pouvez-vous m'imprimer ce document ?

2 Vocabulaire et communication. **Trouvez une autre manière de dire.**

1. La réaction du directeur <u>ne venait pas au bon moment</u>. _____

2. Malheureusement, il n'a pas <u>saisi</u> l'occasion. _____

3. Cette réponse était <u>bizarre et mal venue</u>. _____

4. Les circonstances <u>ne se prêtent pas</u> à une négociation. _____

5. Il est de bonne humeur et d'accord avec toi, tu <u>dois en profiter pour agir</u>. _____

3 Communication. **Complétez librement les phrases suivantes.**

1. Il n'est pas opportun _____

2. Cela me donne l'occasion _____

3. Tu dois battre _____

4. Elle a saisi _____

5. Il y a lieu _____

4 Communication. **Complétez librement les mini-dialogues suivants.**

1. _____

– Oui, le cas échéant.

2. _____

– Pourquoi pas, si la situation s'y prête.

3. _____

– Non, ce n'est vraiment pas le moment !

4. _____

– Vous avez raison, c'est l'occasion ou jamais.

5. _____

– Il faut dire que la conjoncture n'y est guère propice.

5 À vous ! **Répondez librement et de manière développée aux questions suivantes.**

1. Savez-vous battre le fer pendant qu'il est chaud ? Dans quel contexte ?

2. Avez-vous parfois tendu une perche à quelqu'un qui ne l'a pas prise ? Racontez.

3. Vous est-il arrivé de laisser échapper une chance ? Racontez.

46

Effets de mode

1 Très « tendance » 🎧

Héloïse : Dis donc, Tatie, elle est magnifique, cette tenue, **très tendance*** ! Quant à ton sac, il est **à la dernière mode** !

Clémence : Merci ! Oui, c'est curieux : certains accessoires, que je n'aurais jamais imaginé porter quand j'étais plus jeune, ont été **remis à la mode**. Dans ma jeunesse, **ça faisait vieillot**, alors que maintenant, c'est **au goût du jour**.

Héloïse : Tu as raison, **ça se fait beaucoup** en ce moment.

Clémence : L'autre jour, en faisant les magasins, je voyais des gamines* qui **se ruaient sur** les sacs à main de cette marque. Cela me semble un peu étrange.

Héloïse : Mon ami Valentin, qui est styliste et bien sûr très **branché***, me parlait justement l'autre jour de **ces engouements pour** un objet, une forme, une couleur… C'est d'abord **la grande folie***, puis plus personne n'en parle. De vrais **feux de paille**.

Clémence : J'imagine que les créateurs de mode doivent **se renouveler** constamment et **ne pas s'endormir sur leurs lauriers**. Ils doivent rester **dans l'air du temps**, tout en **innovant** en permanence.

Héloïse : Certes, il vaut mieux constamment **se remettre en cause**, même si certains vêtements **restent classiques** : une chemise blanche, **ça ne se démode pas**, c'est toujours **chic**.

Clémence : Heureusement, car s'il fallait **changer sa garde-robe** chaque année pour **rester à la mode**, cela obligerait à prévoir un budget de princesse !

▨ Vocabulaire

La mode

- Un engouement = un effet de mode = un feu de paille
- La grande folie*
- Se ruer sur = se précipiter sur
- Être styliste = un créateur/créatrice de mode
- Être classique = ne pas se démoder ≠ être branché*

- Une tenue
- Un accessoire de mode
- Changer de garde-robe

Manières de dire

- Ça fait jeune ≠ vieillot(te).
- Ça se démode vite ≠ ça reste à la mode.
- C'est très tendance* = très branché* = au goût du jour = à la dernière mode = dans l'air du temps.
- Ça se fait beaucoup ≠ ça ne se fait plus.
- C'est chic.
- Il ne faut pas s'endormir sur ses lauriers (= *malgré le succès, il faut se renouveler*).
- Il faut se renouveler = innover.

1 Compréhension. **Les phrases suivantes sont-elles de sens équivalent ?**

1. C'est très tendance* = ça ne se démode pas.

2. Cette tenue est assez classique = elle a été remise au goût du jour.

3. Ça se fait beaucoup en ce moment = c'est à la mode.

4. Ce n'est qu'un engouement passager = c'est un feu de paille.

5. Ça fait jeune = c'est assez branché*.

2 Vocabulaire et communication. **Complétez par les termes manquants.**

1. Ce questionnement est dans _____ du temps, tout le monde en parle.

2. Les jeunes se _____ sur le moindre gadget technologique !

3. Un pantalon noir, ça ne _____ pas, on pourra toujours le porter.

4. Ces chaussures, que portait ma grand-mère, ont été _____ à la mode.

5. Ce jeune acteur s'endort sur _____ , c'est dommage.

6. Ne mets pas cette jupe, elle fait _____ , elle te vieillit !

3 Vocabulaire et communication. **Trouvez une autre manière de dire.**

1. Ce groupe de musique provoque une adoration passagère. _____

2. Cette association de couleurs est très à la mode. _____

3. Lucas a décidé de devenir styliste. _____

4. Ce genre de forme ne reste pas longtemps à la mode. _____

5. On vante toujours l'élégance parisienne. _____

4 Communication. **Complétez les mini-dialogues suivants.**

1. _____ – Oui, c'est la grande folie* !

2. _____ – Non, ça ne se fait plus !

3. _____ – Oui, c'est très tendance* !

4. _____ – Jamais, ça fait vieillot !

5. _____ – Bien sûr ! Ça ne se démodera jamais.

5 À vous ! **Répondez librement et de manière développée aux questions suivantes.**

1. Pouvez-vous citer des tenues ou des accessoires de mode qui étaient vieillots lorsque vous étiez plus jeune et qui ont été remis au goût du jour ?

2. Qu'est-ce qui, selon vous, risque de se démoder dans la tendance actuelle ?

3. Quelle serait une tenue chic, d'après vous ?

4. Vous est-il arrivé de céder à un engouement ?

5. Avez-vous tendance à vous endormir sur vos lauriers ? Pourquoi ?

6. Suivez-vous les productions des jeunes créateurs de mode ? Pourquoi ?

7. Vous est-il arrivé de vous ruer sur un nouvel objet ? Dans quel contexte ?

2 Dépassé ?

Alain : Pour mon grand-père, c'est dur. À son âge, il a l'impression de **ne plus être dans le coup***. Pourtant, il n'est pas si vieux, mais il se sent **dépassé par les événements**.

Élise : Moi aussi, qui ai 20 ans de moins que lui, je suis aussi **en décalage** par rapport aux jeunes. L'autre jour, j'ai écrit un message à la main, et ma fille m'a regardée avec effarement. Ça lui semblait **préhistorique**… Pour certains jeunes, **ça ne se fait plus** d'écrire une carte postale, c'est **passé de mode**.

Alain : « La mode, c'est ce qui se démode », comme disait Jean Cocteau. Cela dit, je me demande parfois si certaines choses **désuètes** ne **reviendront** pas **à la mode** et ne retrouveront pas un certain charme. Qui sait si ce qui semble **archaïque** à ces jeunes ne deviendra pas un jour **le comble de la modernité** ?

Élise : Pas en ce qui concerne la technologie ! Mon fils trouvait que son ordinateur, qui a deux ans, était « complètement **périmé** », « **obsolète** », « **vieux comme Hérode**, tu ne te rends pas compte, maman ! ». Deux ans ! Je dois être **vieux jeu**, mais pour moi, du moment qu'un appareil marche encore, je ne vais pas en changer.

Alain : Ton fils doit te considérer comme **une arriérée**…

Élise : Fossilisée*, tu veux dire !

3 Même le langage !

Julie : Tu as remarqué que beaucoup d'étrangers emploient la tournure « comme ci, comme ça », qui pourtant **n'a plus** vraiment **cours** aujourd'hui ? **Ça ne se dit** presque **plus**.

Roland : Tu as raison, elle **a fait son temps**. Il est intéressant de voir que certaines expressions **disparaissent**, tandis que d'autres **apparaissent**.

▬▬ **Vocabulaire**

La désuétude

- Désuet (désuète)
- Obsolète
- Périmé(e)
- Vieillot(te)

- Être arriéré(e) < fossilisé(e)* *(expressions ironiques)*
- Apparaître ≠ disparaître
- Être archaïque < préhistorique *(ironique ou non, selon le contexte)*
- Vieux comme Hérode

Manières de dire

- Je ne suis plus dans le coup* = je suis vieux jeu = je suis dépassé(e) par les événements.
- Je me sens en décalage par rapport aux jeunes.
- Il/elle a fait son temps.
- C'est passé de mode = ça ne se fait plus/ça ne se dit plus = ça n'a plus cours
  ≠ ça revient à la mode < c'est le comble de la modernité.

1 Vocabulaire et communication. **Complétez par les termes manquants.**

1. Mon téléphone mobile est désormais _____ , je ne peux même pas le faire réparer.
2. Je regrette que certains objets _____ , j'y étais attachée.
3. Ce modèle de voiture a fait _____ , il ne sera plus fabriqué.
4. Il est amusant de voir que ce vieil objet _____ à la mode !
5. Mon collègue est _____ , il est vraiment trop conservateur.

2 Vocabulaire et communication. **Trouvez une autre manière de dire.**

1. Tu as retrouvé ce cahier d'école ? Ciel, il est <u>très vieux</u> ! _____
2. Ces personnes âgées <u>ne savent plus ce qui se passe.</u> _____
3. Cette expression familière <u>ne se dit plus beaucoup.</u> _____
4. Cette forme de jupe <u>fait vieux.</u> _____
5. Cet accessoire <u>n'est plus vraiment à la mode.</u> _____

3 Communication. **Dans votre propre culture/pays, citez...**

1. une coutume désuète : _____
2. un objet obsolète : _____
3. une tournure qui n'a plus cours : _____
4. un vêtement qui ne se fait plus : _____
5. un objet vieux comme Hérode : _____

4 Communication. **Comparez les objets ci-dessous avec ceux employés par un enfant de votre entourage. Dites ce qui existe encore et ce qui, au contraire, a disparu.**

5 À vous ! **Répondez librement et de manière développée aux questions suivantes.**

1. Vous arrive-t-il de vous sentir dépassé(e) par les événements ? Ou de voir quelqu'un de votre entourage dans cette situation ? De quelle manière ?
2. De quels objets diriez-vous qu'ils sont vieux comme Hérode ?
3. Connaissez-vous des objets désuets qui sont en train de revenir à la mode ?
4. De quels objets diriez-vous qu'ils ont fait leur temps ?
5. Quelle tenue vestimentaire vous paraîtrait vieillotte ?

47 Perspectives d'avenir

1 Lancement imminent

Hugo : Ah, vous êtes déjà là ? Vous m'avez **devancé**. Bertrand est arrivé ?

Nora : Il **ne va pas tarder à** arriver. Une fois l'équipe réunie, nous pourrons discuter des points importants.

(Un peu plus tard)

Nora : Vous savez donc que nous **sommes sur le point de** signer un contrat décisif pour l'avenir de l'entreprise. Nous **nous apprêtons à** lancer un nouveau produit, dont l'annonce se fera **dans le courant du mois prochain**.

Hugo : Est-ce que cela implique, **à plus ou moins court terme**, que nous embaucherons ?

Nora : En effet, et c'est une très bonne nouvelle. L'annonce officielle en est **imminente**, **cela ne saurait tarder**. **Sur ces entrefaites**, j'aimerais aborder aussi la question de la répartition des tâches, car, **dans la foulée**, nous allons réorganiser l'équipe.

2 Changements en perspective

Hélène : Je commence **à peine** à y voir plus clair. **D'ici peu de temps**, nous aurons tous les éléments en main, **sous huitaine**, m'a-t-on promis.

Benjamin : Vivement la semaine prochaine ! Nous étions **dans l'expectative** depuis trop longtemps. Il faudra envisager **une nouvelle orientation** de nos recherches **à brève échéance**. Quand connaîtrons-nous le nom du nouveau directeur ?

Hélène : Je n'en sais rien. Je **n'avais pas plus tôt** posé la question **que** Jérôme répondait par le sempiternel « **en temps utile** ». **Là-dessus***, Nora est arrivée et la discussion a tourné court.

Vocabulaire

L'avenir proche

- Dans le courant de la semaine/du mois…
- D'ici peu (de temps)
- Sur ces entrefaites = là-dessus*
- Dans la foulée (= *dans le même mouvement*)

- Sous huitaine / quinzaine (de jours)
- En temps utile (= *bientôt, peut-être*)

Manières de dire

- Il/elle ne va pas tarder à (+ *infinitif*)
- Il/elle nous a devancés.
- Il/elle est sur le point de = s'apprête à (+ *infinitif*)
- Cela ne saurait tarder.
- À (plus ou moins) court/long terme = à (plus ou moins) brève échéance…

- Vivement (+ *nom*)
- Il/elle est dans l'expectative.
- Il/elle n'avait pas plus tôt… que…
- Je commence à peine à (+ *infinitif*)

> **Remarque.** Les Français disent « huit jours » pour une semaine et « quinze jours » pour deux semaines.

A C T I V I T É S

1 Compréhension. **Les phrases suivantes sont-elles de sens équivalent ?**

1. Il s'apprête à déménager = il est sur le point de déménager.

2. Marianne ne saurait tarder = Marianne nous a devancés.

3. Là-dessus*, ils se sont réunis = sur ces entrefaites, ils se sont réunis.

4. La réponse de Loïc est imminente = Loïc est dans l'expectative.

5. Le paquet arrivera sous huitaine = il sera là d'ici une semaine.

2 Vocabulaire et communication. **Complétez par les termes manquants.**

1. Nous organiserons une réunion dans _____ de la semaine.

2. Sur ces _____ , le ministre a annoncé sa venue.

3. Je devrais rendre ce travail à brève _____.

4. Ils se rendront à Genève, puis, dans _____ , à Lausanne, puisque c'est tout près.

5. Mélanie commence _____ à se remettre de ses émotions.

6. Le gouvernement _____ à proposer une nouvelle loi, c'est une question de jour.

3 Vocabulaire et communication. **Trouvez une autre manière de dire.**

1. J'ai hâte que ce soit dimanche. _____

2. Nous attendons les résultats d'ici huit jours environ. _____

3. Le magasin va bientôt fermer. _____

4. Mes amis vont s'en aller très bientôt en Espagne. _____

5. Le ministre fera une déclaration quand ce sera le bon moment. _____

4 Communication. **Complétez librement les mini-dialogues suivants.**

1. _____

– Cela ne saurait tarder.

2. _____

– Oui, à plus ou moins long terme, c'est probable.

3. _____

– Oui, je m'y rendrai dans la foulée.

4. _____

– Je suis d'accord ! Vivement le week-end…

5. _____

– Dans le courant de la semaine, je pense.

5 À vous ! **Répondez librement et de manière développée aux questions suivantes.**

1. Quels sont vos projets à plus ou moins long terme ?

2. Êtes-vous en ce moment dans l'expectative ? Pourquoi ?

3. Qu'êtes-vous sur le point d'accomplir ?

3 Des résultats prometteurs 🎧

Le journaliste : Considérez-vous que la découverte de cette molécule **ouvrira la voie à** de nouveaux médicaments ? **Quelles sont les perspectives** ?

La chercheuse : Cela semble probable, puisque les expériences que nous avons menées ont donné **des résultats prometteurs**. Nous sommes d'ailleurs en train de conduire de nouvelles recherches, qui, je l'espère, s'avéreront fructueuses.

Le journaliste : Vous **vous inscrivez dans la lignée des** scientifiques humanistes. Ne craignez-vous pas que vos recherches soient dévoyées à des fins peu paisibles ?

La chercheuse : Vous avez raison, c'est un risque, mais il est hélas inhérent à la recherche scientifique. Nous **revendiquons l'héritage des** grands savants du passé. Ce sera aux comités de bioéthique d'encadrer l'emploi de nos découvertes. **Advienne que pourra !**

Le journaliste : Vous consacrez beaucoup de temps à la formation de jeunes chercheurs, ce qui est une noble tâche.

La chercheuse : Je ne suis pas sûre de **passer à la postérité** pour cet aspect-là de ma carrière ! Plaisanterie mise à part, vous avez raison, c'est une part importante de mon activité. À mon âge, il est indispensable de commencer à **passer le flambeau**. **Il me tarde de** voir certains d'entre eux prendre toute leur place dans la communauté scientifique. Ce que je vois de leurs activités **augure bien du** succès de nos recherches.

Le journaliste : Je suppose aussi que la récompense que votre laboratoire a obtenue **laisse présager** que les expériences pourront se faire dans de meilleures conditions.

La chercheuse : Oui, tout **cela est de bon augure** quant à la suite du programme. **Je pressens** d'ailleurs **que** nous allons pouvoir moderniser certains de nos équipements.

Vocabulaire

La recherche scientifique

- Être inhérent(e) à (= *indissociable de*)
- S'avérer fructueux (-euse)
- La découverte d'une molécule
- La communauté scientifique = l'ensemble des chercheurs
- Le comité de bioéthique
- Des recherches dévoyées (= *détournées*)
- Une noble tâche
- Mener une expérience / conduire des recherches

Manières de dire

- Quelles sont les perspectives (de) (+ *nom*) ?
- Les recherches ouvrent la voie à…
- Il/elle s'inscrit dans la lignée de (+ *nom*) = il/elle revendique l'héritage de…
- Advienne que pourra ! *(dicton fataliste)*
- Il/elle passe à la postérité (pour) (+ *nom*)
- C'est de bon augure = cela augure bien de la suite = cela laisse présager…
- Il me tarde de (+ *infinitif*) / que (+ *subjonctif*) (= *être impatient*)
- Il/elle a obtenu des résultats prometteurs.
- Je pressens que (= j'ai l'intuition que)
- Il est temps de passer le flambeau.

1 Vocabulaire et communication. **Complétez par les termes manquants.**

1. Cette belle œuvre d'art _____ à la _____ , nous en sommes certains.

2. Cette découverte _____ la _____ à de grands progrès médicaux.

3. Ce compositeur _____ dans la _____ de Gustav Mahler.

4. Il nous _____ de connaître les résultats de cette expérience.

5. Ces difficultés sont _____ à notre métier, on n'y changera rien.

2 Vocabulaire et communication. **Trouvez une autre manière de dire.**

1. Le chef d'orchestre, âgé, doit laisser sa place à un plus jeune. _____

2. Les résultats de l'expérience laissent espérer des progrès. _____

3. Elle a hâte de pouvoir utiliser ce nouvel ordinateur très puissant. _____

4. La réaction du directeur nous permet d'espérer que le programme continuera. _____

5. Ils sont les héritiers des grands archéologues du début du xxe siècle. _____

6. On verra bien ce qui se passera ! _____

3 Communication. **Complétez librement les phrases suivantes.**

1. Il me tarde _____

2. Je pressens _____

3. Cette recherche s'inscrit _____

4. _____ passera à la postérité.

5. Cela augure bien _____

4 Communication. **Complétez librement les mini-dialogues suivants.**

1. _____
– Advienne que pourra !

2. _____
– C'est de très bon augure !

3. _____
– À mon avis, il passera à la postérité !

4. _____
– Les résultats semblent prometteurs.

5. _____
– Espérons que ces recherches ne soient pas dévoyées !

5 À vous ! **Répondez librement et de manière développée aux questions suivantes.**

1. Dans quelles circonstances pourriez-vous employer le dicton « Advienne que pourra ! » ?

2. Quels scientifiques de votre pays, de la deuxième moitié du xxe siècle, sont passés ou passeront à la postérité ? Pourquoi ?

1 Choisissez la ou les réponse(s) possible(s).

1. Ils ont [rendu] [fait] [remis] hommage à ce grand écrivain.
2. Dans [le temps] [son époque] [sa jeunesse], il ne se préoccupait pas de son confort.
3. L'acteur connaît son rôle [sur le bout des doigts] [par cœur] [de mémoire].
4. Il n'y a pas de temps à [passer] [perdre] [mettre] !
5. [À quoi bon] [D'ici là] [En attendant], nous pourrons nous adapter à la conjoncture.
6. Il faut [saisir] [battre] [prendre] le fer pendant qu'il est chaud !
7. [Pendant] [Tant] [À mesure] que tu y es, apporte-moi des fruits !
8. Ils nous dérangent [pour un oui ou pour un non] [à la va-vite] [à tout bout de champ*].
9. Il ne faut pas [se remettre] [s'endormir] [se renouveler] sur ses lauriers.
10. Nous lui rendrons visite [à l'occasion] [le cas échéant] [par le plus grand des hasards].

2 Les phrases suivantes sont-elles de sens équivalent ?

1. Elle s'en veut = elle a des remords.
2. Ils ressassent tout le temps les mêmes histoires = ils les remâchent*.
3. Je n'arrive pas à retenir ce nom = je n'arrive pas à me mettre ce nom dans le crâne*.
4. Il a des griefs contre elle = il a fait amende honorable.
5. Nous voilà bien* ! = c'est l'occasion ou jamais !
6. Il n'est plus dans le coup* = il a laissé passer l'occasion.
7. Je ne comprends pas cet engouement = c'est très tendance*.
8. Il s'en mord les doigts* = cela lui reste en travers de la gorge*.
9. Cette rencontre est fortuite = elle s'est faite par le plus grand des hasards.
10. La conférence des chefs d'État a été ajournée = elle a été remise.

3 Trouvez une autre manière de dire. Vous emploierez parfois un langage familier.

1. Sur ce, la réunion a commencé. _____
2. Ils ont fait comme si rien ne s'était passé. _____
3. Elle était très pressée, elle est partie à toute vitesse. _____
4. D'ici là, porte-toi bien ! _____
5. Chloé est arrivée juste au bon moment ! _____
6. Il a reconnu ses torts. _____
7. Il m'interrompt sans arrêt ! _____
8. Nous devons oublier et passer à autre chose. _____
9. L'historien connaît ces dates sans aucune hésitation. _____
10. Ce sac est à la dernière mode. _____

4 Complétez par les termes manquants.

1. Zut, j'ai le nom de cet artiste sur _____ de la langue.
2. Cette question n'est pas opportune, elle est même vraiment _____.
3. Il oublie tout, il a la tête comme une _____.
4. Le jeune a su _____ sur l'occasion et accepter cette mission.
5. Le champion a gagné la première course, puis, dans la _____ , la deuxième !
6. Les bons résultats de cet élève _____ bien de la suite de ses études.
7. Nous devons _____ au plus pressé.
8. Je finis ce petit travail et j'arrive, j' _____ pour cinq minutes !
9. Elle m'a parlé comme si _____ n'était, c'est étrange.
10. Ils ne sont pas _____ d'oublier ce voyage, après toutes ces péripéties !

5 Complétez librement ces dialogues, mais avec une certaine logique...

1. _____ – Oui, je l'ai eu de justesse !
2. _____ – Que veux-tu ? C'est comme ça !
3. _____ – Certainement ! C'est l'occasion ou jamais !
4. _____ – Eh oui ! Rebelote* !
5. _____ – Non, au contraire, c'est désuet.
6. _____ – On peut toujours rêver...
7. _____ – Oui, elle ne saurait tarder.
8. _____ – Oh là là, ça m'est sorti de l'esprit !
9. _____ – Il fallait s'y attendre !
10. _____ – Oui, et je m'en mords les doigts* !

6 Quelle(s) expression(s) pourriez-vous employer dans les situations suivantes ?

1. Vous regrettez d'avoir fait quelque chose de mal : _____
2. Vous expliquez que vous ne faites que ce qui est urgent : _____
3. Vous accueillez quelqu'un qui arrive justement au bon moment : _____
4. Vous apprenez qu'un obstacle de plus vient s'ajouter à d'autres :_____
5. Vous ne vous faites pas grande illusion sur le résultat de votre démarche, mais vous gardez espoir :
   _____
6. Vous êtes fataliste et vous acceptez les risques encourus : _____
7. Vous expliquez que vous n'avez jamais eu d'accident, mais vous êtes un peu superstitieux :
   _____
8. Vous en avez fait assez pour aujourd'hui :_____
9. Vous constatez que votre fils adolescent fait semblant de vous écouter mais ne retient rien :
   _____
10. Vous êtes impatienté(e) par quelqu'un qui n'arrête pas de regretter ce qu'il a fait :
    _____

Test d'évaluation

1   **Complétez par les termes manquants.**   …/10

1. Cette jeune femme ne _____ pas pour n'importe qui !

2. Nous _____ une _____ chandelle aux pompiers !

3. Cet homme ne _____ pas de mine, et pourtant, c'est un grand écrivain.

4. Le village est désert, il n'y a pas _____ dans les rues !

5. Je ne suis pas né de _____ , j'ai de l'expérience !

6. Ces deux malfaiteurs sont pareils, ils sont du même _____ .

7. Quand elle s'est rendu compte de son erreur, elle a été dans tous ses _____ !

8. Qu'il est difficile d'obtenir ce papier ! C'est la _____ et la _____ !

9. Le ministre ne peut pas s'occuper de ce dossier, il a d'autres _____ à _____ .

10. Dans cette rue sombre et déserte, je n'en _____ pas large.

2   **Les phrases suivantes sont-elles de sens équivalent ?**   …/10

1. Ils sont revenus bredouilles = ils ont les mains liées.

2. Laurent m'a fait faux bond = il m'a remplacé au pied levé.

3. Elle se fait un sang d'encre = elle se ronge les sangs.

4. Elle a eu quelques déboires au cours de sa vie = elle a failli y passer*.

5. Détrompe-toi ! = Tu te fais des illusions !

6. Ils courent à la catastrophe = ils vont dans le mur.

7. Tu m'enlèves une épine du pied = tu me sors d'un mauvais pas.

8. On ne m'enlèvera pas cette idée de la tête = je n'en démordrai pas.

9. Il faudra que tu acquières des rudiments de chimie = tu devras apprendre le B.A.BA.

10. Elle parle sans ambages de son divorce = elle mentionne son divorce en passant.

3   **Dites le contraire, en respectant le niveau de langue (correct, familier).**   …/10

1. Elle est intarissable* sur le sujet. _____

2. Je dois adoucir la sauce. _____

3. Ce roman se démarque de ceux de la même époque. _____

4. Elle a tendance à bâcler* le travail. _____

5. La réaction de mon collègue me préoccupe beaucoup. _____

6. Ça se couvre ! _____

7. Ils contiennent leurs sentiments. _____

8. Elle n'a pas un rond* ! _____

9. Cette date m'est sortie de l'esprit. _____

10. Il assume ses responsabilités. _____

4 Complétez librement ces mini-dialogues. .../10

1. _____ – Ça sert à protéger le meuble.
2. _____ – Non, rien n'a filtré de cette réunion.
3. _____ – Sois rassuré, cela reste entre nous !
4. _____ – Couvre-toi bien, alors !
5. _____ – Oui, dans ces eaux-là*.
6. _____ – Ah oui, elle ne s'est pas fait prier !
7. _____ – Oh oui, elle pinaille* sur tout !
8. _____ – Eh bien, ça va être gai !
9. _____ – Vous prêchez un(e) convaincu(e) !
10. _____ – On ne mélange pas les torchons et les serviettes !

5 Trouvez une autre manière de dire. .../10

1. Christelle a commis un faux pas. _____
2. Il me l'a prouvé de manière indubitable. _____
3. Je suis stupéfait ! _____
4. Cela va de soi. _____
5. Cette situation difficile nous a déprimés. _____
6. Ils s'en sortent financièrement plus ou moins bien. _____
7. Nous avons une dette morale envers vous. _____
8. Ils n'ont pas besoin de tout m'expliquer en détail. _____
9. Elle est vive, elle comprend très vite. _____
10. Elle n'a pas du tout d'argent. _____

6 Choisissez le ou les commentaire(s) possible(s). .../10

1. Seuls les cadres supérieurs ont obtenu une augmentation de salaires, pas nous.
   a. Je n'en vois pas l'utilité. **b.** C'est deux poids deux mesures ! **c.** Bon débarras !
2. Tu seras obligé d'assister à la cérémonie.
   a. J'arrive toujours après la bataille ! **b.** Cela va de soi ! **c.** Honnêtement, je m'en passerais !
3. Il a mangé en cinq minutes, entre deux rendez-vous. Ce n'est pas sain !
   a. Il mange toujours au lance-pierre. **b.** Il avait la gueule de bois. **c.** Il mourait de faim.
4. Tu fais la même analyse que moi de la situation ?
   a. Oui, je suis sur la même longueur d'onde. **b.** Oui, cela restera entre nous. **c.** Qu'à cela ne tienne !
5. Qu'est-ce que tu penses de l'article de Thomas ?
   a. Franchement, il ne s'est pas foulé* ! **b.** C'est cousu de fil blanc ! **c.** Ça ne tient pas la route* !
6. Je ne suis pas dans mon assiette.
   a. Tu manges toujours sur le pouce ! **b.** C'est vrai, tu as une petite mine. **c.** Qu'est-ce que tu as ?
7. Évidemment, Morgane n'est pas venue.
   a. Elle se désiste toujours. **b.** Elle fait toujours faux bond. **c.** Elle ne veut rien savoir.

8. Florian a été nommé directeur, il n'attendait que ça !

    a. C'est un jeune loup aux dents longues ! **b.** Grand bien lui fasse ! **c.** Il rue dans les brancards.

9. Louis est toujours plongé dans sa thèse.

    a. Comment a-t-il fait son compte ? **b.** Il en est où ? **c.** Ça prend tournure ?

10. Tu sais que ton chef pense beaucoup de bien de toi ?

    a. Très peu pour moi ! **b.** Ça me fait une belle jambe ! **c.** Je vais rattraper le coup*.

7   **Trouvez un synonyme, dans le registre familier.**   …/10

1. Ils <u>sont arrivés</u> à la réunion. _____

2. Le maire du village est <u>impliqué</u> dans ce scandale. _____

3. Il a eu un <u>problème</u> de santé. _____

4. Ils nous ont <u>aidés</u>. _____

5. Le père a <u>vivement réprimandé</u> son fils. _____

6. Je cherche <u>un objet</u> qui me permette de <u>réparer</u> ça. _____

7. Il <u>s'est moqué de moi</u>. _____

8. Je ne peux pas <u>le supporter</u> ! _____

9. Je <u>m'en vais</u> ! _____

10. Ils <u>ont énormément de</u> travail. _____

8   **Complétez par les termes manquants.**   …/10

1. Ce sont des gens discrets et efficaces. _____ de rien, ils nous ont beaucoup aidés.

2. De fil en _____ , ils en sont venus à parler de politique.

3. Tu compliques tout, tu vas toujours _____ midi à _____ !

4. Ce jeune homme n'a pas beaucoup d'argent, il a du mal à _____ les deux _____.

5. Comment as-tu fait _____ pour te casser la jambe ?

6. Désormais, nous savons à _____ nous en _____ , nous connaissons la vérité.

7. Après avoir _____ le pour et le contre, j'ai décidé de partir.

8. C'est _____ qui a mis le feu aux _____.

9. Cette vieille dame est un peu perdue, elle _____ dans un verre _____.

10. S'ils persistent dans cette voie, ils _____ dans le _____ , ce sera un échec.

9   **Choisissez le ou les terme(s) possible(s).**   …/10

1. Ça fait longtemps que je ne t'ai pas vu ! Qu'est-ce que tu viens | deviens | resurgis ?

2. Roxane seconde | épaule | compte efficacement son chef.

3. Ce bruit m'énerve un tantinet* | au bas mot | un tant soit peu.

4. Le métro était bondé | bourré* | débordé, ce matin.

5. J'ai dû mettre | remettre | remonter les pendules à l'heure avec mes collaborateurs.

6. Quel avis | regard | sentiment portez-vous sur cet accord international ?

7. Ils prétendent ne pas avoir été prévenus ? Mon œil* | Tu parles* | En voilà des manières !

8. Ils ne peuvent pas s'empêcher | se remettre | se prendre de tout critiquer !

9. Ce projet est mal barré* | ficelé* | planté.

10. Ils n'ont plus un rond* | sou* | bout.

10 Associez les phrases de sens équivalent. …/10

1. Il a accouru.
2. Il ne se foule* pas.
3. C'est ric-rac*.
4. Il s'est barré*.
5. C'est fichu*.
6. C'est ni fait, ni à faire.
7. En voilà des manières !
8. Il ne faut pas pousser* !
9. Il n'en dort plus de la nuit.
10. Il n'y a pas de commune mesure entre les deux.

a. C'est n'importe quoi*.
b. Il y en a, je te jure…
c. C'est le jour et la nuit.
d. C'est un peu juste.
e. Il se ronge les sangs.
f. C'est tout de même un peu fort !
g. Il a filé*.
h. Il a rappliqué*.
i. Il ne se casse* pas la tête.
j. C'est tombé* à l'eau.

* * *

Corrigé du test d'évaluation

1. 1. se prend – 2. devons, fière – 3. paye – 4. un chat – 5. la dernière pluie – 6. acabit – 7. états – 8. croix, bannière – 9. chats, fouetter – 10. menais / mène

2. 1. F – 2. F – 3. V – 4. F – 5. V – 6. V – 7. V – 8. V – 9. V – 10. F

3. *(Réponses possibles)* 1. Elle ne s'étale pas / elle ne s'étend pas – 2. relever – 3. s'apparente à – 4. fignoler* – 5. est le cadet de mes soucis. – 6. ça se dégage – 7. donnent libre cours à – 8. a un tic* fou / elle roule sur l'or*. – 9. m'est revenue. – 10. fuit

4. *(Réponses possibles)* 1. À quoi ça sert, ce truc* ? – 2. Vous savez ce qui s'est passé lors de la réunion ? – 3. Je te confie ce secret, garde-le pour toi. – 4. Il fait un froid de canard*, ce matin ! – 5. Il y a bien une trentaine de participants prévus ? – 6. Elle a accepté de venir ? – 7. Elle est tatillonne, n'est-ce pas ? – 8. J'ai appris que les deux cousins étaient brouillés à mort. Tu vois ce que je veux dire pour le dîner de samedi ? – 9. Il est fondamental que les enfants apprennent une langue étrangère. – 10. Vous avez remarqué que nous n'avons pas été conviés au cocktail ?

5. 1. une gaffe* – 2. par a + b – 3. je n'en reviens pas – 4. cela coule de source – 5. mis le moral à zéro – 6. tant bien que mal – 7. Nous vous devons une fière chandelle. – 8. me faire un dessin – 9. pige* au quart de tour – 10. est fauchée*, elle n'a pas un rond* / un sou*

6. 1. b – 2. b, c – 3. a – 4. a – 5. a, c – 6. b, c – 7. a, b – 8. a, b – 9. b, c – 10. b

7. 1. ont rappliqué* – 2. mouillé* – 3. pépin* – 4. donné un coup de main* – 5. passé un savon* à son fils/ engueulé* son fils – 6. un truc* / un machin* ; rafistoler* – 7. il s'est payé ma tête* – 8. l'encadrer* – 9. je me barre*- 10. croulent* sous le travail

8. 1. mine – 2. aiguille – 3. chercher, quatorze heures – 4. joindre, bouts – 5. ton compte – 6. quoi, tenir – 7. pesé – 8. l'étincelle, poudres – 9. se noie, d'eau – 10. vont, mur

9. 1. deviens – 2. seconde, épaule – 3. un tantinet*, un tant soit peu – 4. bondé, bourré* – 5. remettre – 6. regard – 7. Mon œil*, tu parles* – 8. s'empêcher – 9. barré*, ficelé* – 10. rond*, sou*

10. 1. h – 2. i – 3. d – 4. g – 5. j – 6. a – 7. b – 8. f – 9. e – 10. c

Index thématique

Index de grammaire

Index de vocabulaire

M

N

O

Notes

Crédits photos

Imprimé en Italie en mai 2016 - Dépôt légal : mai 2016 - N° de projet : 10201918